商务印书馆文库
THE COMMERCIAL PRESS LIBRARY

法相唯识学

上册

太虚 著

商務印書館
创于1897 The Commercial Press

图书在版编目(CIP)数据

法相唯识学(上)/太虚著.—北京:商务印书馆,2002(2025.4 重印)
(商务印书馆文库)
ISBN 978-7-100-02800-4

Ⅰ.法… Ⅱ.太… Ⅲ.唯识宗—研究 Ⅳ.B946.3

中国版本图书馆 CIP 数据核字(1999)第 00680 号

商务印书馆文库
法 相 唯 识 学
(上)
太 虚 著

商 务 印 书 馆 出 版
(北京王府井大街 36 号 邮政编码 100710)
商 务 印 书 馆 发 行
北京虎彩文化传播有限公司印刷
ISBN 978-7-100-02800-4

2002 年 1 月第 1 版　　开本 880×1230 1/32
2025 年 4 月北京第 7 次印刷　　印张 11⅛
定价:56.00 元

《商务印书馆文库》编纂大意

本馆自1897年始创，随着意译介西学，编纂课本，以昌明教育、开启民智为务。

迨五四新文化运动起，学界亟需高等书籍，本馆张元济、高梦旦诸先生乃与蔡元培、梁启超等学界前辈擘画宏图，组编诸科新著，以应时需。是为本馆出版学术著作之始。

尔后数十年，幸赖海内外学人伐山开辟，林林总总，斐然可观。若文学，若语学，若史学，若哲学，若政治学，若经济学，若心理学，若社会学以及其他诸科学门类，多有我国现代学术史上开山之著、扛鼎之作。学术著作的出版使本馆进一步服务于中国现代教育事业的培植和民族新文化的构筑，而分享中国学界的历史光荣。

五十年代以后，本馆出书虽以移译世界名著、编纂中外辞书为先，而学术著作的出版亦未曾终止。近年来已先后有多种问世，今后拟更扩大规模，广征佳作，以求有为于未来中国文化的建树。

转瞬百年。同人等因念本馆素有辑印各种丛书的传统，乃议无论旧著新书，凡足以反映某一时期学术思潮、某一流派学术观点、某一学科新的建树、某一问题新的方法以及其他足资长期参阅的作品，均拟陆续选汇为《商务印书馆文库》而存录之，俾有益于文化积累而取便学林。顾兹事体大，难免力不从心，深望各界学者、学界通人共襄助之。

商务印书馆编辑部

1997年10月

目　录

法相唯识学概论诸序

法相唯识学概论序

王 恩 洋

西方近代，学说思想，并国势以勃兴。科学哲学，风起云涌，气盖全球，可谓盛矣。而哲学穷究宇宙之本体，示导人生之归趣，尤异于科学之但究枝叶，仅求实用。是故博大精深，特在哲学。哲学之派别繁多，而旗鼓对立，厥为唯心唯物之两系。主张唯心者，以为宇宙万象，皆唯心变。所谓外物，都非实有。盖云有者，不越所知。诸所知者，不越眼耳鼻舌身五官之感相，色声香味坚煖重轻等是也。如是感相，随觉官而变，随时空而变，初无定性，为实外境。所谓物者，又不越色声香味坚煖重轻等相；意识于此聚集之诸相，分析之，综合之，而赋以别别客观独立之观念，由是觉其为外物焉，如是而已矣。故唯心论亦称为意象论，观念论也。若尔，则心未起时，宇宙万有应尽空无。然心虽不生，物自相续，故知唯心义难安立。为答斯难，巴克莱乃有上帝之说以济其穷，新康德派有宇宙大心之说以广其量。由是唯心之心，乃入玄漠。唯物论者，以为宇宙之初，唯有云气。质点凝聚，渐成地球。物质化合化分，渐成生物。生物进化，渐有人类。人类进化，智慧以生。智情之用，厥号心识。所谓心者，既后物质以生，藉身体以存，缘外境而起，云何可说离物有心？所谓心者，不过物质凝合所起之用耳。以是故说，宇宙本体，体唯是物。虽然，生物进化之论，今之学者既每谓其不通。无心独存之星云世界，又非有心之人类所能实证。若谓心意必丽夫身体以见闻，则固有离耳目而视听者。必谓心意必缘外境而后起，则固有离外境而思虑者。如梦，如思，及诸变态心理，又如神鬼等事，彼所凭藉所缘虑何物欤？若谓此皆幻觉错觉，则当知所以成此幻觉错觉者，乃大有其因。若谓是皆迷信妄想，则当知所以生此迷信妄想者，实别有其故。理由不充，疑惑不解，而徒斥他人为迷为妄，此甚非科学哲学家说理求真之态度也。是故唯物之言，只为武断。由前之说，唯心不成。由后之说，唯物不成。自余调停两家，有中立一元之说，有相对二元之论，乃至其他多元论等，要皆徒增诤论，非能实证本体者也。宇宙之本体既终未明，则人生之正道亦终无由定。故西方学说，虽极繁昌，而扪象索空，概未有见于道也。然则人生宇宙，固终若是其芒乎？盖凡情俗智，无以测至理之高深耳。必有大圣，断尽无明，德智圆融，超然出世，然后乃能反照世间，达其性相，安立圣教，昭发愚蒙，是则我佛如来应正等觉之教是也。其教谓何？曰唯识教。所云唯识者，识谓认识，能识即心，所识即境，一切所识不离能识。一切境界，皆即心故。是故佛言：我说识所缘，唯识所现故。又言：无有少法，能取少法，然即此心如是生时，即有如是影像显现。即以斯义，建立唯识。若尔，佛说何以异于西方唯心论耶？曰：虽说识所缘，但唯识所现；于所缘缘中，别立疏所缘缘，不拨本质故。虽不拨本质，而谓本质山河大地器界根身，仍即第八阿赖耶识之所变故。虽说阿赖耶识内变根身外变器界，而说此识随业招感，转识本识互为缘生，不同上帝唯一独尊创造万物故。又说有情各有八识，六位心所，所变相见，分位差别，不同主观唯心论者推论所极成唯我论。又亦不同客观唯心论者，执一大心为诸有情共所依故。如斯种种，不同彼说。胜义葳蕤，如诸经论。是故西洋唯心诸家之说皆不极成，独佛唯识义理极成。唯识之理成，本体之义著。既证本体，方达人生。人生者，心识之流转耳。如斯心识，随业报以循环，随善恶业而差别。由诸恶业，长堕三途。由诸善业，报感人天。生命相续，无始无穷。既有业报之世间，乃有出世之解脱。断惑证真，不造彼业，彼果自尽故。由斯二乘解脱生死，诸大菩萨得大菩提。世出世间，又唯心识之转依耳。是故唯识之教，既证宇宙之本体，复示人生之正道，无上甚深，至极究竟。诚迷津之宝筏，黑夜之明灯也。茫茫世间，舍此焉怙？去圣日远，正法渐衰。千余年来，人习苟简，微言胜义，暗而不彰。西化东来，国人频频感于彼方哲学科学之昌明，渐乃警觉而返求义理于佛典。于是唯识法相之教，乃渐渐显著于世。西方之大有功于佛法，尽如此也。若夫宣昭胜义，宏昌至理，祛唯物论之蔽执，救观念论之穷蹙，使百家异说息其嚣讼，五洲有情同趋正道，平人世之纷争，开圣域之广大，如斯伟业，非吾东方人崇信佛教多闻正法者之责而谁责欤？洋自从师受学，即早有志于斯，而愧微力之弗逮也。爰有太虚法师，法门人杰，学贯东西，大愿精勤，说法无倦。近讲法相唯识学概论，详稽内外，义尽始终，明辩玄思，缜密无比。而于西洋唯心诸论所以不能成立，及法相唯识学至极成立之故，言之弥为郑重周详，都无遗义。诚足以引摄群机，咸归正道，显扬圣教，克宏伟业也。书成嘱洋为序。洋以浅学，奚赞幽深？只以景慕欣喜之余，用书所怀，以祝大法之由是宏通云尔。甲戌年十二月二十四日。

南充白衣王恩洋序于龟山书房

法相唯识学概论序

张　化　声

人生宇宙问题，粗浅之有所实验，是为科学。迷谬之有所信仰，是为宗教。虚玄之有所讨论，是为哲学。

科学家由感觉与知觉，以经营统制世界之形形色色，视宇宙为一大机械。人类者，大机械中之一分子，天演而进化，即趋机械以动；享受之幸福，即添机械之力。极其弊，以万类为刍狗，认血光为文明，此其主义，号称唯物。

宗教家不慊于现世之状态，由感情之冲动，崇拜一尊，以说明万事万物之本源，而遐想于将来之安慰；是以鬼怪龙天，皆足以应救世之主，而民族悲惨之背景，愈以显现，此其威权演为唯神。

哲学家用想像之力虚悬一的，而以理论供其庄严，或抚拾一二事实，用内籀法，以推其结论。治学之方法各别，所得之原理亦异；群盲摸象，或曰唯物，或曰唯神，或曰唯心，而人生与宇宙，遂成为学术上之大谜。

佛法者非科学而科学，非宗教而宗教，非哲学而哲学，其精义乃在法相唯识。

盖识体变似二分，见分为能究之知识，相分为所研之对象，已摄科学之全。

世界有情，各以自识显现根身器界，则宗教已失其立足之点。

且也大地山河，华藏世界，乃各识共变，则不同于哲学之主观唯心论。

聪明愚鲁，贫富寿夭，乃各识自变，则不同于哲学之客观唯心论。

前六识外，成立七八两识，六识同时与八识变，则现象与本质不生问题。能缘二分，与所缘三分转，则内心与外境，不成角立，尤非意志唯心经验唯心直觉唯心等所能梦见。

是以人生者，即一类相续识种所变现之成绩品耳。宇宙者，即此识幻影之分位差别耳。无所谓神，更无所谓物。

所以解之则为唯识境，形色质点之散聚，品类事物之繁赜，各得其条理与因素，初不必高唱创造，恣谈文化。

修之则为唯识行，六度万行，不过圆满自心之菩提，而非乞灵于道德政治与法制。

证之则为唯识果，变修罗为菩萨，化地狱为净土，无不从此法界流，无不还归此法界，初非有所奋斗，有所进化。昔者，弥勒无著，承文佛遗规，狮音一吼，魔外潜踪。今之世变急矣，人心之陷溺极矣，死光误作明星，鸩毒甘于醍醐，呼号惨痛之声，震于耳鼓，憔悴悲伤之形，映于眼帘，古人有言，作易者，其有忧患乎？余于太虚法师之法相唯识学亦云。是为叙。

甲戌除夕，张化声叙于武昌佛学院

法相唯识学概论序

唐 大 圆

说文手持戈为我。以手持戈，成世界无边之战争，皆由有我。故我之一字，细析之，则手可名我执，戈名我所之法执。执我执法，为世界一切有情生存竞争之起点。今世界第二次大战将开始矣，吾侪悲天愍人，将何以救之乎？是唯依佛说一切法无我之理，实证一切法相皆唯识变，毫无实我实法存在于其间。无实我，则问尔有情之争，为谁争耶？无实法，则问尔有情之所争，果何物耶？既无能争之我，则我空。复无所争之物，则法空。我法二空，而犹有所谓生存竞争耶？无乃空与空争，或虚空粉碎，吾不得而知耶？以是胜义，由空门入，告思简乐略者，则有成实三论禅净密等宗，及中国之道，或儒明大义之宋学。由有门入，告思繁乐广者，则有俱舍唯识贤首天台律等宗，及中国之儒，或儒阐微言之汉学。如是由空有二门，入不可思议法界，微尘刹海，帝网重重，然皆破我执，除烦恼障，证生空智；破法执，除所知障，证法空智也。乃至修六波罗蜜，历十菩萨地，得无上正等正觉，亦惟成就此一切法无我与一切法唯识之义而已。其渐修也，必经三大阿僧祇劫，行菩萨道，是真菩萨，亦必勇猛精进，得大无畏。一念万年，万年一念，不问劫之短长，究竟圆满菩提，归无所得，虽佛为怯弱畏退众生，开方便门，说带业往生，见性成佛，即身成佛等。而其破我法执，证唯识性，则决非见小欲速者之所能焉。若自反我法执未破而谈成佛，则当悟是魔。若自省我法执已破，则佛且不言成，何迟速之与有。观音地藏之未肯成佛，弥勒之待将来，吾侪应知惭愧，应如是学。慎勿欲超观音地藏而过弥勒，所谓若云有一法超过菩提者，应是魔说，过犹不及故。是故今日谈世法，则一切法无我而已。谈出世法，则一切法唯识而已。无我唯识，摄世出世间一切法尽。今世三藏法师太虚上人，兼娴世典，囊括万有，所著法相唯识学，是欲以一切法摄世出世间，如中国诸子百家，欧美哲学，融会贯通，皆归唯识，而无实我，亦无实法。戏论永息，正智朗耀。庶几消泯全世界以手持戈起大战争之我，而作止戈为武之大法王，吹大法螺，击大法鼓，转大法轮焉。吾籀读深思，欢喜踊跃，遂合掌恭敬而为之赞曰：

世界第二次大战，皆起于我法二执；

今证唯识破我法，能争所争毕竟无。

民国乙亥春，弟子大圆沐手叙赞

法相唯识学概论序

彦　　明

法相唯识，寓理幽玄，含义深远，今欲平易说之，简明述之，岂寻常之业哉？谚云："习《俱舍》于此世，修《唯识》于来世。"纵虽二世三世，相次学之，凡愚仍不能通晓焉。经曰："阿陀那识甚深细，习气种子如瀑流，我于凡愚不开演，恐彼分别执为我。"盖是菩萨圣者之道，而非凡夫二乘之教也。释太虚法师，能究性相蕴奥，夙建法幢，恒演法施，以大菩萨行为己任，曾应厦门大学文哲学会之聘，讲法相唯识学概论，门人笔记成册子，简易详明，叙述井然，或说万有本因体质；或论吾人自我及价值而摈外典小乘之偏浅。又泛举泰西唯心论而指摘其缺陷，最后阐述法相唯识学之长，示可遵之故。余一读至比较批判唯物唯心处，坐使联想《成唯识论》广破外小，《起信论》对治邪执，叹同工异曲，平易简明，世有往往试讲述斯学者，率多拮屈艰涩，未有如是之详明。若夫志大乘者，精读玩味，则得入斯道之门也。余受其惠赐，随喜难禁，乃摅所怀，是为序。

昭和十年乙亥二月上浣日本沙门彦明

法相唯识学概论序

梅　光　羲

法相一宗，在印度则有无著、天亲、护法；在中土则有玄奘、窥基、慧沼、智周，次第相继为之宏扬。惜乎为时未久，印度有回教之侵入，中土又遇会昌之难，此宗教义摧残殆尽！宋之永明，元之云峰，诠释此宗，以去古未远，尚能于残编断简中，寻得若干根据，迨至明清两代，明昱、智旭、通润、普泰、广承、大真、智素、大惠乃至王肯堂、吴树虚诸贤，虽各有著述，然于精义，则未能发挥。盖唐疏久失，无可依据故也。清末先师杨仁山先生，由日本取回唐疏多种，致向之流失千年者，一旦从此获得，诚可谓殊胜因缘。宣统初元，余与太虚法师遇于广州时，《唯识述记》虽已由金陵刻经处镌板，然丛林中尚少流通，余以此持赠法师，法师大欢喜，叹为得未曾有！去秋法师讲此宗大义于厦门大学，听众踊跃皈依，并录其讲义公之于世，名之曰《法相唯识学概论》，法师夙具智慧，且有无碍之辩才。研究此宗，又二十余载，宜其析义精当，为人所倾倒若此也。其中征引欧洲近代哲学家之说，一一加以纠正，俾世之学者，不至堕于无因邪因断常等等诸见，其功德尤为无量。法师以此书示余，并嘱余为序，余仰法师之佛学精深，足以引导群伦，故叙述往事，以为赞叹云尔。

中华民国二十四年三月南昌梅光羲序

法相唯识学概论序

罗　普　悟

宇宙现象何因而起，其本质若何，复如何由本质而变现此宇宙万殊之形象，且人生应趋向之鹄的若何，其达此鹄的之方法又安在？此皆世间学者之所急欲与闻，而为哲学宗教科学之所探测研求，尚待解决者，能解决此诸问题，得其究竟者，厥唯佛法乎。佛法之为宗教为科学为哲学，非宗教非科学非哲学，且勿具论。要其所解决者，则固与哲学宗教科学之目的无以异也。然哲学宗教科学之所解答，已自有正谬浅深之分，而置之佛法大智海中，则尤有正谬浅深之判，佛法之视哲学宗教科学，虽不无谬之浅之之慨，而其流派宗尚，又自有偏圆隐显之别。然则对于上文所述诸问题，欲得究竟之解决者，固舍至正至深至圆至显之法相唯识学无能为役矣。虽然从事于哲学宗教科学及法相唯识者夥矣，而未必皆兼及焉，兼及矣又未必皆兼善焉。此法相唯识学之所以未能大行于时，而慈悲方便之大愿菩萨，所由机感相应以弘扬之者欤。太虚大师，能涵融抉择夫哲学宗教科学而深入法相唯识之理，复具慈悲方便，辩解无碍，固世人所同钦崇。今读大师法相唯识学概论而益信。兹论于明法相唯识之要义，则楷定斯学之范畴，确立不拔之基础，明法相唯识学之由起，则抉择夫哲学宗教科学及小乘偏空之执见，销尽疑滞，明其余唯心论不能成立之故，则破其谬似偏浅，坚无不摧；明法相唯识学能成立之故，则显其正确深圆，理无不极；复树立人生应趋向之鹄的，在转染成净，得大般涅槃而起四智妙用，其致此之方法，则为改变心理改变生理改变物理之四寻思引四如实智与五重唯识观，终之以明法相唯识学之利益，在成就破谬断障证真显如，享永久之安乐，得无碍之清净，佛法之教理行果，摄说无余，异论之迷谬偏浅，扫荡以尽，俾夫拘囿于哲学宗教科学一孔之域者，闻之足以销僻执开正见，而向之所迷惘难决者，胥砉然解释而无余蕴。将见由是入法藏，启实行，证大觉，以净化乎宇宙万类矣。世有智人请试究之！

民国二十四年三月普悟罗灿谨叙于首都旅次

法相唯识学概论序

密　　林

今人侈谈现实;然则言现实者宜无若法相唯识之深切详明矣。而举世犹纷纷淆乱,似皆不知二千年前已有此博大精微之法门者,何也?岂阐扬宣说者之乏其人耶?抑名句幽隐篇什汗漫领解之匪易耶?或溺于邪见偏执阻其慧路而不能进修耶?离斯数者,更或曰舍法相唯识学可以得乎现实究竟者,吾敢断其说之妄也。苟有人焉,成就总持,具足方便,采法相唯识之精要,发为简易明畅之文辞,其为时俗所谬尊之学而假定为达乎现实之域者,亦择其说之不背于法相唯识,亦即不背于现实者折衷而裁量之,集为一编,庶乎契当世之机而诱其研习之兴也。今幸其人已于太虚法师见之,其书亦幸于法师所着之法相唯识学概论见之矣。今而后欲证得现实而尚不知习法相唯识者,是弃本逐末之流,乌足与语于现实之道哉?

甲戌暮冬,师奘沙门密林谨叙

法相唯识学概论序

法　　尊

窃以色尘有见有对，智者犹难窥其边，况夫心识无形无像，凡愚何能达其际？至若万有之本原，宇宙之组织，去来之迁流，断证之行果，现象虚实，本质空有，自变共变，染识净识，唯属大觉之亲证，遍智之独境也。若以凡心臆度，分别猜拟，或谓神造，或曰虚无，或计唯物元子而无心，或执唯心主观而拨物，理性谓共同之心，直觉曰生命之流，莫知之物如，存疑之感事，詹姆士之广大经验，叔本华之盲目意志，邪执纷竞，固亦宜然。至于举其执，破其谬，解其疑，明其理，此论盖详尽矣。惟法相之与唯识，法谓万有，相乃体相，其中或有为无为，有漏无漏，广六百余，次摄为百，《瑜伽》《集论》等抉择已极。然综其所说，无非为诠明全宇宙人生之本相，以作修证取舍之所缘而已矣。唯简离心之外境，亦即破法我执之所执也；识明能变之内因，亦即立真空智之所依也。良以凡情于无计有，迷其能变，执为境实，在唯识学名曰法执，依之而有人执烦恼，造业流转，如幻如化之苦，于无所受中而无不受也。若能达乎万法皆不离识，依多闻熏习，缘法义为境，以四种寻思四如实智，渐修止观，殄除法执，加以三练磨心，断四处所，六度成熟佛法，四摄饶益有情，经历资粮加行见修究竟，《摄大乘》《成唯识》等论之至矣。然总其所说，重在明理修行断障证果，故为法相之所宗，亦即佛法之旨归也。狮子贤论师尝论之曰："其造论也，必有所诠，或明境或谈行或述果，若单明境而离行果，则不知何修何证？斯乃无义之谈也。”造论既尔，宗亦宜然。若离唯识而专以述法相为宗，且不知何为法我执之所执，如何而能破？况云修行及证果哉？故大师云：“法相示唯识之所现，而唯识所现即一切法相；唯识立法相之所宗，故法相必宗唯识。”然于佛法之总纲，或一宗之大义，未得整个之概念及断章取义者，固不足以语斯语，亦无望其能悟；唯我大师之后学，愿当三复斯言！

民国二十三年释迦如来成道日。

弟子法尊序于缙云山双柏精舍

法相唯识学概论序

妙　观

余别虚公四年矣。二十三年冬至，虚公招游雪窦，攀览既归，出《法相唯识学概论》相示。余昔闻时贤分“法相”“唯识”学为二，心有未安，今读是论，乃叹定名之允当。吾国译经至唐，极盛一时，学者群趋于文字。禅宗崛起，直指自心，遂束之藏于高阁，于是法相唯识，成绝学者数百年。清末得佚书，正可一救空疏侊侗之弊，乃学者探讨愈深，心量愈狭，甚至谓“唯识教”外，唯“小乘”与“般若”，其余皆非佛说。虽违犯菩萨戒，亦不之惜。甚矣，国人之不善学也！故有人谓唯识学昌明，则佛法之绝灭不远。盖其繁细之说，是非至不易辨，既足以破人对他示之信仰。而本宗则独详于“境”学之既久，不得身心之受用，徒起坚固之斗诤，则人将厌弃之。正法不振，极浅至近之邪说外道，反得以倡行。印度前车，可为殷鉴！吁，是岂“唯识学”之咎哉？独虚公本慈悲之心，运广大之愿。见学者多趋于法相唯识之学，则以之融佛法之全部，且举世出世法而抉择之，使能缘“境”起“行”，由“行”得“果”，不终困说食数宝之途。如是法相唯识之学，乃诚哉其为妙法矣。夫佛法者，药也，众生之病既变，则药亦随之而变。所不变者，原则而已。故奘师之论，密于慈氏，慈氏之说，详于释尊。今科哲繁兴，又非奘师之时，虚公此论，不啻将旧有药方加以整理，又从而发明之，较之专持古方以医时症者，不可同日语也。余此行得观千丈岩之瀑布，因会孔子“逝者如斯”之言。又于妙高台，礼石奇禅师之塔，且读其碑。因跏坐石上，默诵般若，“以无我无人无众生无寿者，修一切善法，即得阿耨多罗三藐三菩提”句而供养之，自以为一时之快。归读此论，感虚公之利乐有情，不禁随喜，又觉前之所谓快者，不足道也。爰书简端，以领雪山之棒。

五台行者妙观胡瑞霖

法相唯识学概论序

黄 忏 华

依义净法师底《南海寄归内法传》：大乘佛法，有中观瑜伽两系。而这两系，是从空有两方面，阐明宇宙人生底真实相的。中观一系，从诸部般若流出；用空慧扫荡一切相对的观念，差别的认识；说有为空，无为空，毕竟空，诸法空不可得；影显言语道断，寻思路绝，非有非空底中道。实在博大宏深！然而一超直入，空诸所有。和世间尤其是现代人一味执着实在有法实在有我底成见，相去太远。不是一般人所能够了解，因而不容易得一般人底信仰。

瑜伽一系，从《深密》等经流出，说万法唯识。虽然说万法唯识，和说诸法皆空，一样宏深，一样不容易了解。然而瑜伽师先把万法，就是宇宙间所有万事万物底体性相状缕陈；然后才结归唯识所变。而这个所谓识，是心底别名，就是人类以及其他一切有情各自具有底心识。万法唯识底真理，固然必须修瑜伽行才能够亲切的体验。然而所谓识，既然人人皆有，假如稍微作一点内省底功夫，就也不难印证他底一鳞一爪。况且唯识家底治学方法，和科学相近；而他底理论，又往往和科学哲学相发明；义蕴底精深，更有时超过科学哲学很远；足以满足现代人理智底需要。所以要想在现代建立佛教，必须先弘阐唯识。

我曾经说过：释迦觉者一代底教法，拿一切法因缘生唯识现，做他底中心。其余的学说，都是从这个中心放射底光芒所绮互。

所以从事佛学研究的，无论如何，总应当懂一点唯识学。

其次，对于宇宙人生底解释，以唯识学为最详尽，也以唯识学为最精确；所以就连作世间学问的也应当懂一点。

但是唯识学，以离僻处中为鹄的，一方面高建唯识中道底法幢，一方面摧破外道小乘，乃至恶取空底大执，广包众义，总摄大乘。

其次，自从释迦觉者，在《华严》、《深密》等六部大乘经中，说唯识中道真实了义之后；弥勒论师，接着说《瑜伽》、《中边》等五部论藏。过后又有无著、世亲、护法、戒贤等论师，玄奘、窥基、慧沼、智周等学匠，发扬光大。而且世亲有千部论师之称，窥基有百部疏主之号。关于唯识底论著，几于汗牛充栋。经典既极其夥多，文辞又极其古奥，名句文身更极其系赜。

又所谓万法唯识底真理，是修瑜伽行底先觉圣者定中所得。定力有深浅，定境有广狭；因而定中所见有出入，有异同；而出定后所造论，也就不无多少的相违。

唯识学有以上种种的特点，所以要弘阐唯识，必须于唯识学曾经极深研几，尤须于瑜伽行曾经躬行实践；然后才能够批却导窾，提要钩玄，而不流于支离曼衍。然后才能够叫一般人心领神会，起大乘正信。

像这样的论著，唐代唯识诸师以后，差不多继起无人（憨山蕅益当然说不上）。然而现在却有了一本像这样的论著了！那就是太虚大师底《法相唯识学概论》。

中华民国二十五年六月黄忏华序

概　　论

太虚大师 讲

虞德元 记

——在厦门大学文哲学会讲——

法相唯识为佛学中最精粹之学问，其构画之严密，尽万有之本然，皆源源有自。惟其精粹，故亦难言，一般瞒盱佛性之流，固勿论矣。即标为佛学专家，其所诠释之文字，亦多屈曲难深，不便初学，宜其非理说理，非义说义，非法说法，种种计执也。惟我太虚大师，才通三藏，学融古今，能将艰深之学理，以通俗方便之法出之。近数十年来，佛学有由隐晦而臻光明，蔚成学术上之一大主流，此运动促成之最有力，无论知与不知，莫不归之大师。盖大师殚志内典，历时二十余年，内典之外又能贯通科哲社会诸学故也。余好法相唯识多年，间尝参互中西哲学作为比度，知法相唯识学，确有不可磨灭之理者在，唯时节因缘皆未成熟，不能作一番澈底研究，然耿耿此心，未曾稍忽，适本校文哲学会敦请大师讲演法相唯识学概论，俾闻胜义，喜可知也。大师嘱为笔记，爰是自忘谫陋，遂以耳识所闻执笔辑成，公诸同好，中间凡有忽略未达之处，唯大师及明悬智镜者，幸留心匡正矣。

——德元附识——

一　法相唯识学之略释

此次所讲为法相唯识学概论，为佛学中重要之学问，其典籍甚多，此次只提此学纲要作简单之研究而已，惟未讲斯学之先，将此法相唯识学之名一审定之。在佛学中有称为法相学者，有称为唯识学者，其内容本同，今合称法相唯识学，有特别之意义在。以近人或谓法相学范围宽大，通于大乘小乘之一分而言，唯识学只属大乘之一分而已。余意法相唯识学应合称，小乘不应归入法相学，故以法相唯识学名之也，义详于后，今将法相唯识学一名，以次剖解。

（甲）何谓法　法字通常指法律法则而言，义涉抽象，佛学所用法字，较寻常所谓法律法则为具体，法字之义，其范围最广，固无论具体，抽象，言论上可以言论，思想上可以思想皆是也。事物之有者，可称为法，即事物之无者，有此“无”之概念，亦可称之为法，分析至极微为法，集聚成具体亦为法。有变化有作用为法、无变化无作用亦名为法。乃至龟毛兔角之毕竟无，亦称为无法也。其范围有广于吾人所谓万物之“物”字者！法之范围既如上述之广，然其定义何在？依佛典言，法有二义：何者为二？（一）轨范他解，（二）持存自性。如言白色，保持白之自性而存在，是谓法之持存自性义。又能使他人了解其为白而不生他解，是谓法之轨范他解义。前为能保持其自己之体性，后谓使他人了解不生他想耳。“白”色如是，其他亦然，具此二义，即名为法。以上说“法”义竟。

（乙）何谓相　相字在中国字义通指互相之相（互关义），宰相之相（辅助义），相看之相（看察义）等言。三者今此皆非所取，此间所谓相，乃指相貌之相，义相之相，及体相之相。三者是法相唯识所取义，今先述相貌之相。

（1）相貌之相　大概指平常由眼识所见之事物而言。然相貌之相之能了别，不惟眼识已也。眼识之外，犹有意识了知存焉。如心不在焉，视而不见，即意识不注，眼见同于不见之故也。由意识与眼识同起作用，所了之长短广狭之相貌之相乃生，色尘为眼及意所了，有青黄赤白等之显色，长短方圆等之形色，及行住屈伸等之表色也。然此三者，皆有意识作用存也。

（2）义相之相　意识上所了解之相，谓义相之相。意识所分别，所思维，所判断，皆是义相之相。非前五识眼、耳、鼻、舌、身所能了到，乃意识所取之义相也。详而言之，则第六意识及第七意根所取之相也。第七末那识于隐微不知不觉之中取自我之相，其余一切义相乃意识所取之相，以事实言，凡过去之回忆，未来之推想，名词之假设，文字之记载，无论思想到，或知识到，皆可为义相之相。通于第六意识及第七末那识（译言为意）二识，惟六广七略耳。

（3）体相之相　此间所取乃关于一种直接觉到之体相，简言之，从实体知觉所到者，较平常所言直觉更为单纯，略当心理学上之感觉。最单纯实体之感觉，谓体相之相。此相适于前五识，不适第六意识，因第六意识可凭空构撰，此相须有实体刺戟才能觉到，如声来才有声觉，味来才有味觉也。然意识与前五识合作所感觉，亦可称体相之相，此中惟加上意识之义相耳。乃至第八识所觉到亦是体相之相，以第八所觉到亦有实体故。以上被心知所觉到之相，可分三类：（一）性境，实有体性之境，即体相之相。（二）带质境，带质乃原相加上心理主观之意识作用所取之义相，如眼觉之白，此白之名词，乃意识所取义相之白，非体相之白，乃别于非白之类而言，故意上所觉之义，虽从白之体想而言，然已非体相之相，故谓之带质境。(三)独影境,过去之回忆,将来之推相,乃至名词上所施设之龟毛兔角等,凡意识之假想,比拟之影像,皆称谓独影境。由上三类,体相之相通于性境,体相之相,既通性境,则佛与真如,体性,法性,亦包括在体相之内,以真如为根本无分别智所了知故,真如即无相之实体故。义相之相,通带质独影。相貌之相,则通性境及带质二境。以上所言三相与三境之关系略如此。心知之所了知,即所取之相。相字除以上三种义外,尚有自相、共相、差别相、因相、果相五种。如言钢笔,钢笔之自身,谓自相。一言钢笔,则一切钢笔多包括在内,就此钢笔乃无数钢笔之一,此谓共相。又此笔属钢制,凡钢制之笔为同类,非钢制为非同类,从多数之关系上,即显其差别相。明此钢笔如何造成功为因相,从因相推究其结果为果相。凡思想上所能分别皆有五相。西洋论理学之同一律(Law of Identity),矛盾律(Law of Contradiction),因果律(Law of Cause and effect)即通此相之义也。以上详"相"义竟。

(丙)何谓法相　法义与相义已各明如上,今将法相二字合说。法相者,所知一切法之相貌,义相及体相之谓也。佛典有"能知""所知"二义,此间"所知"即是"被知",一切法皆谓"所知"。与所知相对谓"能知",能知谓人类及其他动物之心灵之能了知作用。然能知亦为所知,使能知非所知,亦不知其有此能知也。可知能知必为所知,惟所知不定即是能知,其范围之大小,如下图:

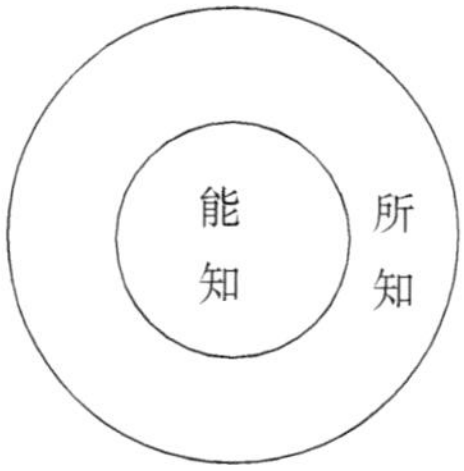

能知为所知之一部分，所知之范围广而能知之范围狭也。如一切法为所知，一切法中一部分心法为能知，同时亦可为所知，如意识上起一刹那之知识，即此了知一刹那之知识为能知，其余皆为所知。所知的知识即能了知之知识，故不离能知，而能知又为所知之一，故能知亦包括在所知也。（如见分缘相分时，即为自证分之所缘，故能知同时即为所知。）知识能知亦所知法之一，故法相包括所知一切法之相貌义相及体相也。梵言“尔焰”，译所知义，或境义。即一切法为所知境也。

复次法，又为名（能诠表种种事物），相（为名所诠表事物），分别（识能分别），正智（离虚妄分别之能了知），真如（正智所知法体）之五法藏，能以五法含摄一切，故以藏名，如四库全书之库意。

复次相又为遍计所执，依他起，圆成实之三性相。（一）遍计所执，谓义相中之颠倒虚妄相。（二）依他起，依因缘和合所起之相。（三）圆成实，谓圆满成就真实不变之体相，以上说“法相”义竟。

（丁）何谓法相唯识　法相谓所知一切法之相貌义相及体相。惟一切法无穷无尽，不可胜说。然研究法相唯识学者，最重要最基本在百法，天亲《百法明门论》及《大乘五蕴论》等，可寻究参考之。

百法中第一种为心法，Citta (mind)，略有八种：一眼识，Consciousness dependent upon sight；二耳识，Consciousness dependent upon sound；三鼻识，Consciousness dependent upon smell；四舌识，Consciousness dependent upon taste；五身识，Consciousness dependent upon touch；六意识，Consciousness dependent upon mentation；七末那识，Klista-mano Vijnana (Self-consciousness)；八阿赖耶识，Alaya Vijnana (Repository Consciousness)。

第二种心所有法 Caitasika Dharmas (Mental Properties)：

一遍行 Universal Mental Properties 五者：一作意，Manaskara (attention or preliminary mental excitation)；二触，Sparsa (resultant sensation)；三受，Vedana (feelings aroused by sensation)；四想，Samjna (ideation)；五思，Cetana (Volition)。

二别境 Particular Mental Properties 五者：一欲，Chanda (will or desire to act)；二念，Smrti (mindfulness or memory)；三胜解，Adhimoksa (deciding)；四三摩地，Samadhi (concentration)；五慧，Mati (intelligence or wisdom)。

三善心所 Meritorious Mental Properties 十一者：一信，Sraddha (faith)；二精进，Virga (energy)；三惭，Hri (shame)；四愧，Apatrapa (humility)；五无贪，Alobha (absence of cupidity)；六无瞋，Advesa (absence of hate)；七无痴，Amoha (absence of ignorance)；八轻安，Prarabdhi (serenity)；九不放逸，Apramada (carefulness)；十不害，Ahimsa (harmlessness)；十一行舍，Upeksa (indifference)。

四不善心所 Demeritorious Mental Properties a.根本烦恼 The Fundamental Klesas 六者：一贪，Labha (cupidity)；二瞋，Dvesa (hatred)；三痴，Moha (ignorance)；四慢，Mana (pride)；五疑，Vicikitsa (doubt)；六恶见，Asamyag-drsti (erroneous views)；b.随烦恼，The Subsidiary Klesas：一忿，Krodha (Anger)；二恨，Upanaha (enmity)；三覆，Mraksa (hypocrisy)；四恼，Santapa (gloom, vexation)；五悭，Karpanya (selfishness)；六嫉，Irsya (envy)；七诳，Sathya (dishonesty)；八谄，Maya (deceit)；九害，Vihimsa (harmfulness)；十骄，Mada (arrogance)；十一无惭，Ahrikya (shamelessness)；十二无愧，Anapatrapya (impudence)；十三惛沉，Styana (sloth)；十四掉举，Auddhatya (recklessness)；十五不信，Asraddha (lack of faith)；十六懈

怠，Kausidya (idleness or remissness)；十七放逸，Pramada (carelessness)；十八失念，Musitasmrtita (forgetfulness)；十九散乱，Viksepa (confusion)；二十不正知，Asamprajna (wrong judgment)。

五不定心所 The Indeterminate Mental Properties 四者：一悔，Kankrtya (Remorse or worry)；二眠，Middha (torpor)；三寻，Vitorka (initial application)；四伺，Vicara (sustained application)。

第三种色法 Rupa (Matter Literally form or shape)略有十一种：一眼根，Sight organ；二耳根，Sound argan；三鼻根，Smell organ；四舌根，Taste organ；五身根，Touch organ；六色尘，Sight object；七声尘，Sound object；八香尘，Smell object；九味尘，Taste object；十触尘，Touch object；十一法处所摄色，Matter included under dharma dhatu。

第四种心不相应行法 The Citta-Viprayukta Dharmas：一得，Prapti (attainment)；二命根，Jivitendriya (vitality)；三众同分，Sabhagata (uniformity of characteristics)；四异生性，Evambhagiya (individuality)；五无想报，Asamjuika (unconsciousness)；六无想定，Asamjni samapatti (mental training leading to unconsciousness)；七灭尽定，Nirodha-samapatti (the mental training leading to the cessation of all existence)；八名身，Namakaya (word)；九句身，Padakaya (sentences)；十文身，Vyanjanakaya (letters)；十一生，Jati (birth)；十二老，Jara (decay)；十三住，Sthiti (continuance)；十四无常，Anityata (death)；十五流转，Pravrtti (phenomena)；十六定异，Aprapti (non-attainment)；十七相应，Pratyanubandha (correlation)；十八势速，Javanya (change)；十九次第，Anukrama (succession)；二十方，Desa (space);二十一时,Kala (time);二十二数,Sankhya (number);二十三和合性,Samagri (Inherence);二十四不合和性,Bheda (noninherence)。

第五种无为法 Asamskrta (unconditioned Factors)者:一虚空无为,Akasa (omnipresent ether);二择灭无为,Pratisamkhya Nirodha (conscious cessation);三非择灭无为,Apratisamkhya Nirodha (unconscious cessation);四不动无为,Heala (immovability or indifference);五想受灭无为,Samjna-Vedana Nirodha (a state of trance in which both ideation and feeling cease);六真如无为,Tathata (Suchness or the True Nature)。录者按此所采录之英文译名其意义虽或不全然大致不谬而可作从西文以研佛学之一嗹引

眼、耳、鼻、舌、身为五根。色、声、香、味、触为五境。(触通能所,此指所触。)法处所摄色,为意识所取色,眼等所不能见,如化学上之电子元子之类,天文家所推想宇宙之属是也。法处所摄色有五:一、极略色,谓分析有质之实色至极微处故名。二、极迥色,谓推测虚空明暗等无质之色,至极远处难为达见者故名。三、定所引色,谓禅定所变现之色声香味等境故名。四、受所引色,又名无表色,谓受戒时动作上言语上受感动而得成故名。五、遍计所执色,谓于意识假想上虚妄计度执为实有故名。如信有创造世界之上帝,是其例也。

相应者,谓能与心合作一事;不相应者,即不能与心合作一事也。如康德 Kant 之十二范畴 Categories 及其他范畴皆属之也。不相应行法有二十四种,今约说八种以示概略:一、类与非类之性,每类分辨出其特性,如男性、女性、人性、兽性等。二、定与不定之

命，此命即命根，谓决定或不决定之命运。如天命之命，墨子非命之命，及佛学之命根法等。三、过现未来之宙，一刹那一月一年及将来之时间，依色心刹那展转而假立。四、四方上下之宇，四方上下空间之差别，依形质前后左右而假立。五、一二三多之数，一十百千乃至阿僧祇之数差别。六、点线面积之量，谓积点成线积线成面等之量。七、生异灭之相，谓诸位由发生而至变动灭尽之相。八、名句文之教等，依名句所成之文字，本质依声之抑扬长短曲直而假立。书本之名句文，又依点画横竖等色相而假立。其作用在声色变化上，故属不相应行法。以上皆从略言之耳。

有为法有造作有变化有功用。无为法则无造作无变化无功用。何谓虚空无为？非眼所见之虚空，亦非人物等可通过之空，以眼所见之空，属色法中之显色。是有为色法故。以通过之空是有为触法故。变动不居故。此间无为法之虚空体是常住，无隔别故。何谓真如？真如谓一切法真实如此之体性。普遍如此，常住如此，一切变化皆依此为体，是谓真如。以上五类一切法，总集为百法。一切法不出此百法以百法统括一切法。惟使所知境有观察之范围耳。今将百法分类列表如下(见第 28 页)：

今以法相唯识连称，则示一切法(五法三相等)皆唯识所现，唯，不离义。识，即百法中之八识及五十一心所。其余四十一法亦皆不能离识而存在，以一切法皆唯识所现故。一切法多分受识之影响而变化故。现有二义：一、变现义，如色法等。二、显现义，如真如等。法相示唯识之所现，而唯识所现即一切法相，唯识立法相之所宗，故法相必宗唯识。所现一切法甚广，然所变所现一切法之所归则在唯识。故示宗旨所在曰法相唯识。法相唯识学，即说明唯识法相之学理理论，凡经论有阐明法相及唯识之义者皆属之。

以上略释法相唯识学之名竟。

- 一切法
  - 有为
    - 实用
      - 心法
        - 心王：眼识　耳识　鼻识　舌识　身识　意识　末那识　阿赖耶识
        - 心所：遍行五　别境五　善十一　烦恼六　随烦恼二十　不定四
      - 色法
        - 有对色
          - 五根
            - 细色根……脑筋神经系
            - 粗色根……眼耳鼻舌身（表色）
          - 五尘——色声香味触…………（表色）
        - （法处所摄色）无对色
          - 极微色
          - 极迥色
          - 定所引色
          - 受所引色……无表色
          - 遍计所执色
    - 假名……不相应行分位假法之命根等二十四
  - 无为……虚空　择灭　非择灭　不动灭　想受灭　真如

二　法相唯识学之由起

(一)出发于究真之要求者……万有之本因及体质之推究

凡学说之产生必有其因由，固勿论古今中外也。诸佛说法，原应众生之机感为其缘起，自佛典言之，佛之智慧与常人不同，盖诸佛经过长久修证之工夫，已得无上正遍觉知，与世人凭五官感验或意识上所推断之知识，迥异其趣。惟其如此，诸佛对于万有真理实相，于一切时一切处皆如如证明也。易词而言，佛非创造或主宰世界之人，乃澈底觉悟之人也。惟佛之与佛，更无言说之必要，以所证诸法性相，皆已如如相应故。其所以有种种之言说教化，莫非因众生未得佛智之前，生出遍计之见，或全不觉悟，或觉悟不澈底，欲令同得正觉而说也。可知诸佛非应众生心理上之要求，自无佛之所说法也。

对于现前宇宙之现象人类，皆有求知之欲望，谓对万有现象之由何原因而生，其最后之本质若何？由本质又若何而生出万有？逼吾人以适当之解答，于是宗教哲学科学应运而兴，惟此宗教哲学科学虽同出推究宇宙万有之由来及其本体，然其解答，则有正谬浅深之殊，兹分三段判之。

（1）迷信之神话与设想之玄谈

欲究宇宙万有之真相，最早则有多神教或一神教之解释，此种神教之解答，只可信仰，不能用思想推论也。神教以万物未有之前，由神自动所创造，宇宙万有，即以神为体质。基督教上帝创造万物，印度婆罗门教以大梵天为宇宙万有之因体，乃至中国神话中所谓盘古开辟天地之说皆属之。古代人智浅薄，以神为本体而生万有，自谓满足其宇宙万有说明之要求已。惟自佛法观之，一切法因缘和合而生。皆无主宰。如以上帝为创造万物，则彼上帝复为谁造？如云有造，造则无穷，亦即失主宰义，如云上帝无造而自生，则万物又何须待造耶？于事于理，皆不能通，稍有论理思想，莫不知其为迷信之神话矣。

古代于迷信神话之宗教外，较宗教为进步之解释，尚有设想之玄谈，即哲学是也。在中国有太极两仪四象之说，谓阴阳不分之太极，动后即生两仪，继两仪而生四象，继四象而生八卦万物等。老氏以为万物生于有，有生于无，一生二，二生三，三生万物之说。计虚无为宇宙万有之因体。在印度则有数论派（Samkhya system）、胜论派（Vaiceshika）等之玄谈，数论，梵云“僧佉”。此翻为数，即以智慧数数推度诸法之根本立名，从数起论，名为数论。此派计宇宙之根本有二物，纯然为二元论(dualism)：一、为精神之"神我"(Purusha)，二、为未现万有差别之无差别之本体的"自性"(Prakriti)，解释一切。谓由神我忽生要求，与自性相感而生宇宙万有。欲得解脱，须究明二十五谛之真相，依禅定而止息神我之要求，归还自性不动之状态，其最后之结果，惟"神我独存"。胜论说明宇宙万有有根本六句义法，即所谓实句义(Dravyapadartha)，德句义(Gunapadartha)，业句义(Karma Padartha)，有性句义(samanya padartha)，同异句义(Vicesa padartha)，及和合句义(Samavaya padartha)。如云茶杯，此杯之自身即实句义，实句义有地(prithivi)，水(ap)，火(tejas)，风(vayu)，空(akaca)，时(kala)，方(dis)，我(atman)，意(manas)。坚白，形态，容量，动运等即德句义。德句义凡二十四种。一色(rupa)，二味(rasa)，三香(gandha)，四触(sparca)，五数(sankhya)，六量(parimana)，七别体(prthaktva)，八合(Samyoga)，九离(viyoga)，十彼体(paratva)，十一此体(aparatva)，十二重体(gurutva)，十三液体(dravatva)，十四润(sneha)，十五声(cabda)，十六觉(buddhi)，十七乐(sukha)，十八苦(duhkha)，十九欲(iccha)，二十瞋(dvesa)，二十一勤勇(prayathna)，二十二法(dharma)，二十三非法(adharma)，二十四行(samskara)。杯之作用，即业句义。业凡有五种，一取(utksepanam)，二舍(avaksepanam)，三屈(akuncanam)，四伸(prasaranam)，五行(gamanam)。茶杯是有非无，但别有一大有能有之故而有。(有体是实德业三之所共。)同是茶杯者为同句义。非茶杯者为异句义。其中又有同中异异中同。(同异体多，实德业三，各有总别之同异。)此茶杯为实德业之和合而成，惟别有一能和合者使其和合之故，彼此有不可分离之一种关系(Co-inherence),是名和合义。若实句义九种全备而和合即成人等有情,以"我""意"为有情精神之特征故。若仅有前七,(除我意)则成无情物体。在西洋希腊古哲有谓宇宙之因体,由水而成,或由火而成,或由空气而成,或由地水火风等而成,略同印度顺世外道四大极微为因体也。以上中西哲学所推究宇宙之因体,虽较宗教中之计有能造之上帝为进一步,惟其依当前之现象,假想种种意像,以追求宇宙之真实,充其所极,仍为设想之种种玄谈而已。于求知真实也何与?

(2)实验之科学与执法之小乘

从事由五官之验证,代设想玄谈之哲学而起者,其实验之科学欤?从法国孔德(Anguste Comte,1798—1857)主张建设哲学于科学之上,谓总合各科学实验之结果,作为哲学推论之基础。彼分社会进化有三阶段(一)宗教阶段;(二)玄学阶段;(三)实证阶段。今此一阶段以证验支配一切,遇事皆探本穷源,求最后之解决,以为一切知识,皆须实验。必须为眼耳鼻舌等五官所能接触者,方为真理。换言之,此实证阶段,不事迷信,不尚玄谈,所有神权思想,皆破除殆尽,于科学明证之外,其余不能为究竟也。今之科学,其方法多据孔氏之言,发挥而光大之耳。所谓科学,即从实际证验状况之如何而叙述之,然后依叙述再加推论,以说明其实在,五官验证所不足者,以器械(显微镜望远镜等)补其未达之处,此从事征验,固科学家之特色也。但其征验,仅依于五官之扩大,虽比玄学较为确实,惟五官所验证,仅能及法之片面之一部一部,后虽可由意识归纳以成为系统之理论,亦从零碎组合而成。对于全部宇宙整个人生之真相,仍不能直接觉知。盖科学原为部分类别之学,或物理或心理或生理一部分之现象,故惟得零片之粗相也。以佛学衡之,科学之实验与小乘之执法颇为相近，小乘对“人”观察，乃物理“色蕴”生理心理“受蕴想蕴等”现象之组合，现象之外，并无整个之自我存焉。而宇宙万有，亦由地质、水质、动力、热力，并加以有情心理活动之业力组合而成之也。小乘说五蕴：（一）色蕴，即百法中之色法。（二）受蕴，五官与声香味触相接触，或受苦，或受乐，或受不苦不乐。略当心理学之感觉，惟此受同时亦是感情。根境相触为知识之感觉，亦为感情。（三）想蕴从感受境上分出彼此，思想名词由是而立。（四）行蕴行为之行，或道德或不道德所发动皆属之，见之语言意志活动，行蕴关系最切。以上四蕴皆被知识。（五）识蕴即百法中之心法，惟小乘未见到七八二识耳。小乘五蕴之色蕴包括色法。受蕴想蕴惟指五遍行中之受想。行蕴包括其余心所有法及心不相应行法，识蕴即包括心法等，小乘与大乘虽有出入之处，大部分仍相差不远耳。小乘以为宇宙万有，人生世界，只有“法”（五蕴等）之存在，犹之科学以为只有心理生理物理之现象也。神我上帝皆为彼等所否认，小乘论条理非常精细，亦如科学之严密。惟科学乃凭五官及器械以证验，小乘乃由戒定所生之智慧，以明宇宙之法。前为恃外之观察，后为从内之观察，此其不同耳。故科学小乘所说略同，而所用方法及其目标则异。二者皆未臻圆满故。

(3)法性之本空与唯识之转依

法性从小乘之“法”作进一步之解释，明万法本性为空，《大般若经》《大智度论》中论皆属之。小乘以现法有而显我空，谓五蕴等诸法恒有。于粗相之物体已见其空，于细微之法仍有未明，故于世界上之草木，明由地水火风无数关系条件而成，无自性之可言。而于组成之关系条件，犹执以为实。然进一步观察，即一切法中之每一法，亦由众缘之条件而成，如离众缘，则无一切法，惟此一切法，既皆众缘组合;故自性本空。此理略近最新科学相对论(Theory of Relativity),谓一法之现见,皆从相对之关系上而显,凡此时此处四围之环境及立足之观点,皆与其事物之“广”“长”“厚”等密密相关,设其周围之环境或时处观点一变,其事物之本身亦即全异也。如地球绕日而行,以相对之理或增上缘之理而言,不惟日球与地球有密切之关系,实由其他行星流星等相切相磨而成,故知地球绕日一事,即由迥色之空乃至恒星等,亦无不与此有关者,世人只取其切近而遗其疏远耳。从法性言,小乘固执之“法”,亦因缘互集之假相,与“我”之空,了无二致。仅有因缘之聚集,而无因缘所共合之实体,仅有缘成之因缘,而无因缘之自性,此法性本空之义也。然仅知法性本空,不知法相之唯识义,则众缘所集现之摄持力,何归何与?从此透过法性本空,即彰法相唯识,自性本空,非五蕴等灭却说空,乃从众多因缘法生而无自性以说空,因缘所成法,其自性本空,然非无此众缘集合关系之法相,法相之中心法及心所有法,即所谓识,不但可以被知作为知识对象,并且本身即是能知识,一切所知识之法,即摄持能知识之中,凡此皆心理知识中之现象,非离识外,另有色等诸法,所觉知者,则为前六托第八相分为本质尘所变之相分,仍在识内而非外,见托相起,相挟见生,法相皆多分受心理知识影响而变化故。在知识观点强度如何,所知识即现如何,知识强度不同,所彰之现象全异,所有知识之法皆受识之影响而变动,法性明一切法从多种因缘所现之相非固定,其自性本空。法相则彰万法依心及心所法如幻如化而建立,不于识外别有他物,故曰法相唯识。法性本空,可破小乘之法执,而法相唯识,又可显法性本空中多种因缘所现之法相非离识而有,皆同为识变故。以法性诠法相,则法相如幻如化,皆成妙用。以法相显法性,则法性本空,其相唯识。性相如如。故推究万有之本因及其体质，至此方理善安立。

（二）出发于存善之要求者……吾人之自我及价值之存在

人之生也，莫不觉有自我，而一切欲望皆从之以生也。然此自我，为随死以俱尽，其性乃暂时欤？抑人身虽死；而自我有不死者存，其性乃无穷欤？苟自我随死以俱尽者，则芸芸众生，寄生霄壤之间，此数十年与草木何异？为善成仁，作恶行诈，其价值何在欤？设非然者，人生死而有不死之自我者存，则彼不死者又何往欤？随此界以升沉欤？入他界而受生欤？如是等者，乃有宗教哲学伦理出发于存善动机之由来，古之贤哲笃行其志，或立功，或立德，或立言，觉本身为万有之中心，期精神之充实以永存，此种要求，岂无所恃而然耶？俗语"人死心不死"，即认有自我之价值永存藉以自慰者，要求有最善永存不灭之标准，于是宗教伦理之说起，然其开始，实由神道之说，兹亦分三节言之：

（1）天神之永生与自我之独存

天神之永生与前迷信之神话相一致，此神为无始无终无所不在，而人为神所创造所管领，能将低等性质破除，培植为善之道德，即能与神同其永生，此说一兴，从者如响，盖以为必如是然后自我之价值乃能常存，人心因以大慰。至于自我之独存，古印度数论，即创此说，彼为生死所以循环不息，乃出自我之要求，必假定慧之力，将自我要求息灭，渐能离自性而独存矣。其余耆那教等，亦莫不以自我解脱而独存，为达最高善之目的。以法相之理观之，其托神庇护者，虽可慰暂时之烦恼，以神为唯一之依恃，然其认神权于无上，舍自作自受之理于不顾，已犯世间相违等过，而自我之独存，亦徒为玄想耳。

（2）质散之断灭与生空之解脱

科学谓人生作何事业，留于团体，或可不朽。如将每人个体观察，皆依物理为基础，而此物理之本质，不过化学之十几种原素组合而已。心理依物理为基本，最后则在物质，至于心灵等则死后随质散而断灭，所谓“自我”“灵魂”等等，皆拨为无，自更无所谓“永生”“独存”也。印度之极微论，今世之唯物论，均持是说，但小乘证生空之解脱则在扩充为善之行，非相抵相抗。乃由相依相益，彼由戒生定，由定发慧，能将世人迷有“自我的实体”破除，明内无我，外无实物，向以物我为实之推求，于焉而息，一切心理活动亦随之而息，得此生空之解脱，表面上虽与质散之断灭似同，然科学不从业力解散，虽计断灭而终非真灭。小乘从生机上断灭，乃真解脱。此其不同也。科学对于善的价值之永存仍未达到，且较小乘犹逊一筹也。

(3)本空之常如与唯识之转依

科学主质散之断灭落于断灭之见，理有未善，固勿论矣。即小乘生空之解脱，执有“法”之实在，于法性法相之义，亦未契合。法性明万法本空，了无隔碍，常是如此，普遍如此，故曰诸法空相，不生不灭，不增不减，亦无生死苦恼可脱。以万法本空，本无生灭增减故。故曰本空之常如。诸法之本性虽空，然诸法之现象，仍随因缘之合散而变现，然一切法皆依识，故可从识而转之也。凡不圆满之有漏法，既依识所变，即此不善不圆满所依之识，改转之使为觉悟而圆满。佛典谓转识成智，则达善之价值永存之极则矣。以上略明法相唯识学之由起竟。

三　法相唯识学之成立……其余唯心论不成立之故

由前出发于究真及存善之二重要求，可知法相唯识成立有二动机，在此动机中，即法相唯识学产生之原因也。法相唯识学之能否成立，当更考察其理由是否充足，有无事实之证明，与可得相当之效果否，然与唯识类似之说，不能不先一辩之，即各种之唯心论是也，各种唯心论虽各言之成理，持之有故，惟有许多问题不能解决，而卒不能有所成就，故兹先将其余唯心论不成立之故一阐明之，然后始能彰法相唯识学之成立也。中国向来对于唯心论，少有系统理论，以先哲曾言之太极之说等，概非显著之唯心论，故今所言唯心论皆属西洋哲学，西洋唯心论自古有之，至近代乃极其变，但古代之唯心论(Spiritualism)殆同观念论(Idealism)，观念不过是一种"相"而已，与其称为唯心论，毋宁称为唯理论(Apriorism)也，故今此所言又专在近代的西洋唯心论，近代唯心论，其初盖对于多元论二元论及唯物论之不满足而起。以上各论皆可称为素朴实在论(Naiverealism)，素朴的实在论，以为耳目之见闻，即能得事物之实在，故吾人觉知之所得，以符合客观之事物论真确，轻重厚薄，大小方圆，莫非事物之所固具，心之认识或不认识皆尔也，知识所含之性质，不过依事物去认识而已，素朴实在论系根据一般常识上之见解而演成者，如见此桌存在，即依此桌之实在加之认识，如以万有之本原为众多不同之实体，则成多元论，谓万有之本原乃二种或一种之物，则成二元论或一元论，此称一元论即唯物论，皆素朴实在论也。近代之唯心论，即起于对素朴实在论之反动，而有主观客观唯心论等之产生，今以次胪列，兼论其得失焉。

其余唯心论不成立之故

(甲)主观唯心论之不成立　近代如培根(Bacon)、洛克(Locke)以至休谟(Hume)的经验派，以谓凡可经验者，即感觉现象，除去所见到之色所闻到之声乃至身上所觉到之触等现象之五官感觉经验外，别无可经验到者，向来所谓关系法则贯通理性等，不过实际感觉到的经验上之条理而已，因此经验派的思想而进一步，勃克莱乃发生主观的唯心论，勃克莱（Berkley）否认物质本质之存在，以为一切物性，莫非吾心之所知，宇宙万有物体云者，不过为吾心所知觉之一切耳，并无知觉外另有所谓实物之存在者，由知觉上发现种种现象，即自心知觉现象，勃克莱之意以为一切事物之存在，均在主观意识之内，主观意识之外无事物存在，凡存在者即被知觉者也。此主观唯心论，在其一贯的理论上似亦能成立，然一推究则疑问重重，勃氏以一切外物之存在，归之自心主观所现之影子，则自心如镜子，外物如镜子之影子，如此只有自心，则他人之人格亦被其否认，推其极不过自心之存在而已，然则国家社会与法律伦理皆等虚设，失其效用，如是颠倒，世共不许，又复应思：既如汝言所见之桌除色香等外，并无实质之存在，则在夜间无人知觉，至第二日仍有此桌之存在，试问此桌在夜间是否继续存在？若谓所见之桌乃由汝心而有，汝心不知觉时，则桌消灭，云何得有重见昨日之桌之存在，至是勃氏落于遁辞，谓物之存在，如不存在于自心或他心，亦必存在于上帝之心，然上帝非经验之可得，先不成立，而勃氏之说遂不能自圆矣。

（乙）客观唯心论之不成立　主观唯心论从经验派产生，迨其说不能自圆，于是理性派起为解除上述之困难，一转而变为客观唯心论，此派谓宇宙万有有共同之心或共同意识之客观存在，故万有乃一客观的心之表现，宇宙所有动物植物矿物程度虽有不同，然皆为宇宙共同之心，如千江万湖之皆为水，人类或其某民族为此共同心发达之最高者，动物植物矿物等乃其低下者，所以万有的存在皆此客观的心，惟此客观的心，即为自己他人及万有以至全宇宙，至各人乃共同心之一分，非个人自心为立场，乃以共同心为立场者，黑格尔(Hegel 1770—1831)即可为此派之代表，以共同心，包括一切计划之而支配之，惟此“共同心”无可证明，与一神教所谓“一神”无可证明之性质，相去几何？然一神不能成立，则共同心亦不能成立，又所谓客观存在之心，不过称彼为“心”，其与素朴实在论不可证明之“物”，亦仅名之不同，同为不能证知，但随名言而假立耳，若唯物论不成立，则客观唯心论亦不能成立，今纵许汝有“共同心”之存在，万有乃共同心所生，然世间凡被生皆同于能生，如人生人，犬生犬，未见有石能生人畜，既为唯一之共同心，以何而得生出各别的万有，被生与能生了不相似？复次，既然万有皆由共同心所现，则应共同为一，云何万有有一定之条理及规则，必众缘具备，然后事物才能成功？反是众缘或缺，则事物无从显现？此皆有为客观唯心论所不能说明者，故客观唯心论亦难成立。

(丙)意志唯心论之不成立　康德(Kant 1724—1804)调和理性派与经验派，一面承认经验派凡存在的不能越出五官经验之外，一面又从为感官知觉所不能知觉之经验外设立一“物如”Dingan-Sich或称自存物，又主张有先天理性能向杂乱无章的经验中立出法则，而所谓自存物，既在一切知识之外而不可知，故康氏非唯心论者，亦非唯物论者，然因康氏所立自存物为不可知，从康氏之后，有解释自存物为唯物者，亦有解释为唯心者，迨叔本华(Schopen-hauer,1789—1860)谓自存即为吾人求生存之意志，此意志乃不知其然而然，因有要求生存之意志，故有继续不断之努力在各处表现，一切生机之活动，植物永久之成长，动物一切的行动，均足表现世界之根本，端在意志，意志存则万有虽旋灭而旋生，灭生不已，惟叔本华颇受印度数论及小乘思想影响，以为人生世界，既出彼意志之盲目的要求，故人生世界皆唯痛苦，根本解脱之途，在否认求生意志，使之消灭而艺术之音乐等中，亦可使之暂忘也。叔本华认人生世界皆意志所造成，以求生之意志消灭，由求生意志所生之万有亦可消灭，此与印度之数论或小乘之思想颇相近，余前在德国曾询杜里舒所谓生机一耶抑多耶？据杜氏言最初为一，后成为多，最后仍归为一，今叔本华之意志亦可同上问之，所谓之盲目意志，各有其一耶？抑万有共为一耶？共一则自己生存之意志消灭，与万有共同意志何与，何能由各自而消灭？若云各一，何能生起共有之世界，即消灭只可言各有之意志消灭，乃各人自己之解脱，现在共同之地球太阳，是否各有意志耶？有则各人意志消灭亦无用矣，如云世界等乃各人意志所生，则世界与各人意志又如何贯通耶？又复应问：向之不知其然而然之求生意志，其现起为有相依之关系耶？抑无相依之关系耶？如无相依之关系，则不能以其他方法使之消灭，如有相依之关系为之缘起，则意志之前，仍有其他原因存在，意志应非根本，故意志唯心论亦不成立。

（丁）经验唯心论之不成立　主观唯心论从经验派而起，客观唯心论从理性派而起，意志唯心论间接从康德调和理性派及经验派而出，至经验唯心论则从扩充经验范围而起，从前经验派所谓经验，唯指五官直接知觉到而言，此则为扩充经验而将理性亦并归经验中的实验主义，故詹姆士（William James，1842—1910）等所谓经验，乃通于一切百言，非各人经验已也，非五官觉到已也，无论意识或知觉或思想或想像皆属之，故空间则成为经验之大网，时间则成为经验之常流，全部心理之内容，亦即经验之内容也，同在经验之中可分二种，一素朴之经验，二经过雕刻之经验，素朴经验乃经验之原料，可经意识雕刻工夫，由此雕刻既成种种之相，由意识立种种之名，成为实际有用的方为真理，世间所有之事业及思想，既皆依素朴经验复经意识雕刻而成，故真理亦无决定性可得，简言之于此时此地能适应吾人实际生活之要求，方成真理也，此派非以唯心论自居，然将经验范围推广，所谓经验既即为心理内容，故是唯心，惟其构成经验，仍依生理有机体，经验流既借有机体而存，有机体乃是基于物理之生理，则有机体之身一坏，而经验之流亦断矣。此有机体又从许多物素组成，从构成上追究，仍以物理为基本也，行为派心理学亦可谓即从此派影响而出，适见其经验之流乃借物而有，非唯心而反成唯物，其推论自难极成矣。

（戊）直觉唯心论之不成立　柏格森（Henri Louis Bergson 1859—×）并非以所谓直觉（Intuitionisme）为万有之本源，彼所谓万有之根原乃"生命之流"，或"生之冲动"，惟此生命之流非理智可以把捉，乃靠直觉觉得，盖生命之流乃产生万有之浑然真体，理智只能见出彼所分别之物体，乃实际应用之一种工具，若此内在生命之流则须依直觉乃能了知也，平常直接知觉到无彼此自他内外之分别，是谓直觉，从直觉悟到的万有生命之流，综合叔本华盲目之意志与詹姆士之经验流，而以直觉握其枢纽者，此柏格森之直觉中的生命之流，此生命之流，即隐于吾人意识之后，以激励鼓舞吾人时时向创造之途以趋于进化，柏格森本此以说明创造的进化，彼说进化为由原始而现在而未来而永续无穷之巨流，彼谓"生之冲动"，宛如喷发之爆弹，分为二流，一紧张而上涌之火焰，为精神现象如动物等，二弛缓而下堕之火花，则为物质现象如矿物等，前者为动物，如爆弹之焰火极紧张之部，后者为矿物，如火花之点点斑斑也，此虽可为一极有力之唯心论，惟在理论上仍有许多困难之问题在，一、彼既认生之冲动即创造原动力，何以万有乃有秩序条贯等之存在？设认万有无条贯秩序，则亦无进化可言，如紧张之则为精神，弛缓之则成物质，然在常识上或科学上均觉得生命现象必有其非生命的为所依之处，此所依之处，或地球或其他之物质现象，乃先于精神现象而存在，然则与柏氏先有精神之生命现象又相违矣，故其说亦难极成。

（己）存疑唯心论之不成立　康德（Kant）之不可知的自存物，可为存疑之唯物论。亦可为存疑的唯心论。至于最近之爱安斯坦（Einstein，Albert 1879—×）的相对论，客观宇宙的存否，存疑而不速断，而一切运动之现象，与其距离之时间，皆由观点之不同而不同，成为相对之现象，已有唯心论之倾向，从唯心论上说，亦可成为存疑之唯心论也。至罗素（Bertrand Russell 1872—×）的新实在论（New Realism），虽极力扩充客观实在之范围，将经验派之感观的事与理性派之超验的理，皆与以不倚心而存在，不由心而变动之客观存在的实在意义，建立中立一元论，谓心及物乃中立一元所构成，然彼非心非物之中立一元，即为感觉之经验，惟一探其所谓中立一元的一元之谓何，彼尚存疑而未速断，余前到英国曾以此问题询之，彼谓犹在研究而未能判断，彼虽存疑而亦得谓之唯心论也，但此种存疑唯心论，消极方面虽足以避免他人之批评，积极方面亦缺少成立性也。

法相唯识学能成立之故

对于法相唯识学之名义及产生之动机前已说过，各种唯心论，因事实上理论上皆未完善，而卒不能有所成就，今再以能极成立之法相唯识学，次第设立各种问题论之。

（一）独头意识与同时六识——虚实问题

主观唯心论谓唯主观的自心是实在，其他事物不过心中之影子而已，一切现象乃皆成为空虚而无实，另一方面主张实在者，乃有新实在论，以为一切见到闻到触到乃至意识上观察思辨到的一切对象皆为真实。主观唯心论以一切外物之存在，悉归主观之心，自心以外皆是空虚，如此只有自心是实，则一切人格及社会均被否认，与事实不符而理论上亦通不过，已如上辩。经过主观唯心论之不能极成，可一转而到新实在论，主观唯心论谓虚，新实在论谓实，前为虚之代表，后为实之代表。乃构成虚实问题，此在法相唯识学将如何解决之乎？依斯学百法中之八识，依眼发生出来之知识谓眼识，依耳发生出来之知识谓耳识，乃至依身发生出来之知识谓身识。至第六意识与普通心理学所谓意识略同，惟从意识全部之领域及分类而言，则法相唯识学之意识较普通心理学为广，若专从一部分现象而推究其细末，则普通心理学之所言，亦有独到之处也。此种意识，大致可分两种：一、独头意识。二、同时意识。独头意识，乃于离开眼耳鼻舌身五官感觉之后（眼不见色乃至身不领触），单独构成，略似心理学所云之想像。盖意识离开前五识仍可自起分别，如意识缘过去未来之境，不过为意识所忆想耳。但独头意识范围颇宽，又分三位：一、梦位意识，梦时前五识不起现行，唯是第六意识之分别现境也。二、散位意识，清醒时心理之分散而非集中统一者为散位意识。三、定位意识，此非常人所有，须经修定工夫，乃能发现，不惟佛教得定之人有之，即道教及印度外道经过修定工夫，使心力集中统一，精神上成为和平安宁，而增加许多超越之力量，亦属定位意识，惟真正得成定心，眼之知识乃至身之知识（五识）均不起作用也。独头意识包括此三位；而知识之性质则截然不同。梦位意识颠倒错误，表面上似真，其实非真，表面上似能推理，其实皆非理，非量之识也。散位意识范围甚广，通常心理作用多属之，占通常心理作用百分之九十九，此种知识又分为二：一、贯通前所经验成为推理不误之比量知识，二、有大部分则为错误知识，此中又有二种：一、如言见桌，不过见到一小部分之颜色之少分，至于桌子多分之色及声触重量等，皆非眼所见，通常即以此直接眼见到之少分以为眼能见桌，其实非真见，乃成似现量之非量。二、如唯物论或素朴实在论之种种推论，又成为相似比量之推理的非量知识。而定位意识少起主观作用，惟是甚明显之心境，故多属现量之直接知觉也。更就境辨之，梦位意识多属独影境，单独之影子为独影，系纯粹主观之心而起。梦位意识，前次为心理学会讲“梦”之题目，曾言“梦”亦尚有带有实质之境，如因生理关系影响而成梦，乃至其他心之关系使成为梦等，皆带有其他精神力之关系者，故梦位意识亦有带质之境。惟大部分为独影境，少部分为带质境耳。散位意识大部分仍为独影境，如想像因名词之施设，马虽无角，亦可想像于马角也。即想过去之事亦为独影，独影境有二种：一、无质独影，此时此处此界无有，即他时他处他界亦无有，只意识上假立名言之分别耳。如因名而妄立龟毛兔角等。二、有质独影，虽此时此处无有此法，然为他时他处之宇宙间实有其质，特今此但为意识所变现之独影，为有质独影。带质境亦有二：一、如言见桌只可称带质境，桌虽不能见到，然意识将直接知觉时于桌子观念上，乃或为桌之颜色，虽所依之实质不能全部相符，惟带真实质一部分，经过意识上之构成而成，谓之似带质境。二、其以心缘心者，则为真带质境。依唯识言，通常所谓见到闻到嗅到触到之天地人物，皆是散位独头意识之带质境而已。均与真正之感到不符，惟隐带其内容而已。依此带质境所推理则成比量，故此散意识中被知识所知识的，有独影境及带质境。定位意识，非一般人之心境，不易经验，可从略。大抵深定位之心境为性境外，其余通常定位仍为独影境也。由上所言独头意识之心境，可见主观唯心论只能讲到独头意识之一部分，而定位独头意识则尚非彼所能望见，以此一部分为立足点，而解释宇宙万有，自难成立，较唯识学所言识有八种，前有眼耳鼻舌身五识，后有末那阿赖耶识，领域之大小，自不可同时而语矣。同时意识乃依眼识耳识乃至身识等之五官感觉，与第六意识起同时作用，此间非必全部前五识与意识同起作用，乃前五识中之一或二或三或四或五与意识同起作用，称之谓同时意识。简言之，五官之中有一或多与第六意识同起作用也。柏格森(Henri Louis Bergson 1858—×)之直觉(Intuitionssime)，亦此同时第六意识之感觉。同时六识知境像之现量直接知觉，并无推理作用，同时意识现量所知的是实在之性境，与独头意识多分为主观作用所起不同。同时意识乃真实之性境，惟其为真实性境刺戟所生起之意识，故谓同时六识所缘缘乃为实在有体性之境。从内容言，此性境与新实在论 (New Realism)所谓的客观实在略同，因所言直接知觉到，乃意识上关于数量或分位(心不相应行法时空数量等)等，前五所无，而为同时意识所感到的，均可等于新实在论之所谓实在，盖即同时六识现量之心境耳。然唯识固不能以独头意识局于主观唯心论，同时亦不能认同时六识之现量而局于新实在论。同时六识之所缘境，非单依主观可以转变，并须托六识外存在之境作所缘缘之刺戟，准此而言，岂非与新实在论或唯物论无异乎？但须知此间所言同时六识，略同实验主义之纯粹经验，经验本身即感觉，感觉即心识，谓须境之刺戟，不过就纯粹经验之说明上而言，此种所经验的仍在纯粹经验之中。“感觉”可作两面解释，一面为能知识之知识，一面为所知识之境相。能为见分，所为相分，因此事实上感觉之有感于是而有所知识，均不离纯粹感觉心识之外，故仍是唯识，此种不离纯粹经验六识觉到之现象之外，有所谓“感觉今有”或“感觉所与”的本质，如康德（Kant）之物如或自存物，即同时六识之境像底下另有其本质，只以同时六识心境之境像完全与本质相同，故与本质之境同为性境，盖同时六识所知之境，绝无主观作用夹杂其间，实在如何即感到如何也。然以同时六识所依托之本质谓神则成一神，谓物则成唯物，谓理则成唯理。故须更进推究同时六识与第八识变！

（二）同时六识与第八识变——象质问题

从同时六识所知境像的本质之推究，则不能不言第八阿赖耶识，阿赖耶是梵语，此译为藏，意谓将所有经验皆能收藏之知识，乃至行为上之行为亦能为所收藏，故此识亦可言“处”，即一切所现行之潜势力保藏之处也，此识具有三义：一能藏，二所藏，三我爱执藏。一、对一切种子名能藏，因一切种皆收藏于阿赖耶识之中，种子为所藏，阿赖耶识即能藏之处也，故曰能藏。二、对一切杂染法名所藏，因根身器界一切杂染现行之后，阿赖耶识反为一切杂染法覆藏，为一切杂染所藏也，故曰所藏。三、对第七识名我爱执藏，因第七识恒审思量我爱之执，此识被执为我，即阿赖耶识现行之见分，成为第七识所爱执之处所，故曰我爱执藏。佛典分万有为有情无情二种，动物为有情，矿、植为无情，宇宙一切有情，各个各有一阿赖耶识，此识能将各个所有经验保藏之无失，遇有机缘，即可复现，通常所有记忆想像之功能，即有保藏之第八识使然也，普通心理学以为脑府能保藏，凡心理之保藏，皆依脑府之生理机关而生，细胞活动复现即起想像之作用，此种解释，不能极成，试问所见之屋宇海水等至大至远，如何能为仅方寸量之脑府所能保藏，如将所见之屋宇海水与方寸之脑府较，其非脑府所能范围，抑奚待言？设云脑府之保藏事物如照相机之摄影，然照相机所摄映之影子，不能如事物之大小量，与眼识如量而见不同故，又前后之影，应错乱无序同糅于脑府之中故。依佛典言，识乃依境之大小而遍法界，故各人之阿赖耶识皆交遍宇宙，凡事实上或经验上皆赖保藏，使之复现也，此识虽交遍法界，惟仍各为各有，如某甲之读书，久诵则保藏之于第八阿赖耶识之中愈深，然不能易之某乙，柏格森之生命之流，或潜意识之最深部分，均可见到阿赖耶识之一少分，有情生命之本身，即第八识，此有情生命本身，即非物质之心识，此种心识有二种作用，一能知，二能变，有情生命本身之第八识为能变，得到一段生命，则有生命本身，即是根身，其所依止之处即器界是也，同时六识境像所依之本质，即第八识所变一部分之器界间，即所谓内变根身外变器界之器界也，所变本身之表面形躯非真五根，乃根所依处，真正五根略同神经系，非同时六识所知，此器世间之本质即感觉所与，可知康氏之"物如"，亦即第八识所变之器世间也，因第八识所变之根依处及器界，虽在同时六识之外，但仍在第八识之中，不离识而存在，可知器界为第八识之所变，实有体性可作为同时六识所缘之本质，然不离第八识而有，故仍唯识也。

（三）自识所变与他识共变——自共问题

自识所变与他识共变为自共问题。前段所讲本质乃第八识变之一部，即器世界及根依处，由第八识变为前六所缘境之本质，各个有情各有第八阿赖耶识，唯此本质为各赖耶各变耶？抑各赖耶共变耶？若谓各个各变，则各有情一时期生命终了之期，不惟身体坏灭，即宇宙亦应坏灭，设云宇宙器界乃各有情共变，则除各人等八识外，仍有共同所变之器界者在，于是乃有自共问题。解决此问题，须知根身器界有共变不共变之义，绝对不共变，即净色诸根是也。净色诸根非有情形体，略似生活的神经系，此种五根乃各个有情第八识所各变，生时有神经作用，死时即无神经作用，各人真正依之发生五识之五根功能，与他人无关也。除此之外，根依处之形体乃至脑髓等，已有一部分为共变共用之关系也。至器世界山河大地，除各人各动物之身外，则纯粹为共变，惟此共依之宇宙，仍有一部分为共中不共之性质，此种不共性质，乃就一类一类而言，如言汪洋之水，从水族之动物鱼类等，则觉为其空穴房宅，与人类对水之为感不同也。鱼之于水犹人之于空气不可须臾离也。所受之身体不同，即所受之器亦异，故虽共变之器界，仍是一类一类共中有不共变之性质者在，严格言之，每一人或每一动物，对于器界皆有不共变之性质存也，譬如有植物于此，若有某人或某缘具足则繁荣，反是则枯衰矣。乃土地江湖亦或因某人或某缘之关系，乃可使之改变兴废者，植物矿物虽由同类第八识共变而资为物用，但共变中仍有不共之少部分也。可知共依之器界有共中之共及共中不共也。各变之人生，各根为不共，而根依处之外形仍有共变之意义，如身体有父母亲属之关系，虽死犹存有共见共变之尸骨是也。如单独之第八识变，则应无共见之功用也。简言之，世界虽为共变，而仍有一类一类之不共变也。兹分四类言之，一不共变之人生有二：(一)不共不共，神经系之五根是也。(二)不共中共，外形之身是也。二共变之宇宙亦有二：(一)共中不共，田宅等有特殊之关系，变生特殊之资用是也。(二)共中之共，地水火风山河大地是也。自变共变大抵可分四类，细详则仍可分析也。是知宇宙有一切有情心识共变之意义，但各个有情仍有各个所变之根身器界，因同为一类，相似相类和合成为一体，不易觉察，其实在能变之关系上，仍各是各变也。不过性质相似，可同在一处，成为共依共用耳。譬如室内有千盏万盏之灯光，各个灯光皆普遍室内，相似似一，然仍有各灯光之系统，犹之除五根外共变之器界，仍各人各有能变所变之系统也。依唯识言：各有情生命之将得或初得时，其所变之器界根身随之而现，死时亦随之而灭也。犹之一灯熄灭，其所有之光亦随之而熄灭也。然一人死时，器界等何以不觉坏灭，乃微细难知之故，亦犹无数灯中之一灯熄灭，并不觉光力有所退减也。是知共变之宇宙乃异常复杂，大抵言之，同类中关系愈密则觉愈切，愈疏则觉愈远耳，共变之大宇宙生起，固由无数有情众生之业力，而共同变起之中，依佛典言，每一宇宙如太阳系之小世界由共变而成外，亦仍许有伟大之业力作全宇宙变起之总枢，其他宗教不明斯理，即谬托为上帝或神所创造，似印度所言之大梵天等，佛说其先此一小世界之有而有，后此一小世界之灭而灭，亦仍有生有灭，惟业果较寻常远悠耳！并非唯为此“天神”所主宰也！譬如建立国家之要素，固由人民土地生产种种关系而成，然仍有最根本之要素，如现代中国以三民主义建设之国家，即三民主义之首创者为最根本之要素也。建国如是，器界之变现亦然，对于宇宙根身器界之自共问题，大抵如此！

(四)第八识见与第七识见——自他问题

此段乃研究区别自他之核心何在也。自变共变乃从自他区别，然如何而有此区别？须知八识各有相分见分之分，根身器界乃第八识相分，依此相分同时即有了知相分之见分，此见分，即此间“第八识见”也。亦即第八识能了知之功用也。惟此第八识为“第七识见分”取为“自我”，则第七识见为能取，第八识见为所取，简言之，即第七识见取第八识见执为自我也。第七识从向内取第八识见执为自我，无时或息，童稚之时，第六识之自我观念，虽无甚显著，然根本之自我执，仍无间断，至成人则到处时时保存自己，发扬自己，提高自己，自我之观念，极为显著，凡一切有生命之动物，皆有此相续不断之自我见，即第七识见专取第八识见分为自我也。通常之自我精神，皆依托此根本第八识见而有所发表于外，因有我则有非我，因有我所有，则有非我所有，区别彼此，乃有自他之见，然溯其源，皆因第七末那识（梵言末那此翻名意，是恒审思量义！恒不断义。审不疑义，即恒审思量赖耶度为我故。）取第八识见分为我体之为用使然也。

（五）八心王法与诸心所法——总别问题

眼识、耳识、鼻识、舌识、身识、意识、末那识、阿赖耶识谓之八心王法，所以称谓心王，喻其每一各有统率许多心理作用之能力也。如眼识能将受想等许多心理作用为彼所统率，故谓心王法。其他各识亦尔，依此八心王法所有的许多心理作用为诸心所法，心王所属，名曰心所法，助伴之义也。心所统计有五十一，总有六位：（一）遍行位有五种。（二）别境位亦有五种。（三）善心位有十一。（四）烦恼位有六。（五）随烦恼有二十。（六）不定位有四。如是六位，共有五十一心所。名谓心所之名，差别繁多，广如前表。此五十一心所，非每识皆有也。即第六意识上诸心所法较最完备，然亦非在每一刹那，同时而有此诸心所，乃谓第六意识于此诸心所法皆可相应耳。至前五识则或有无有也。依《成唯识论》考订，前五识只有三十四，不定位无，随烦恼位或有或无也。第七识有十八种，第八识只有五种，今之心理学只讲到潜意识或隐意识，稍涉及第七识及第八识，此微细之七八二识，不惟物观的行为派之心理学全未见到，即内省心理学仍未见到，盖七八二识须依修证定慧才能明了到观察到故。第八识有遍行五种心所，一作意，能警动其余心心所现起之主动力。二触，根境识三接触，能触境之心理作用。三受，顺触之领受。四想，于领受境取分齐限量，由此有彼此是非之判断，而立种种名，故想为名字言说所依。五思，依受想境而动作，能领余心心所起造作。至于第七识则除以上遍行位外，复有贪痴慢恶见及随烦恼等，皆从我见所生也。前五识有三十四种，意识则备全部诸心所法也。八心王法取总相，各别诸心所法取各别之相，故有总别之分，如见一种颜色或形相，眼识取一总相，伴眼识所起之心理作用，如触、作意、受、想、思，则生善不善，爱非爱，取各别之相。由此可知有总别之分也。由心识取总相，由诸心所法取别相，又由意识取综合之总相，故有重重层级之总别也。种种法则，皆从八识心王及诸心所法区分而然也。有自共之区别，有总别之条理，对于识所变现之一切法相，皆有其法则，井然不乱也。

（六）能缘二分与所缘三分——心境问题

识有三分：一自体分，二见分，三相分。见分为能知，相分为所知，识即知识，显得知识即是能知。如有能知则即有所知。要说明能知如何，即须说明所知如何也。浑然不分的觉心为自体分，自体分分能所知则有见相二分，见分为识体一种觉知之用。相分为见分所知之相。体，见，相，合称三分也。八识各有各之相分见分自体分，其各心所亦然也。复次，唯二分能知为心，三分皆所知为境，自体分为浑然不分之心觉，亦可成所知境。能缘即能知，所缘即所知，能知二分，指自体分及见分而言。浑然不分之自体分，略同罗素非心非物之中立一元，然一分别则成见分相分，见分即能了知相分，而见相分皆依浑然一体之自体分，此自体分一名自证分，以有同时又了知于了知之见分故。换言之，不惟了知知识何种，并了知何种知识，皆自证分之义也，自体分见分相分皆所知境称所缘三分。自体分见分为能知心称能缘二分。惟所知境非离识而有，与新实在论认有所知境为客观存在不同也。

(七)第八识种与前七识现——因果问题

前讲第八识变，其实非第八识变，乃指依第八识而存之各别不同的潜势力或功能之种子而变。盖第八识所含一切种，如地中之种子，有能现起之潜在功能也。此第八识所含之种子与前七识现起流行，成为因果，第八识种为因，前七识现(心心所及见相)为果，然此果非无因，而因则第八识种也。但前七识现为果，对第八识种为因，(即种生现，)然第八识之种，一面亦仍为果，则由前七识现，又可为第八识种之因也。以一切识种现行之后，同时即息下成为潜势力的种子。(即现生种。)可知第八识种与第七识现，在互为因果，形成四类：一种生种，二种生现，三现生种，四现生现。前三成因果之关系，后一则成彼此之关系也。此一刹那之种起为现实上之心心所法，则成种生现。经现行将前所有种子有所熏变后，成现生种，如从种子生枝叶花，复从花生果可为种也。则知宇宙万有不同之现实，皆由不同之因而生，非从上帝或客观心等一因而生，以上帝或客观心等之生万物，与因果义相违故！因果多不相称故！现行法各各不同乃由各各不同之种子而起，然现行又成为种子，可知现在法有引生后用，假立当果，对说现因。观现在法，有望前相，假立曾因，对说现果，以此说因果义，则甚明显。各别之因成各别之果，又有从现生现的其他众缘而助成之，故现行后之种已非前种也，比如后稻之种子，已非前稻之种子，盖由关系众缘熏变之不同矣。

(八)第八识现与一切法种——存灭问题

一切潜能是否继续存在，即为存灭问题之所关，在现行生起连续上，个人几十年，或人类几万年之历史，形式上虽终消灭，其实非灭，以现行熏在赖耶中诸种子，遇有机缘仍可复现，故个人虽死，世界虽灭，一切法之种子仍保持不失而继续存在，于是可解决存灭之问题，以曾现行之一切法种子，为现行之第八识所保持。现行八识相续不断，旋生旋灭，旋灭又旋生，有二种特性：一曰恒，二曰转，转变起灭而不间断，不惟不断，亦不间隔，故曰恒。如各人心识死时似断，其实仍不断，惟在平常经验未易见到，须经戒定慧破脱了无明，得无分别智极显明之智慧才能见到耳，惟第八识现行事实上虽恒续而有转变，其余一切法种子皆依第八识而存，故虽不断灭而亦并非固定存在，乃刹那刹那生灭连续而存在也。然一切法种与一切法虽可以恒存而不断灭，亦非绝对不能断灭，易词而言，以有相反之性质，亦可使之消灭也，例如光明永久现行，黑暗种子即不得生是也，可知一切法种虽依八识恒转，若遇相反之性质，仍可使之消灭，惟其有消灭之可能，故有创造改造自择自新之路，转烦恼为菩提，转杂染为清净，其斯之谓欤？

（九）一切法种与一切法现——同异问题

一法各有别异，而每类又有每类之别异，如言眼识所缘之显色，既别青黄赤白，而青复有一一极微之异，同时色同是色而外，与声香味触又成别异，然对感觉等心法，则色香等又同为色法，如此异而又异同而又同之重重同异，以依第八识存在而能生一切现象之功能种子，有无量无数之差别，故一切法现象亦有无量无数之差别，一切法种指潜在功能而言，无量别异之相似相等则成为同，依更大范围则成更大之同，最大同则都无不同，别而又别别而又别为异，共而又共共而又共为同，故现起法有种种差别现象，而其他唯心论以一心生万有，一多相违，成能生所生因果相违。故难极成；然何以同中有同，别中有别耶？以一一法能生之功能差别故成现象差别，而每一现象，又与其他一切法连带相依不相离，由此可为异中有同同中有异之说明，但此只就非生命之一切法以论其差别，欲究生命之差别，当更进论业报。

（十）前六识业与八六识报——生死问题

通常以初受胎为生，至命终为死，在此一期生死间有连续之生命，一一之生命，又有同异，如言人类为同类，与飞禽走兽则为异类，惟在动物，则又为同，此各个生命与各类生命异同之所由，依唯识学言，前六识能作种种之业，所谓"业"即是"行为"，通善恶无记三类，依眼耳鼻舌身意六根，触受器界六尘，而有种种之动作发生，即为或善或恶或中立性之业，伦理学中之所谓行为是也。此"业"乃经心理作用上发动审决而起，依行为结果上判断其优强力之性质，由此优强力用，但个人之关系则成为个性，通团体之关系则成为社会性，有个性社会性之分，即成私德公德也，此业只在前六识者，因须与他心境接触而有，故业上有创造性，在第六意识尤有强力，能自由发动，转变他识，创造所无，故依此优胜之业，可以从现在生命失去时，由创造业之成熟力，或更善，或较不善，或相等，而再得到一期之新生命，所得之新生命，由"业"一面为引导力，一面又为范型性，以之规定后来新得之生命为属于何种之生命，以成为生命种种之不同，皆由业力使然也，由业力创成生命之报体，可知业的引生力范型力存则生，此业尽时即死，如炮弹之弹出力可弹放至何处，及其弹力尽时即低落也，可知业力亦如此，而有一定之限度，现在之报体，乃由以前前六识业为引生力及范型力而成，由此而有各个各类之不同生命，此种引生力范型力既尽，遂尔散没，他种之引生力及范型力势增，遂尔现起后期之新生命，所谓生起死灭者无他焉，不过引生及范型之业用起尽耳，换言之，即诸业之起伏乘除耳。此伏彼显，彼来此去，知其他种引生及范型之业又可生灭，故有生死轮回之事，从过去“世间极成真实”证之，如一开国君王，决定一朝代之兴亡期限，达至极限，朝代虽亡，非土地人民并灭，其他强有力者，固将另创新朝代起而代之也。

（十一）诸法无性与诸法自性——空有问题

前来已大略讲明唯识之诸法，然此唯识诸法是否有决定性，如不决定，不过言说思想所建立而已，则如康德所谓宇宙以意识为立法者，则诸法本身无决定自性，则成为空，或诸法有其自性，则成为有，有自性则法皆有，无自性则法皆空，乃构成空有问题，此间可用三重观之。（一）遍计所执自性，此于一切依他起法事实不相符，全出意识上之决定，依他起法为意识周遍计度而不能适如其量，或增益之，或损灭之，此所执法之自性，可知其绝无实体，惟此只指妄执彼依他起法之所执法为空，非将事实之意识本身亦拨为空，离此妄执，于实体性之法而不起增损之二执，固无妨遍计焉。（二）依他起自性，此虽无有独立存在之法性，然可依众多之关系而现起相貌功用，此依他起法，非无仗种种不同之因，托各类诸法互相关系之缘，以成种种不同诸法之差别，虽无绝对存在而有相对之事用。（三）圆成实自性，依他众缘而有的一切法，皆唯识所现，因知识有种种不同，成种种之差别，能除却此重重差别之知识，扫空主观差别之妄执，成为平等普遍之智慧所了知之境，则不惟意识妄计之遍计所执皆空，而依他起之差别亦空，如此通达诸法真实性相，是为圆成实性，由此可知依他起圆成实为有，遍计执为空，而所要者在须将意识妄执空去，不然，则所见所知之依他起圆成实，皆成为遍计所执之法，由此显现须有无分别之真实智，才能通达众缘所生之依他起，达此依他起相才无妄执，佛法之空宗皆对遍计所执法而说，遍计所执法如不澈底空掉，则不能达到诸法实相，如未达到圆成实性，则虽说依他起之因缘所生，不起遍计执，亦无是处。

（十二）唯识法相与唯识法性——真幻问题

唯识法相者对唯识法性言，唯识法相即依他起法，众多关系所变成之法，且显然在众缘中，“识”为最重要之胜缘，因依他起之众缘关系所变之法，皆为能变知识所了知故，依种种差别之知识现种种差别法相，如能离掉依他起差别之相，现观一切法真如实性，乃谓之唯识法性也，简言之，在能变之识与所变之法上将遍计执离掉之依他法，即唯识法相，唯识法相空所显之一真法界平等真如，即唯识法性，于此二义可解决真幻问题，盖依他起众缘之有乃相对之有非澈底之有，换言之，依他起乃如幻之有耳，通常所谓现象本质，皆幻有之依他起法，众缘所成，如幻如化，至圆成实性之唯识法性，即诸法真实性，乃真实非幻也。

（十三）染唯识界与净唯识界——凡圣问题

真如法性，离言思，绝是非，而依他起之法相，则有染净之别，故有凡圣问题，佛法于凡圣问题，有精严之解决。须得圣果才能谓之圣，圣果有高高下下不同之阶级。小乘有四，大乘有十一，凡夫证圣果，初步须将现行烦恼所依之种子，要能永远断灭其一部分，即第六识有一部分分别所起自我执着之心，将此我计之心离掉，并将俱生而有恒审思量之我执永离一分，方可入于最初圣位。唯识界指一切法之范围而言，有杂染唯识界，以根本烦恼及随烦恼本身为染法，凡有此染法之杂在唯识界中，皆为杂染唯识界，能将此虚妄分别之杂染唯识界空掉一分，则成一分之净唯识界，亦即初成为圣也，能将此重重之染唯识界空尽，则成最高圣果之佛，故法相唯识学非为理论而已，并须将染唯识界改造成净唯识界，余尝谓佛法乃自然界中澈底之革命，即此意也。

（十四）净唯识行与净唯识果——修证问题

此段明须用何种工夫，改变之成为圣果也，故有修证问题。盖假使不能真修实证，不惟成为空谈而已，即前说须依修证所成之理论，亦将随之而根本推翻也。修唯识行，证唯识果，再由较高之唯识行，又成较高之唯识果，故真正之进化即在此唯识之修证中而已。然徒言进化，若无究竟圆满之境，则漫无标准，进化之义亦不成立，今于此分两段言之：

（1）四寻思引四如实智与五重唯识观

四寻思引四如实智与五重唯识观，即明由心理改变心理，次由心理改变而到生理改变，再由心理生理改变而到物理改变，及至宇宙之现象，皆即无分别之真如，而成为自他互融彼此无碍之宇宙。换言之，即成为不可思议之事事无碍法界也。然此改造入手，首由心理之训练，即先从意识上改造也。常人大抵以言语名字为即能得事物之真相，乃观名言但属名言，事实纯系事实，事实绝非名言，名言亦非事实，二者分离而不相及，此即四寻思中一名寻思二事寻思之义也。三自性假立寻思、四差别假立寻思者，谓通常思想上，无论于一名字或一事实，皆有特定之意义。名为自性。如言茶杯，只是直尔任持自体，局守自体，不通他也。义贯于他为差别，如云茶杯为磁制之可破坏物，此可破坏义可贯通于他物，即为差别。贯通他义对众多，局自体义对自少，以宾辞解主辞，不以主辞解宾辞，故主辞名自性，宾辞名差别。于每名每事虽可假立自性差别，然此自性假立之意义中无差别假立之意义，差别假立之意义中亦无自性假立之意义。此种心理训练，略同符号逻辑，如旧式逻辑所谓主辞（自性）宾辞（差别），符号逻辑以为各种主辞宾辞不过所列之次序不同，因种种概念各成一自立之概念，但以组织之不同，成为或主或宾，其实自性假立惟自性假立，差别假立惟差别假立。将此四种寻思观常常练习，则可引生四如实智，所谓如实智，即习成如其实际了知之心理，而生起印可决定之智也。如实于所缘名、事、自性、差别，了知其唯名唯事唯假立，谓之四寻思引如实智也。五重唯识观者，第一重将遍计妄执之法离掉，只存能变之识与所变之法之唯识法相及圆成实之唯识法性。再作第二重观，观唯识所现之诸法相分，皆能知识上所变现所了知之法，唯存能知能变之心心所法。第三重观能缘二分与所缘三分中，唯存浑然不分之自体分，不惟相分为空，即见分亦泯，则见（能）相（所）之区分双忘，只有浑然不分之自体分。由此进步作第四重观，观一切心心所法中诸心所但是心王属性功用，不能与心王相对存在，由此只有八识心王。第五重观八识心王仍是互相相对相依而有，澈底追究则如幻如化而无决定，由此究竟真实，唯法性平等真如，舍相依相对之虚妄相，乃为真实存在，此第五重即遣法相而证法性也。至第五重证真如法性，乃初成净唯识界，以后仍用此五重观数数修习增进，乃证圆满二转依果。

（2）大般涅槃与四智菩提

涅槃，圆寂义。染唯识转为净唯识，得大般涅槃，涅槃所成为四智菩提。菩提，正觉义。前五识成为成所作事智，第六意识成妙观察智，第七末那识成平等性智，第八阿赖耶识成大圆镜智，即将杂染界之八识，成为正觉界之四智也。以上二段，可知法相唯识学确可由凡入圣而证明法相唯识学之能成立。

四 法相唯识学之利益

（甲）破除我法之谬执　我法皆从遍计执而生，因计有主观之自我名为我执。计有客观之宇宙名为法执，因我则有非我，于是生于种种之贪，贪不遂故则生瞋，贪瞋依以痴慢，世界之苦恼，乃皆从此我法二执而生也。学法相唯识明诸法皆众缘所成唯识所现，则执我之观念既破，而为我所有之法亦空矣。

（乙）断尽生法之惑障　生指有情众生之人生，法指宇宙万物等，因我执不破则生贪瞋痴之烦恼障，法执未除则生所知之障，明法相唯识学，则能得到最究竟人生宇宙之真相，以如实了知故，乃不生烦恼及所知之障也。

（丙）解脱变坏之业报　生死从我法谬执所生惑障，发生种种思想行为之业，因有限量之业招有限量之报，则有生死，譬如专制君国之朝代，终有消灭之时，以其业有尽而报必坏也，能将我法谬执去掉，则能解脱变坏之业报，而成为四智菩提不思议业之圆满报，佛学所谓了脱生死，即指此而言。

（丁）满足心性之意愿　人生皆有止于至善之要求，如不止于至善，则不能满足心性之意愿，犹之千江万湖之水，不流至大海皆不能得到最后之归宿，四智菩提之大圆满觉，才是至善之地，能将诸法性相如如了知故，能转一切染成一切善故，人生意志之愿望才能满足。

（戊）成就永久之安乐　安乐有久暂之殊，小康太平时代，或近代为最大多数人谋最大幸福之社会主义国家，皆有限业力而成之有限安乐而非永久，盖世界一治一乱，人生苦乐相寻，况国家不能有存而无亡，人生世界不能有成而无坏，仅以目前为限，尚何价值之足云，故必至净唯识之四智，成大菩提，方成就永久之安乐。

（己）证得无碍之清净　无碍之清净，即真自由也，绝对善也。通常所谓自由，因受根尘有限之牵制，皆成为束缚而无真实自由之可言，若能修无漏清净行，得成净唯识界，转识成智之时，即证得无碍之清净，所谓我净是也。

论法相必宗唯识

满　智　记

识所唯法，法相而已。是故称法相即括唯识，谈唯识即摄相法。此义也，奘基以还无异议者，近人别法相与唯识为二宗，判若鸿沟，徒生枝节，无当圣言。爰立自宗与之商确。

(甲)出定义　凡立一宗，必先定名，法相唯识，定义云何？

(1)空后安立依识假说之一切法曰法相　法相云者，赅染净尽。染谓妄染，五法之相、名、分别，三相之遍计依他属之。净谓真净，五法之正智如如，三相之依他圆成属之。如是染法净法，皆是识所变缘，安立施假，后得为用。盖法相之五法三相，为后得仿根本所起之能所分别相，如是法相，由后得分别智所缘生，众缘所生，皆如幻有。颂云："非不见真如，而能了诸行，皆如幻事等，虽有而非实。"《成唯识论》云："此中三种自性，皆不远离心心所。"谓心心所，即变现众缘生故。如幻事等，非有似有，狂惑愚夫，一切皆名依他起性。愚夫于此横执我法，有无一异，俱不俱等，如空花等，性相都无。一切皆遍计所执。依他起上，彼所妄执，我法俱空。此空所显，识等真性，曰圆成实。是故后得所分别施设有之如幻等法相，皆依识假说，唯识为宗。

(2)约众缘所生法相皆唯识所变现曰唯识　染净诸法，依何生起？曰依众缘。众缘生法，唯识所缘？识所缘法，唯心所现：故一切法唯识。海潮音第六期木村泰贤所著"因缘论之世界观"有与余意吻合者即一一法之关系而此关系实重重无尽虽极复杂而又整然一丝不乱表现于有情之生命扩充为世界规则而握此大本营之军符者则为有情之心识离此无所谓因缘论此所以有三界唯心万法唯识之结论也定名义已，次出彼计。

（乙）判一本十支为二宗之非　近人将唯识诸论，画其范围，谓何者属法相，何者属唯识，吾皆以为虚妄分别也。盖诸佛为显理故说经，菩萨为申经而造论，其能诠之教虽殊，而所显之理及趋证之果，则无二义。此所谓佛佛道同。然彼既有执，吾当破斥。

（1）出今说理由　《百法五蕴》云：相宗六经十一论，六经者：《深密》、《楞伽》。……十一论者：一本十支是也。约缘起理，建立唯识宗，以根本智摄后智，以唯有识为观心，以四寻思为入道。约缘生理建立法相宗，以后得摄根本，以如幻有诠教相，以六善巧为入道。就彼立言，条而论之。

（子）缘起理对缘生理　《杂集论》叙云：缘起义是唯识义。故缘起因，说种子相。缘生义，是法相义。故究其果，说成就相。然种现因果不即不离，缘之所起，即从缘所生之一切法。究明一切法能起之缘，即唯识之理显。据此二理，正见施设，法相必宗唯识。不应离唯识而另立法相宗。复次：宗者谓所尊、所崇、所主、所尚，若离唯识，则法相以何为主？或曰：宗五法三自性。然五法三自性，或即是识，或是识所唯法。是故离唯识外，别无法相。且五法三相，小乘不言，《华严》、《般若》、《法华》、《涅槃》皆不言，言之者唯在同说明唯识现之《深密》、《楞伽》等经。故五法三性，必以识为宗。是知法相明法，唯识明宗。法为能宗，宗为所宗，能所相合，宗乃成立。离法相则唯识是谁之宗？离唯识则法相以谁为宗？缘起理是明法相之宗，缘生理是明识宗之法。何得别为二宗？

（丑）根本摄后得对后得摄根本　根本智属唯识，后得智属法相，由根本摄后得，则法相宗乎唯识。依后得显根本，即法相而彰唯识，据此亦但能见其宗一，不能别立为二。且后得智所施设之法相，皆由缘真如后事行，模仿所起之能所分别相。以是法相诸法，皆唯有识。

（寅）四寻思入道对六善巧入道　证唯识性，以四寻思为入道。由四寻思，引得四如实智。真实品云：云何了知如是分别？谓由四种寻思，四如实知故。云何名为四种寻思？一者名寻思，二者事寻思，三者自性假立寻思，四者差别假立寻思。四寻思所引如实智者：谓诸菩萨，于事寻思，唯有事已，观见一切色等想事，性离言说，不可言说。若能如是如实了知，是名事寻思所引如实智。此四如实智，可分三类：一者加行智，即四寻思所引是。二者根本智，即名寻思与事寻思所引如实智是。三者后得智，即自性假立与差别假立寻思所引如实智是。后得智为仿根本智之所起，加行智为引真见道，根本智前结加行智之成，后为后得智之源，乃一切智之枢纽也。而六善巧之蕴处界食谛缘诸法，皆为后智所分别之幻有法相，以之入道。但是依教入理之道，不宗唯识之四寻思观，不能从行证果，入真见道，故法相必宗唯识。

（卯）唯有识观心对如幻有诠有　唯识为唯有识，以观心。是观即行，行必证果。法相以如幻有而诠教，教但显理，理必起行，方能证果。凡举一宗，皆俱教理行果。唯识之教理即法相，法相之行果即唯识。且宗也者，正指统持教所明理之一集中点以言。故由法相教理，反博归约，而起行趋果者，正在唯识，唯识为唯有识以观心，是故法相依唯识为宗。否则法相如童竖戏，不能趋行证果。

（2）出今说判别　唯识之六经十一论。要皆明诸法唯识，未闻有所谓法相与唯识之分。近人之《百法五蕴》叙云：抉择于《摄论》，根据于《分别瑜伽》，张大于《二十唯识》与《三十唯识》，而怀胎于《百法明门》，是为唯识宗。建立以为五支。抉择于《集论》，根据于《辩中边》，张大于《杂集》，怀胎于《五蕴》，是为法相宗。建立以为三支。如是二宗八支，《瑜伽》一本及《显扬》《庄严》二支括之。此所判者，未善思维。试举一二非之：世亲《摄论》叙云：《摄论》宗唯识，则以一切法唯识以立言。所有一切显现，虚妄分别，唯识为性故。摄三性以归一识故。是言也，谓为《摄论》明法相，以唯识为宗者可：若判为《摄论》是唯识而非法相，则殊未敢苟同。盖如其所计，则《摄论》之初品之所知依，应判为唯识，其第二品之所知相，不又应判归法相乎？吾敢正告之曰：十支诸论，若摄论，若显扬，若百法，若五蕴，或先立宗后显法，或先显法后立宗，无不以唯识为宗者。若于立显之先后微有不同，强判为唯识与法相二宗；则不仅十支可判为二宗；即一支一品，亦应分为二宗。如是乃至识之与唯，亦应分为二宗；以能唯为识，所唯为法故。诚如所分，吾不知唯识如何安立！

（丙）括小乘佛智为法相之非　近人于分立唯识与法相之二宗，更画其范围，所谓法相赅广，五性齐被。唯识精玄，唯被后二。兹先出其意：

（1）出今说之大意　《杂集论》叙云：唯识简声闻藏八万四千法蕴处，是三藏相，是所缘境。法相则摄方广十事门菩萨别藏，更摄十二部声闻通藏。又《真实品》叙云：唯识无住。但般若自性涅槃而俱简小。法相普被。有余无余涅槃以为其果。又唯识有简，故有其略。法相咸应，罄无不详。更有括及于华严帝网重重之无尽法界，皆入法相宗范围者。兹举小乘之法执，及大乘法性空慧，与华严法界辩别之。

(2)正明今说之非　总上所出大意，姑分三段论之：

(子)空前之法执非法相　真实品叙云法相之体，即三自性，摄一切尽。五法之法，但说依圆。相名分别，唯依他起。……法相之法，法相之相，都无不通，都无不详。是故五法三相是法相。虽然，五法也，三相也，皆菩萨空后安立。然二乘之阿毘达磨，足证此空后之所施设乎？纵览《婆娑》《俱舍》。都无是理。是故二乘法执之法，是法相唯识之所破，非可滥同唯识之如幻有。

(丑)遮破法执之空慧非法相　余尝于中国大乘八家，观其诠表宗依之相类者，判为三宗：一者法性空慧宗。二者法相唯识宗。三者法界真净宗。盖遮执空慧，即此中之法性空慧。所谓遮执，即遣诸法相名分别，乃至能遣亦遣故。正智如如亦不安立。入毕竟空，起法空慧，而直契一切法之平等体性。故此性言，即体性性。然体性性，离言绝思，非毕竟空慧无能契证。《般若》《中观》诸经论，均明乎此。他如禅宗之离言契证，亦属此类。第以言遣言，故空慧立宗而法相之相，由后得分别施设，乃相用之相，非体相之相。而体相离言，乃假空慧以遮执，是法性之宗空慧，空慧亦空，而相用之相，更非体性之相。故法性空慧宗，与法相唯识宗，二应有别。

(寅)安立非安立之圆融法界非法相　此圆融法界，即吾所判三宗中之法界真净宗。余于佛法总抉择谈立此为真如宗。盖就《起信论》言。以《起信》总一切净法名真如故。今当正名为法界真净宗。法是一切诸法，即安立世俗谛，及非安立第一义谛。界是摄藏统持二谛之总和义。真净即对有漏虚幻杂染言。真简有为虚幻，净简有漏杂染，为佛智性相圆融之究竟真净。——华严天台无碍法界。——此亦可称为唯智论。余昔跋善因法师之唯性论，立三唯论：一、唯性论，今名法性空慧宗。二、唯识论，今名法相唯识宗。三、唯智论，今名法界真净宗。欧阳居士近所谓唯识之学，特详染污阿赖耶边，于清净义断妄证真，甚觉其略，此正待后人推论发明，当于唯识学外，建立唯智学。……内学之不思议熏变评解，……与余立三宗之意渐符。但唯智乃宗依佛之一切种智者，安立非安立圆融为一法界，故不可束之于法相。兹将大乘三宗与三唯论对表于左。……法相唯识宗，如前已明，兹不赘。——

佛教
- 小乘
- 大乘
  - 法性空慧宗…………唯性（非安立谛）
  - 法相唯识宗…………唯识（安立谛）
  - 法界真净宗…………唯智（安立非安立圆融）

（3）故法相必宗唯识　总结前义，约有下之结论：

（A）法相所摄：若缘生理，若后得智，若六善巧，若如幻有诠教相，皆宗唯识而分别施设者。

（B）法相诸论：若《杂集》，若《辨中边》，若《五蕴百法》，均以唯识为宗，以明法相即彰唯识义故。

（C）空前之法执非法相。但破不立之法性空慧非法相。圆融之法界非分别假设之法相。故唯依识变假设之法为法相。

近人不明能宗之教相，与所宗之宗趣。务于名相求精，承流不返，分而又分，浸假而唯识与法相裂为楚汉，浸假而唯识古学今学判若霄壤，不可不有以正之，以免蹈性相争执之故辙。此余讲此之微意也。

释会觉质疑

唯识宗义，乃就异生心上明一切法以归唯识，方有断惑证真之无边大用。法师谓依空后安立一切法相，就能立边智。理固可然，而于唯识大用，似成虚设。以于异生不相应故。此可疑者一。因此破空前之法执非法相，正与唯识宗义适得其反；以唯识正在遮破二执使证入法性故。此可疑者二。反面言之，依空后之后得智安立之种种法相，遮执之空慧，虽不容施设一法；然亦不妨于空慧中幻有一切法相，正与空后建立法相似同。此可疑者三。果上佛智，虽为安立非安立圆融之一真法界，然亦不无空后种种法相，以舍此无所谓安立非安立圆融之一真法界故。此可疑者四。

前二问能成立，小乘法执正在唯识之所唯中。法相安立唯识，意正在此。后二问能成立，则于佛智空慧不应遮破，以于佛智空慧不无所谓空后之法相故。以如此法相安立唯识，则唯识大用仍在异生破执证真，复不应遮破小乘法执非法相，舍此法相唯识宗义使成虚设故。……上质下释。……

大乘各宗，乃就其宗点所在而有区别；实则各宗皆摄诸法，平等平等。然以宗点所在不同，故其摄诸法各有破立详略之不同。唯识之施设安立一切法相，其依以施设宗主者，即地上菩萨之空后后得智境，亦佛菩萨之如量智境，世俗谛智所了之非有如幻有境。天台教谓之不思议假。故曰：非不见真如，而能了诸法，犹如幻事等，虽有而非实。在广明俗谛事故，所明偏详异生心境；而此藏识海浪之异生心境，实依空后之智以明也。至令异生断惑证真之效用，不惟唯识有然，即余宗亦莫不然也。（释疑一）小乘法执之非唯识之法相者，以非立而是所破故。若以所破之执混为所立之法相，则所破之一切外道法，亦应为大乘之法相。彼既不然，此何云尔？由是二乘法执亦在所破之列。（释疑二）法性空慧宗以观诸法毕竟空慧为宗点，故详遮破空前之法执，而略安立空后之法相，不同唯识之法相。明此则习大乘学之次第，当先从法性空慧宗而进法相唯识宗。（释疑三）法界真净宗，依佛果圆融智境明一切法；双遮双照，遮照同时，故异空慧，亦异法相。且唯识之施设法相，分别明了，真净圆融，变动不居。又真净宗偏详佛菩萨智境，异于唯识之详异生心境，故亦不可束之为法相。（释疑四）然此三宗，基师《法苑义林章》，曾别摄法归简择主，有为主，无为主。主即宗义。总抉择谈已援用。又可依据三性，唯识依依他起立一切法，空慧依遍计执遮一切法，真净依圆成实明一切法。今夏余在天童讲楞伽时成立一比量曰：

诸法皆幻

随心现故

如鬼见恒河为猛火

亦明如幻有法相宗唯识义。欧阳居士昔于内学院缘起曾立三宗，可与余所立对明其大概。

（内学院）

教一宗三
- 法相宗（包括小乘有部及唯识华严）
- 法性宗（包括小乘空部及三论天台禅宗）
- 真言宗（包括真言净土）

（佛学院）

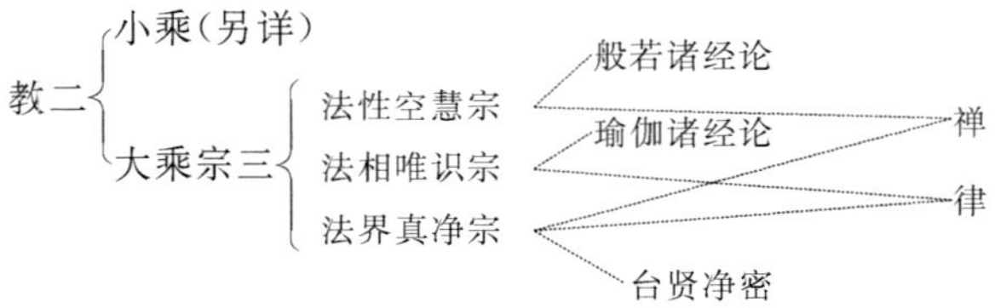

再论法相必宗唯识

太　虚

曩在庐山说："法相必宗唯识"，对近人以法相与唯识分为二宗，颇有评弹。而谓大乘佛法，当分为法性空慧宗法相唯识宗法界真净宗，旋在《内学》第二辑，见吕澂君评破太虚法相必宗唯识之演说标题，窃喜得此攻错，可益明真理，乃迟之既久，不见该演说之发表，然《内学》第二辑竟无君之摄论大意后，编者尝附识云："兹篇是大师写示编者旧稿，说法相唯识之所以分宗，枢要俱在，今人于二宗分说，犹有不详原委，辄与异议者，因录出之，以醒迷惘。"此可见彼"分法相与唯识为二宗"之根据即在于此，故今刺取摄论大意之说再论之。

吾所谓"法相必宗唯识"，与"法相唯识宗"等之一宗字，乃指一系学说所尊崇主要之一点而言。此一系学说所崇主之一端在某某，则谓之某某宗，彼一系学说所崇主之一端在某某，则谓之某某宗，此"宗"之一字之定义，固诸家之通义也。吾所谓大乘法之三宗，基师尝著说于《法苑义林章》曰："无漏以般若为主，有为以唯识为主，无为以真如为主。"法相必宗唯识者，法相须以唯识为宗主云尔。与基师设名不同，而义无异，先定此宗字之义，乃观竟无所出"分法相与唯识为二宗"之因喻，在彼皆为相违，而适以成此"法相必宗唯识"之义也。

一、彼云："法相譬之画龙全身，唯识则犹画龙点睛，原委虽详，法相无唯识，则无睛之龙也。”今曰点睛义即“宗”义。法相画龙，必须唯识点睛，即“法相必宗唯识”义，故与彼“法相与唯识是二宗”之宗相违。适成此“法相必宗唯识”宗。善因明者，可演三支以察之。

二、彼引论云：“若有欲造大乘法释，略有三相应造其释：一者由缘起说，二者从缘所生法相，三者由说语义。由第一相立唯识宗，由第二相立法相宗，二宗分立，以此为据。”今解“此三相”，应为各系学说，皆所完具，乃成有宗之法，及有法之宗，其式如下：

语………能诠教｝……｛从缘所生法相………条说法相
义………所诠理｝　　　｛能起法相主缘………说法所宗

若将此“三相”剖离，则不唯说“缘所生法”，乃无“法之起缘”，说“能起缘”，乃无“缘所生法”，且亦应说“法相缘起”，无有能诠所诠之语义，说“语义”亦成无有法相缘起内容之戏论，话之怪者，无逾于此，尚能造何法释耶？故依此三相，亦适成此“法界必宗真净”，“法性必宗空慧”，“法相必宗唯识”之宗，与彼分“法相与唯识为二宗”之宗相违。夫一系学说中，诚亦有书“多条说法相”者，然不离法相所宗，亦有书“多说法所宗”者，然亦不离条说法相也。

总观彼摄论大义，关于分法相与唯识为二宗之根据，不外右之二端，余可思准，故不一一。

唯识教释类

新的唯识论

新的唯识论发端

“山中十日西湖别，堤上桃花红欲然。”乃吾清明日从净梵院赴弥勒院，在湖中泛一叶扁舟；舟次，偶然流露于吟咏者。夫桃花之红，莫知其始，山外之湖，湖上之堤，物皆位之有素。且吾非一朝一夕之吾，居乎山，游乎湖，玩春色之明媚，弄波影而荡漾，今岂初度？然人境交接，会逢其适，不自禁新气象之环感、新意思之勃生也！夫唯识论亦何新之有？然为欧美人及中国人思想学术之新交易新倾向上种种需求所推荡催动，崭然濯然，发露其精光于现代思潮之顶点。若桃花忽焉红遍堤上，湖山全景，因是一新。能不谓之新唯识论乎？兹略述新义如下：

（一）为新近思想学术所需求故

近代科学之进步，不徒器物着非常之成绩；且神教既全失其依据；而哲学中之所包容者，亦渐次一一裂为科学。仅存形而上学为哲学留一余地！复经认识论之反究，怀疑到形而上学之终不可知。辄知之亦非有如何效果，直置于不成问题不须解决之列。于是哲学，亦降为科学原理之总和，附庸科学而已。然最近人间世之脊脊大乱！或归罪科学；或谓非科学之罪，罪由误用科学。然误用之故安在？如何而得不误用科学？既非科学所能答，则科学亦几乎全为无意义无目的无价值之事！近人若罗素者，殆将谓科学亦依据迷信发生，全去迷信，科学自身且难可成立，科学其尚有何种希望乎？夫神教与哲学，次第为科学所穷；卒之科学亦挈襟露肘，穷无以达。正犹专制君主，立宪君主，皆为民主政治所摧陷；而民主仍无以治平，致心海茫茫，莫知奚届！然则吾人处此，其拨诸玄远学理，专以目前人众生活之效用为事，若詹姆士辈“实际主义”者之所为乎？则人众生活能存在否，亦早为所疑，夫又安能依之为质信乎？然则其认形而上学，有可然当是，但不得执为就是诚然，若罗素之新实在论乎？则有可然当是之实在云者，特予人以自由探试之希望，非能指示皇惑中流，无所措其手足者，以方针也！然则其拨弃推理概念之方法，谓本体唯可由直觉而得，若柏格森之所论乎？然异生于我法二执，俱生而有，故凭直觉亦非可保信之方法也。夫在思想学术之趋势上，既欲求一如何能善用科学，而不为科学迷误之真自由法；继之又有非将一切根本问题，得一究竟解决不可之倾向，展转逼近到真的唯识论边，有“山穷水尽疑无路；柳暗花明又一村”之概。而唯识论遂为新近思想学术上最要之需求也！

（二）用新近之思想学术以阐明故

夫唯识学之书亦多矣！种种说法，各适其宜。第对于新近思想学术界中，所待解决之疑难，虽大理从同，但人心趋向之形势既殊，顺应之方法随变。而扞格者尤在乎名句文义之时代迁化，今昔差异。故非用现代人心中所流行之活文学，以为表显唯识学真精神之新工具。则虽有唯识论可供思想学术界之需求，令得绝处逢生，再造文明；然不能应化于现代之思想学术潮流，而使其真精神之活现乎人间世，则犹未足为适应现代思潮之新的唯识论也。盖新的唯识论，即真的唯识论之应化身也。从真起应，全应是真。虽真应一宗，而时义之大，贵在应化。此诚鸿伟之业，吾亦聊尽其粗疏棉薄之力，为智者之前驱而已。

（三）非割据之西洋唯心论故

然与唯物论对立之唯心论，互相非斥，在西洋之思想学术界中，盖由来久矣。言之成理，持之有故，而卒不能有所成就者，则有近代之主观唯心论，与客观唯心论是也。虽然，此皆未明今是之所谓心者。割据心之变现行相之一片一段，而不能明证心真；将曰唯心，心之本真愈晦，则晦昧之空即缘之而自蔽。如梦如幻如影之前尘虚妄想相，转纷杂凌乱而莫得其明净。今是之唯识论者，乃适反其所趣。将使妙心圆显，德用齐彰。如理如量，无取无舍。不与彼几经破碎崩溃之西洋唯心论同途共道。故今兹之有唯识论出现，非唯物论与唯心论之循环往复，而实为世界思潮总汇中，所别开出之一时雨之新化。

（四）非武断之古代悬想论故

古代之思想家，根据其理性中之所要求者，常用种种悬想，凭虚构造，而武断为人生唯一之实在如何若何？宇宙唯一之实在如何若何？人生宇宙究竟之唯一实在如何若何？一生二，二生三，三生万物。太极生两仪，两仪生四象，四象生八卦。耶和华肇造万有，主宰群生，绝对无外，无始无终。神我与冥性合，生觉生我慢，生五唯，生五大，生十一根，所生诸法，归还自性，则神我离冥性而自在。此皆古人之所驰骛，但有名言，都无实义。今此绝对排除一切虚拟之悬想，妄执之武断；抉当前之心境，成系统之理论。重现证，贵实验，而又有其现证实验之方法。一念相应，全体圆湛，活活泼泼，无所留碍。而一切言句文语，皆若空中鸟迹，无堪执捉。转得山河大地归自己；转得自己归山河大地。夫而后乃能转科学而不为科学转。圆成大用，与科学始终相成相用，故为新的唯识论也。

尝为之论曰："唯识宗学，实为大乘之始。自海西科学之功盛，以其所宗依者在乎唯物论也。遂畏闻大乘唯识之名，抑若一言大乘唯识，即挟神权幻术俱至。不知大乘唯识论之成立，先尝经过小乘之'有论''空论'等，及大乘之空宗，将邪僻唯神论之常见，与邪僻唯物论之断见，同日摧荡清理，乃开大乘唯识中道。故竺乾当日大乘唯识论之所缘起，正以胜论之多元，或二元论等，天神泛神及数论之神我论等，顺世论之四大极微唯物论等，小乘之'有论''空论'等，大乘之空宗等，探究玄奥，观慧微密，皆极一时之盛。迫于人智之要求所不能自已，大乘唯识论乃应运兴起。且彼时虽有小乘之正论，徒高超世表而不能普救群生，与今日虽有科学所宗依之近真唯物论，徒严饰地球而不能获人道之安乐，亦恰相同。故唯识宗学，不但与唯物科学关通綦切，正可因唯物科学大发达之时，阐明唯识宗学！抑亟须阐明唯识宗学以救唯物科学之穷耳。"夫然，亦可见新的唯识论之所以为新的唯识论矣。

唯者何义？识者何指？识何以可唯？唯何以为识？唯者，是"非余"义，是"不违"义，是"无外"义，是"无别"义，是"不离"义。识者，指识"自身"，指其"相应"，指其"所变"，指其"分理"，指其"实性"。识非可唯，识之体相亦无得故。唯必为识，现实之法皆在识故。

宇宙的人生的唯识论

客曰：今现见有天地人物，非现实之法乎？切近言之，则吾人必有生命之存在与个性之存在；广远言之，则宇宙必有自然之存在与本体之存在。此能抹煞为非现实之法乎？或虽现实而唯是识乎？故知谓“现实诸法唯是识”者，其义不然。

论曰：客以天地人物为现实者，岂非因现见是有乎？

客曰：然！

论曰：设能证明现见中实无天地人物，则天地人物岂非非现实之法乎？

客曰：现见中分明有天地人物，又岂能证明其实无？

论曰：客今认现见中有现实之天地人物，非同现见此掌中之橘乎？

客曰：以近例远，以小例大，其为现见之现实则无异。

论曰：客今现见之橘，非即栾然而黄之形色乎？

客曰：然！

论曰：若栾然黄者即为橘，则镜中栾然而黄之影，与画中栾然而黄之像，亦为橘乎？

客曰：不然！现实之橘有香，有味，有触，故异镜影画像。

论曰：但今现见者，唯是栾然而黄之形色，彼香味触皆现所不能见，可知现见者，与镜影画像相同。而橘固非现见中之所有；现见中既无橘，可知橘非现实之法；橘既如是，天地人物不如是乎？

客曰：然则认现可见、闻、嗅、尝、觉的色、声、香、味、触、所依持之个体，为橘如何？

论曰：客所谓“个体”者，亦能证明而出之欤？现见者形色，现闻者音声，乃至现觉者坚脆干湿冷热轻动等触尘。且是等皆随现行之见嗅尝触，秒秒转变忽忽转变，弹指非故，无可追执。而客所谓之“个体”者，果安在哉！

客曰：在此一处现有可见嗅尝觉之色香味触和集续存，可持可取，可藏可弃，是即吾所谓之个体。

论曰：处体空无，一数假现。由见嗅尝觉之色香味触和合续连乃有此一个。非由有此一个乃有见嗅尝觉之色香味触和合续连。故持取藏弃者，亦只是见嗅尝触之色香味触和合续连耳，非有他也。正犹结合多人前灭后生相续成为一个军团，岂离开结合相续之多人能别有一个实体存在哉！

客曰：我今但认色香味触之和续相，以为现有之实，则又何如？

论曰：既唯和合续连之相，则一朝解散，即消灭无所存在。且除色香味触本无他有，岂能认之为实有哉！

客曰：如此则现可见闻嗅尝觉之色声香味触，必为实有。此既实有，亦非唯识。以此即是物故，即是物之所集生故。

论曰：客将谓现见中真有见闻嗅尝觉之色声香味触可得乎？即如今见栾然而黄：栾然之形，依附黄色而现，为黄色之分位，非现见之所见，现见中唯是黄色耳！但今离却栾形，亦无黄色可指；以无形限，则无边际；无边际故，亦无方所。天与地平，山与泽齐，栾形既可寄种种色而现，黄色亦可带种种形而显。如画中景，无洼突而似有洼突。如镜中影，无远近而似有远近。此皆现见所无，乃由意识在现见中营构增益而起，而现见中仅存泯同虚空之黄色耳。

客曰：此空空之黄色，其必为现见中之现实乎？

论曰：黄色一名，涵义周遍，通摄宇宙一切黄色，即今灼然明见，自有分齐。就橘言之，见此一方面而不见彼一方面；见表面一层而不见里面多层。若少分见，可名为见；则多分不见，岂不益可名为不见乎？故知黄色亦非现见中有，盖黄色之有，乃由先有一黄色之心，与种种非色非黄色之心，相仗托而彰显。实唯诸心相感相应，转似见所见法而已。而在离言内证之现实中，唯是平等真觉，实无一相一名之可安立。现所见色如是，现所闻嗅尝觉之声香味触亦复如是。一橘如是，无数天地人物亦复如是。故知现实诸法，定皆唯识。

客曰：此在物象虽则如是。若吾人者，有生命，有情性，有意思，能自主，能自动，能自觉者也。岂亦无性命之实乎？

论曰：生命者，即是由先业将心行支配作一期人生之分限力；此一期人生之分限力完了时，又有他种强硕之业代起，再支配心行作他种生命，此便为生命之相续不断。情性者，即执持生命元为自己，由自己之见所发挥之力。意思，即是根据生命情性所需要之识别造作。所谓自我、个性、人格、意志、性命、灵魂等等，皆可知矣。然有与身俱生自然成者：一、为情性审持生命根元为自我等，常相续而无间断者。二、为意思认取物质精神，或综合或析别之相为自我等，虽相续而有间断者。二皆任运而起，由无始来虚妄熏习内因力生，非修正观久久克治，难可除灭。若一般人之性命及意志，非单用理论所能空却也。复有因言语传受分别谬误成者：一、为闻谬说质力理气等认取为自我等。二、为闻谬说个性主体等认取为自我等。二皆计度而起，兼由群俗中习惯力助生，从名理中究竟研穷，即能彻悟不迷。若耶稣教所说灵魂，理论征诘，即知无有。此皆自无实体，乃由心心所变诸法和续所转似之幻相，故皆唯识。

客曰：人亦依宇宙自然律生存之一，而此宇宙之自然律及宇宙原始要终之实体，乃存在不存在，真实不真实，是有不是有，一切分判之总根本。此若空无，则一切分判将全失依据，是唯识不是唯识亦应无可说。故宇宙自然律及宇宙实体，必应离识而实有。

论曰：客云宇宙自然律者，非指万有生化流转之理势欤？

客曰：然！

论曰：诸物及人之万有，既为唯识所转变，况依万有所现起生化流转之理势。譬如已知水之非有，而却认由水而起之流动相为实有。又如人类不存，而却认社会国家为实在。宁非谬甚。故自然律离识实有，无有是处。

客曰：幻必有真，假必有实，宇宙万有则尽幻矣假矣，而岂无本元的究极的实体哉？既有实体，即非唯识。

论曰：宇宙实体，孰知其有？无所证知，而认为有，则成独断，无可置论。且彼实体，究为何状？若都无状，应即是无！无，则即是都无实体。若有可状，其状安在？若在万有，既为万有之一，何得为万有之实体。若曰不在万有，则成非有，如何复得执为实体。故执宇宙本体离识实有，无有是处。

客曰：然则现前种种物类，生存变化，自成仪则，各各个实，流行转动，岂无根极？且彼无边空间，无尽时间，复因何有？

论曰：此因一切有情众生无始虚妄熏习内因力故。意根任运常时相续，观生化元阿赖耶识，分别物类，执为法体。或由意识缘取识心变现诸相，任运种种分别贪著，若客此所问者是也。而在现世或缘虚妄言说谬误分别，于诸法相法性妄生计度，若耶稣教所说上帝造宇宙等是也。此皆诸识所缘，唯识所现，心外实无，识内似有，故知一切唯识。

客曰：然在人世及佛经中，各说人类、兽类、动物、生物，及凡夫、圣人、异生、诸佛等。又说固体、液体、气体、元子、电子、精子等。及地水、火、风、空、时、等。若云唯识，此依何说？

论曰：此诸名相皆由明了分别之识，转动变似能取见及所取相之二分。又因无始物我分别熏习之力，依此能取见及所取相之二分，转似种种众生及世间相。依识所变，随识所缘，假施设为人类，兽类，乃至地水火风空等。如人睡梦，以睡梦力，梦心转现种种境相，似有自他物我之类。不知者妄执为离梦心外之所实有。此则但随妄情假为施设，都无实事。若知由睡梦心转变而现似，不同妄情之所计而随顺说之者，此则虽有其事，究非其实。人等地等乃依梦心假立，唯如幻有，梦心乃人等地等所依体，亦真实有。识为一切众生一切世界之所依故，一切众生一切世界为识之所变故，是故众生世界皆唯是识。如有颂云：

"由假说我法，　　有种种相转；　　彼依识所变。"

分析的经验的观察的系统的唯识论

客曰：众生无量，世界无边，今曰皆依识变，彼识差别凡几，有何特殊功能？

论曰：能变之识，约分三类：一者生化体识，二者意志性识，三者了别境识。合之则成二种能变：一因能变，属生化体识中之流注化能力，与生命化能力。其流注化能力，由"意志性识"与"了别境识"熏习"生化体识"令得生长。其生命化能力，由"了别境识""有杂染善恶性业"熏习"生化体识"令得生长。二果能变，由前二种熏习功力，转诸识生，变诸相现。谓流注化能力以为因缘，种种识相差别而生，名曰流注化果。因相果相等相似故。又生命化能力以为助缘，招“生命体识”酬报“引受生命体”之先业力。招“了别境识”酬报“满足生命体”之先业力。前者名真生命体，后者名生命体生。二者俱名“生命化果”。果性因性不相似故。识为众生世界所依，识为众生世界能变，大义若此。

客曰：如何名为了别境识，识有几种？

论曰：照了别别境界事相，最为粗浅明显，故曰了别境识。约有二种：一者依色根识。二者依意根识。

客曰：如何名为依色根识，识复几种？

论曰：依各自净色根为不共增上缘发生之识，故名依色根识。别有五种：一者眼识，以感觉照了青黄赤白等别别诸显色；或兼感觉照了显色上长、短、方、圆、大、小、远、近、明、暗、空、塞、屈、伸、往、来、别别诸形表等色，为自身及行状。二者耳识，以感觉照了别别音声，为自身及行状。三者鼻识，以感觉照了别别香臭，为自身及行状。四者舌识，以感觉照了别别滋味，为自身及行状。五者身识，以感觉照了坚、湿、暖、轻别别碍触，为自身及行状。是故此五个识，亦得名为色识、声识、香识、味识、触识。有此五种别别感觉照了之时，同时同处即有此所别别感觉照了之色、声、香、味、触。了，所了相，俱依识自身上转变起故。诸有情者于兹五识，或完全有，或完全无，或复不完全有，然唯五种为定。

客曰：此五种识，其随顺和合而转之属性如何？

论曰：盲昧之警发，冥合之感应，领略之觉受，规摹之想象，动变之思力，此其属性之普遍著明者。他若欲望与信、惭、愧、及贪、瞋、痴等等皆得有之。于感觉照了别别诸色声香味触时，细心观察，便能获知。

客曰：此五识所照了别别诸色声香味触，究是如何境况？

论曰：譬如镜光照了显现镜像，镜像显现，即是镜光照了；镜光照了，即是镜像显现。光像各各亲冥自相，非是语言文字所可到著及可表示，乃是现证现实性境。内外彼此自他物我等等对待所起假相，及依和合连续所变似人牛木石等假相，于感觉中，此皆无有，故此亦名感觉唯识。

客曰：此五识所了实境，无对待假相，及和合连续假相者，则诸假相属于何境，为何识之所了？

论曰：此诸假相属带质境，及独影境，为依意根识之所了。

客曰：如何名为依意根识？

论曰：依"意志性识"为不共增上缘根而得发生之识，故名依意根识。以了知计度分别一切实境，带质境，独影境，种种诸法为自身行相，故亦名为法识。

客曰：此识如何了实性境？

论曰：一者，谓与前之五识同于初一刹那时间，依前五识感觉照了于色声香味触一一离言自相。二者，谓于离去散动昏乱，精一静明定慧所持心境。三者，谓全脱离计度分别，契会一切法真如性。此则即是转此"依意根识"成"妙观察智"矣。

客曰：此识如何了带质境？且又何为名带质境？

论曰：此识有殊胜功，且广大用，能于一切所有境界，周遍计度，分别执取。内依意根及诸心不相应行法，（名数时方同异等等）过去所了行相名义，又常连合想念现前。因此依前五识所同觉照之色声香味触，一刹那间，即转流入"单独依意根识"界中，变为一个一个实实在在之和合连续相。自他人我，内外彼此，一多方圆，大小远近，畛域毕足，封界完固，互相对待，安立名物，太阳大地，群动繁植，莫非依意根识所了似带质境。何义名为似带质境？此中诸物似乎皆含带有前五识所了色声香味触；其实前五识所了色声香味触，各住自相，与此了无交涉。此乃全由依意根识自家一边所生反映之影而已。故曰似带质境。更有由此依意根识所了其余诸现行识及识属性心等，由此识与彼所了诸识心相照中间所成心影，其影不但由此识生，亦由彼所了诸识心相对生起，故名真带质境。

客曰：此识如何了独影境？且又何为名独影境？

论曰：此由依意根识能用名言义相凭空捏造无有之境，及依想念推忆过去悬观未来等境，故能完全脱离现实心境，而分别计度乎唯独虚影之境。一者，观想此地无有或此时无有，或此中无有，而为宇宙所有之境。如十二月所想“蛙声”之类，名“有质独影”境。二者，若依“马角”“蛇毛”等名，或“创造宇宙之上帝”等名，由名所起想像之境，而为毕竟无有之境，名“无质独影”境。此独影境，若细判别，义类繁多，兹姑从略。

客曰：此依意根识之特征，其即在于能了别计度带质独影二境乎？

论曰：如是，因似带质与独影唯属此识之境也。不宁惟是，盖诸识唯此识功用最宏。入定慧境及证真如法性，亦为此识特殊胜能。其依前五识觉了色声香味触，大致同前五识。然不先知有前五识，于此亦难知及。故世人只知有此“依意根识”者，皆昧昧然而不能知有真现量。然此一刹那间之真现量，虽偶迸露，鲜能印定。遂仍即流转入带质独影之意言界，故此非由定慧证会真如法性，莫得相应。然不能成就定慧契悟真如者，即由此识恒时流转驰逐于带质独影之境故。迷唯识理，欲从心外寻求伺察推观计执不能已者，亦全因此。故唯识学第一步当首先了解此中之似带质独影诸境，唯是意言，绝无实物。故此亦名意言唯识。此意言唯识观得到亲切显明之际，即能真觉得世间同做梦一般。

客曰：此依意根识相随顺和合起之属性，较前五识如何？

论曰：此识之属性心，转化变易，尤极深广繁速，其普遍著明者可无论矣。他若欲望、胜解、忆念、静定、明慧等特别境界心。又若信、惭、愧、无、贪、无瞋、无痴、精进、轻安、不放逸、行舍、大悲等净善性心。又若贪、瞋、痴、慢、疑、恶见等扰浊杂染性心。又若忿、恨、覆、恼、嫉、悭、诳、谄、害、憍、无惭、无愧、掉举、昏沉、不信、懈怠、放逸、失念、散乱、不正知等染恶性心。又若寻求、伺察、懊悔、睡眠等不定性心。在诸时处，展转聊带，分合生灭，飘忽难辨，而寻观伺察之二心，功力尤伟，世间所流行之思想学术，要皆依此二心生起。此等诸属性心，须动静语默间，刹那刹那反观内察，方可如看电影一般，明晰几微。

客曰：然则此之六种了别境识，其作善恶性业者，又如何？

论曰：此则征之其属性心即可了知，由“依意根识”表现为身之行动，口之语言，带信等诸属性心现起时，则作净善性业；带忿等诸属性心现起时，则作染恶性业；单带警发欲望寻观等属性心起时，则作善恶无可记别之业。但在生死流转位中之有情类，大都不离贪、瞋、痴、慢等属性心俱时现起，故皆是有所覆蔽夹杂染污之心行。必到契会真如，反照破“意志性识”时，乃能成就纯全净善心行。此则非复因袭的而属于创造的矣。

客曰：其于感受苦乐者，又如何？

论曰：感觉时之心境或相符顺，适悦身心则乐；或相乖违，逼迫身心则苦；或无符顺乖违之可区别，则领苦乐俱舍中容性受。此六了别境识，于此苦乐及舍三受，随时变换，皆得有之。但苦乐受，各有二种：苦受二种：一苦，二忧。乐受二种：一乐，二喜。苦乐但属现在，忧喜兼及过未。前之五识，但有苦乐舍受；依意根识，则有苦乐忧喜舍受。细心内观、不难审知。

客曰：虽复明此了别境识，所了实性带质独影境相，即如前之五识同第六识感觉照了色、声、香、味、触、法，因何必于此时此处，乃有如此如彼色、声、香、味、触之感觉，或于彼时彼处则无如彼如此色、声、香、味、触之感觉。且依意根识中亦常“有时有处”乃有如彼如此种种和合连续对待之相，“有时有处”则无如彼如此种种和合连续对待之相。而此种种色、声、香、味、触、法，与和合连续对待之相，此时此处则可与多数人同有如此如彼种种觉了识别，异时异处则又与多数人同无如彼如此种种觉了识别。若非离识之外别有为发生此等觉了识别之因者，如此种种差别之法，以何得成？

论曰：客亦尝作梦乎？梦中所觉了识别之境物，当在梦未醒时。梦为春日，则亦但有桃花而无荷花。梦为沙漠，则亦但有荒野而无豆麦。梦为家人离聚，则亦各有悲欢涕笑。梦为男女交会，则亦可有损遗精血之事。此诸梦境，亦皆宛转成就，如有自然规律，岂亦离梦心外，别有所存在乎？然至醒时，叩之心内梦境，犹能历历，若欲于自心外求其何所存在，岂能丝毫得有。梦既若是，醒亦应尔。

客曰：此虽能明梦境不离梦心，然彼梦心亦与梦境和合连续共同现起，合而谓之曰梦。而此梦者，其有虽幻，要非无所因藉而有；若其有所因藉，则离梦之外，既有起梦之本因；离识之外，岂无起识之本因欤？理既相齐，疑犹待决。

论曰：梦依心有，梦不离心，心虽不必为梦，且可永远离绝其梦。心正梦时，心亦不能离去梦心而别有心。梦境梦心依梦而现；梦依本心而有。欲知梦依本心而有，是故当说生化体识。

客曰：如何名为生化体识？

论曰：此识广大含容，深幽玄微，观察难到，默认必有。约言其义：一者，曰含藏识，谓能容受“意志性识”“了别境识”种种熏修练习功力，悉皆包藏在内。若非一度经过使用，化为他种功力，则必无有消失。此其为“能藏者”一也。又甚昧弱虚柔，无有自觉自决之能，每遇前一生命已失后一生命未得之间，辄为潜藏其中之前六识所造善恶业力，忽然突起引之趣得一种生命，用其为生命体而为之决定其生命，使其屈伏韬藏在彼业力所决定之生命之内，才出前一生命，便入后一生命。常被系缚隐藏，丝毫不得自由。此其为“所藏者”二也。又复被“意志性识”所爱注执著，占据作“自我体”。运前六识种种造作变化行相，悉皆纳藏其内。此其为“我爱执藏”者三也。此含藏识虽有三义，要以我爱执藏之义为主。二者，曰生体识，即前“所藏者识”之义。盖其生命虽非由其决定，而为“生命之主体”者，实在此识。所谓“真生命体”是也。三者，曰种元识，即前“能藏者识”之义。由此识体所本具之种种能力，及由前之七识所熏习在此识中之种种功力，即为能各各差别互互连带发生诸心法，心相应法，心变现法，心不相应行法之本因种元者是也。此中“我爱执藏”之义可得离却，“我爱执藏”离却；“生命主体”之义渐渐亦可离却。犹之心可离却于睡梦也。“种元功能依体”之义，则无始无终而常在，故此亦名“体持本识”。离却“我爱执藏”“生命主体”之后，此识亦名“清净无垢心识”，若能知此“生化种元功能依持主识”，则于来问，便应可知。

客曰：此识中于一切现有法之种元功能，事究如何？

论曰：此含多义，略为分别：一者，刹那刹那变灭。前灭后生，有胜功力，不是凝住死定无用之法。二者，要与现有行相之果同时同处俱有。譬如血胞与吾肉身俱有，而彼血胞即为吾此肉身种元。三者，随所依识恒常转变。自类功能，引续不断，故必依持本识。四者，性用决定。是何种元功能，必但生何现行果相。如土俱成土器，不成金玉之器。五者，要待众多助缘，乃能生起现行果相。如谷种要待水、土、风、日等缘，乃能生禾稻。此诸种元功能势力。能直接亲自生自类现行果相，则为“生因”。势限未尽，能引摄残存之现行果相，使不顿绝，则为“引因”。草木等种子皆但能为胜助缘，非亲能生草木之真因本。其真因本即诸质力原素，而诸质力原素，即由无量有情共同业行熏习本识之所生长。依此以观诸识所缘，唯识所现之理不更明乎！

客曰：此中所云熏习之义，究又如何？

论曰：熏习须有能熏习及所熏习乃成就。其所熏习，须有永久之性，平等之性，自在之性，虚容之性，及有与彼能熏习者，同时同处，不即不离之和合性。据此故知唯“生化体识”，乃能为“所熏习者”。其能熏习，须有生灭无常之性，力用胜盛之性，能作增减之性，及有与彼所熏习者，同时同处，不即不离之和合性。据此故知唯“余诸识及其属性心”，乃能为“能熏习者”。熏习之事，譬如室本无香，一度然香，香已然灭，室中犹余香气。亦如我手曾习写字。虽不写时，习成写字功能依然存在。依此熏习之事，故令余识与此识互相为因果，谓此识之种元功能亲生余识；余识亦复熏习生长此识种元功能。可知识之生起，不须另有因藉之法，乃此识余识相互因藉生起耳。

客曰：生化体识了别行相，及所了别境相，大致如何？

论曰：此识所了别者，亦是现实性境。约为三类：一者、带过失之种元功力。谓依差别相，及显彼相境义之名言，种种分别熏习功力。二者、依共业成熟力，所变成之器宇世界。此二种境，皆由此识领以为境，持令不坏。三者、依不共业之成熟力，变成自身“净色五根”及“根依处”。净色五根，略同近人所发明之神经细胞。根依处，即血肉之眼耳鼻舌身。此则不但领以为境，持令不坏，亦复摄为自体，令生觉受，安危与共，生命相连。此中器界根身，有四种别：一为“共”之“相分种业”变成。有情命者，无直接所可依资之界宇是也。二为“共不共”之“相分种业”变成。有情命者，所依资占有之地域；及随类不同各成受用之境界是也。三为“不共共”之“相分种业”变成。若浮尘粗色根依处，亦能互相为受用之他身是也。四为“不共”“相分种业”变成。各各神经细胞之净色根是也。凡是皆依“流注化”套上一重“生命化”所成之果。此之“种业”，“根身”，“器界”，皆此识变现了别之“相分”。了别此“相分”者，则为“见分”。“相分”“见分”皆依识起。识之“当体”曰“自证分”。识之本来性曰“证自证分”。有人用掌自量其腹，掌为能量，譬如“见分”。腹为所量，譬如“相分”。人即为“自证分”。掌腹皆不离人，量过之后，虽复已息能量所量之用，然以人故，仍知腹之纵长横广所量掌数，量之效果不致虚弃。然使其人本来不知纵横广长数量多少之义，人虽由掌量腹，仍不能存在腹有几掌之量果，故须有其人本来知有数量之心为“证自证分”。因何今知数量，本来知数量故。因何知本来知数量，今得知数量故。此之二种互为所量，能量，及能量果，故不更须有第五分。此之四分心成，约量果义安立。约体用义，合“证自证”以为自证，安立三分，自证为体，见相为用。约能所义，合“证自证”“自证”为“见”，安立二分，见为能缘虑，相为所缘虑。约一心义，所见无故，能见亦无，能所亡故，唯是一心，无可安立。今此人生之根身，宇宙之器界，及根身器界之种元，既皆是此识之相分，为此识之自证分所变，及见分所了，故此亦名宇宙人生的本体之唯识论也。

客曰：此识之属性心，与业性，与受用，及生化相如何。

论曰：此识行相既甚深隐，故其属性之心，亦极单微。但最普遍之感应心，警发心，觉受心，想象心，思力心而已。此识与属性心悉皆非善非恶，虽有过患而无覆蔽。无苦，无乐，无忧，无喜，平平常常，窈窈冥冥。果生因灭，因灭果生，因果一时，果因同处，长流滔空，不断不住，万有与识，非一非异；识与万有，不即不离。故唯此识为万有之生化元也。

客曰：此识恒时流转，生灭相续，识与诸种元之现行，还应等同识与种元。以何乃有万有差别，而与此识非一非即。

论曰：此识昧劣，无审决力，随识功能杂乱而起；起时即从“意志性识种元”俱起“意志性识”；由“意志性识”固执此识为内自我体，故此之“我爱执藏识”与“意志性识”乃互依俱有。以无始来有各各“意志性识”故，此识亦成各各“我爱执藏”。内既自成根身，外亦共变植矿，一生一生熏习在此识中，成一种生命化功力，用为增上助缘，能使之受种种差别生命，而万有差别所以然之故。即是“意志性识”。

客曰：如何名为“意志性识”。

论曰：意者，“思量”之义。志者，“恒审”之义。此识思量最胜，且唯此识能有“恒审思量”；有“思量恒审性”之识，故曰“意志性识”。了别境识之“了别性”最胜；生化体识之“集起性”最胜；意志性识之“恒审思量性”最胜。随胜立名，故名意志，非谓全无了别。此识不但依“生化体识”中“此识种元”而得生起，亦复依托“现行生化体识”为不共增上缘。犹如“眼识”之依“眼根”，亦如“依意根识”

之依“意志性识”为根。而此识既依“生化体识自证分”为根，随逐流转而无间断，亦即审了“生化体识见分”为境，此境即所“审执为内自我真体”者也。乃为以心取心中间所生真带质境。恒思审量，不相离舍，故随“我爱执藏识”感受为何种“生命体”时，即系缚于何种之“生命体”。所谓了除生死，即由明了彼“生命”乃由此识固执“生化体识”，成“我爱执藏”而有，遂开通解放此识而不为固执，因之即得解脱“分段生命之系缚”也。然至彼时犹与“执法自性之见”相应，至证“平等性”圆满时，乃得完全开放，都无所执，永与“平等性智”相应；恒审思量二无我真如性及余诸法，是为清净圆明“意志性识”；能随无边世界无量众生根性差别，示现种种佛化。

客曰：此识之属性心如何？

论曰：若至究究觉地，诸识平等，皆唯感应、警发、觉受、想像、思力、愿欲、胜解、记念、寂定、明慧、信、惭、愧、无贪、无瞋、无痴、精进、不放逸、轻安、行舍、大悲共二十一种属性心。无始时来在迷妄中，则此识除警发等五心皆有外，而以我痴，我见，我爱，我慢四种根本上之覆蔽扰动浑浊昏昧杂乱染污心行，为此识极重要之属性心。我痴，即不明本心体“法无实自性”，及“命无实自我”之真如理者是也。我见，则倒之固执为“法有实自性”，及“命有实自我”也。一迷一执，遂成差别诸法差别诸命彼此自他之界。更加“我爱”随我见深贪著所执之我，集中扩充。复由“我慢”恃所执我，抗表高举。因是执益坚固。迷妄颠倒而不能已！生死流转而不能息！故此亦名万有唯识。而昏沉、掉举、不信、懈怠、放逸、忘念、散乱、邪知、审慧、之九种心，与痴见等有共同关系故，亦常俱之同起。依此可见此识实为覆蔽之本；然因但向内心，深著专执，不能造作或善或恶粗显之业，故此识乃为有覆无记之性质。其感受亦无忧喜苦乐之可分别也。

客曰：然则合计众识，数乃有八，依色根识之类凡五，而“依意根识”与“意志性识”“生化体识”各为一类，识之数类，其有决定性乎？其互相依托而现起，亦有系统否乎？

论曰：八识皆从“依持本识”而为转变，无始时来“我爱执藏识”与“意志性识”恒转俱有，未始间断；前五“依色根识”，则因须待光、空、尘、根等缘乃能现起。其依“本识”，犹如“波涛”依“水”，若无风缘，即便停止。而“意志性识”之挟我爱执藏识而起，譬如大海暴流。“依意根识”依之而常现起，如由暴流所起之浪，除生无想天，入无想定，灭尽定，及睡眠闷，绝，乃无不现起之时间。于此当知一切有情众生，最少必有二识恒时现起，“我爱执藏识”与“意志性识”是也。依上二识更与“依意根识”俱起，则有三识同转。依上三识更与眼、耳、鼻、舌、身识随一乃至随五俱起，则有四识乃至八识同转。夫亦可以见其相依现起之系统欤。至识之类数有否决定性，分别其类，随义无定。考核识体，原始要终，决唯有八。此依隐劣显胜之相唯识，乃属道理世俗谛义；若依胜义谛说，则一犹非有，何有乎八哉！盖唯识即无执无得，若执唯识为有所得，则亦同乎法执而已。颂曰：

“此能变唯三：　谓异熟，思量，　及了别境识。　初阿赖耶识，
异熟、一切种。　不可知执受，　处了。常与触，　作意，受，想，思，
相应；唯舍受。　是无覆无记。　触等亦如是。　恒转如暴流。
阿罗汉位舍。　次第二能变，　是识名末那。　依彼转。　缘彼。
思量为性相。　四烦恼常俱，　谓我痴，我见，　并我慢，我爱，
及余触等俱。　有覆无记摄。　随所生所系。　阿罗汉，灭定，
出世道无有。　次第三能变，　差别有六种：　了境为性相。

善，不善，俱非。　此心所：遍行，别境，善，烦恼，随烦恼，不定。皆三受相应。　初遍行触等。　次别境谓欲，　胜解，念，定，慧，所缘事不同。　善谓信，惭，愧，　无贪等三根，　勤，安，不放逸，行舍；及不害。　烦恼，谓贪，瞋，痴，慢，疑，恶见。　随烦恼，谓忿，恨，覆，恼，嫉，悭，谄，诳，与害，骄，无惭，及无愧，掉举，与昏沉，不信，并懈怠，　放逸，及失念，　散乱，不正知。　不定，谓悔，眠，寻，伺二各二。　依止根本识，　五识随缘现，　或俱，或不俱，如涛波依水。　意识常现起，　除生无想天，　及无心二定，睡眠，与闷绝。”

转化的变现的缘起的生活的唯识论

客曰：今虽已知诸识行相，然仍未了宇宙人生皆依识变，一切唯识。

论曰：前述八个识及诸属性心，以内持种因力，与俱现众缘力。融和绵延，流转兴起；起即同时同事，一分变为能了别之“心见”，一分化为所了别之“心相”，无有无“心相”之“心见”；亦无无“心见”之“心相”，离此之外，更无他有，故诸不生灭法，及生灭法，相用实法，分理假法，一切不离心故，一切唯识。唯者何义？谓无离此心识外之法也。复次由“能了别心见”，周遍计度，分析执取，将“所了别心相”，转变为似在心外之活动影戏境，即所谓众生世界之人生宇宙是也。其实则唯在“心见”之迁化流动而已。在识非无，离识非有，非有非无，故云唯识。

客曰：若境物皆由识心转变而有者，例如窗前桃花，何不由心识化现于室内，何不由心识开放于冬间，今必此时此处乃能有之，则为心外实有其境，非唯心识之所转变，明矣！且今此桃花者，予心所变，汝应不睹！汝心所变，予应不睹！予之所睹，即汝所睹，可知此桃花非予心所变；汝之所睹，即予所睹，可知此桃花非汝心所变。抑予之心若变桃花，如何更见汝及余物？设此桃花由汝心变，如何更见予及余物？由是可知予之及汝，桃花及余人物，皆属心外实有之境，定非唯由识心化现！况夫此诸境物，现有作用可征，室可以居，几可以凭，衣可以暖，食可以饱，又安能例同由识心悬想所成之虚影哉！

论曰：客所难者辩矣！然客不尝梦与二三友人，登孤山作踏雪之游，失足滑倒石上，一惊而醒，身中感隐痛累日耶？

客曰：有之！

论曰：当客梦时，非确认孤山之在西湖踏雪之为冬日耶？此固由心幻成之梦，而非心外实有之境，然曷尝不有"处与时之决定哉！"所偕友人，同登共览，梦中之客所见，即梦中客之友所见。且梦中之客见孤山，亦同时见余境及余人物。且客跌令身体于醒后犹有隐痛之效用，夫亦可见由心转变之境，非不能有作用可征，及互互感觉者。凡是既等于由心化现之梦境，则宇宙人生之唯识，明矣！

客曰：理虽如是，其奈分明现证有色质等心外之实境何？

论曰：眼识等五"依色根识"，各依自识起各各之"心见""心相"，其明现亲证者，固皆不离自识，当现证时，感觉通泯，心无内外，宁执为外！逮后转入"依意根识"，妄生分别，乃执之为外境。真现量境，实唯自识"心相"，但因无始意识名言串习，非色如色，非外如外，现如梦中之境而已。

客曰：若今醒境皆同梦境，何故人皆能知梦境唯心，而不能知醒境唯识？

论曰：梦未醒时岂知梦境唯心，梦真醒后，亦知醒境唯识。

客曰：若心外之实境都无，识亦何能独有？

论曰：识不独有，但因诸有皆不离识，故曰唯识。然但空妄执心外之境而不空即心之法，因离言正智所证之真唯识性非无也。此非无故，识心续续转变亦复非无，故心外之境虽不有，而识不无。

客曰："识"既非无，应有他"识"之可攀取，"他识"即为"吾识"识外之境，有此外境，岂云唯识？

论曰：虽有"他识"，而亲切所缘者，还唯自识转变之相，第间接亦依"他识"为"本质"而已。然今此新的唯识论，亦可谓之多元的唯识论。正智契证真唯识性，言思绝故，非一非多。就如幻之唯识相言，非以一识故名唯识，乃总摄乎无量无数有情众生各有八个识体，及识随应诸属性心，与此识心所转变之"心见""心相"，识心所变种种分理界位，并此诸法离相所显如实真性，统谓之"唯识"也。谓之"唯"者，非以其一，但否认"虚妄分别者"所执"离识之实境"耳。彼诸识之含融感应，缘起无尽，由束缚而解脱，由杂污而纯净，由偏缺而圆满，由粗恶而妙善，皆此心识活泼无住，浩荡无际之法界海流也。

客曰：若唯内识，都无心外实境以为依托，宇宙人生等皆由"心见"之虚妄"分别"而现，然此种种分别皆何自生起乎？

论曰："持种元识"有无量数各能亲生自果之异差别功力，续续生起流注化果，生命化果，作用化果，增盛化果。从生起位一转一转迁变至成熟位，一类绵延不断，转不一转，变不一变。其转化变现而起者，又互相扶助为缘力，展转通和，作诸分别，一切"心见""心相"，不外"分别"及"所分别"，此种种等一切分别，依本识之种元力，及现行诸识等扶助力，即得生起，固不须更有心外之实境为依托也。

客曰：然则此中缘生之理，因果之义，又如何欤？

论曰：义趣繁深，兹难具述。约说四缘生法，略见端倪：一者因缘，谓有生灭作用之法，亲举自身转成自果。喻如谷种转成谷芽，乃为本因生法之缘。此为三类：（甲）本识中“种元”生八识诸属性心见相等现行法。此属同时因果，如动力与波澜。（乙）“本识中种元”间接生为“本识中种元”。此属异时因果，如前动力与后动力。（丙）前七识诸属性心见相等转变起“现行”时，熏入本识生为自类“种元”。此亦同时因果，如垂灭之波澜与续起之动力。唯此三类为本因生法之主缘。二者等无间缘，此若同一依处，必前一波澜灭下而后一波澜乃得生起，即以“前一波澜灭下”为“后一波澜生起”之助缘是也。三所缘缘，乃“能分别见”所虑所托之“所分别相”。此有二类：（甲）亲所缘缘，能了别心皆有，即于能了别“心见”带有所了别“心相”，而为“心见”所托之以生起，心见心相两不相离者是。（乙）疏所缘缘，能了别心或有或无，虽为“心见”所了别所仗托，而此心相不与心见同依一识而密符者是也。此所缘缘乃如各各波澜别别形相。四增盛缘，此指除前三种，有余有胜势力，能为顺益及为违害之法。若眼根耳根等，若男根女根等，若命根意根等，事类繁多，难具陈说。如一个波澜与有关系之各各众多波澜是也。此四缘唯“识心”全具，其余识内之法，或备三缘二缘而已。此诸缘力皆不离识，万有生起，外更不须何种缘力，故缘生因果皆唯识所成。

客曰：此在散识及矿物等，或如是耳，而在有情性有生命之人，生死死生，死死生生，各有性命继继绳绳，存存不绝，若非于识心外有实在法为依持者,复何得成?

论曰:若识心外有实法为人之性命,亦岂得成生死连续!虽然,因"意志性识"执著"生化体识之心见",爱为真自我藏,随缠不舍,发展"了别境识",造作善业、恶业、动业、静业、诸杂染业,浸熏本识,成为功能习气,熏习连续,新业成熟,故业毕尽,身命舍离。强业首为创引,众业助为继满,即又取得一生身命,如此前生命舍,后生命取,舍取连绵,生死恒续,尚安用离识心之外实有法以为主持哉!

客曰:此云习气,其义如何?

论曰:诸有情者,生死流转,盖由善,不善,动不动诸业习气,与能分别取着所分别取著之二取习气,依附本识绵亘调融,积久业就,可感后有,换言之则习气分为三类:一者,名言习气,即一切有生灭作用法各别之种元功能势力,此属前之七识熏在本识中者。二者,我执习气,由"意志性识"无始虚妄颠倒之幻见,潜率"依意根识"分别执取"我"及"我所有法"熏在本识成为一类功能势力,令有情等自他差别。三者,有趣习气,是"了别境识"所造作善不善杂污业,熏在本识成为一种流转受五趣身命之差别种元。应知此中名言习气,是诸有生灭作用法所由各别之本因力。我执及有趣二习气,是诸有情性有生命人及众生自他个别苦乐类别之胜缘力。换言之,即各个各类和合连续之所由就成者是也。又"二取习气",即是"名言"与"我执"二种习气,皆有相对之能取所取故。"业习气",即有趣习气,创能招感二十五有善趣恶趣之身命故。有业习气招感身命,说之则有十二种流转生化之缘力,唯柏格森所云:"宇宙创造转化流动迁变之活本体"为能近之。无始无始之经过皆存于现在绵绵转起之一念心,无尽无尽之将来亦存于现在绵绵转起之一念心，顺逐之则流转无止，逆解之则圆寂可期，流转圆寂，皆唯在识。如有颂曰：

“是诸识转变， 分别，所分别， 由此彼皆无， 故一切唯识。
由一切种识， 如是如是变， 以展转力故， 彼彼分别生。
由诸业习气， 二取习气俱， 前异熟既尽， 复生余异熟。”

真理的实性的唯识论

客曰：若一切唯由识心所转变而有，离识心外无实有之法者，则都无决定之真理与圆成之实性，将何所凭证以启信解而树行果乎？

论曰：若识外有实法，固定执碍，亦安从树信解之本建行果之极哉！然唯识论，非无决定之真理圆成之实性者也，然以真理实性亦不离识，即是识体离言内证之真实法，故真实理性正为唯识耳。

客曰：唯识之真理即实性如何？

论曰：诸唯识法，总核其共通之理性，约为三义：一、为周遍计度所执着之我我所法，即所谓人生宇宙等物是。此由“意志性识”“依意根识”于诸识体及属性心转变现之“心见”“心相”，增加一重自他心物等等刻画所成，体唯诸识“心”及“心见”“心相”而已。彼周遍计度所种种执着之物我等，实同蛇毛马角，唯有言说，了无体相。亦同眼病所现空华，本来毕竟空寂无体。此以“妄执”为性，妄情所有，真理所无，了达空无，是其“真理”。二、为依托众多缘力，或“虚妄分别习气”所生起诸识与属性心见相等事，杂污纯净，譬如病眼好眼，亦如梦心觉心，而以缘起为性，妄情所无，真理所有；变相所有，实性所无，了达“唯由识心转变”之相，是其“真理”。三、为心空所显圆满成就诸唯识法之真实体，即以“真胜”为性妄情所无，真理所有；变相所无，实性所有，是为真实性之真理。由妄情计第二“缘起性”为“生命”。第三“真胜法”为“法性”，种种执著，非全与空却之，则缘起之真相与圆成之实体，莫由明显。故说此三悉皆空寂，毕竟都无所有，一曰：“物相”空无之性，二曰：“自然”空无之性，三曰：“我体”空无之性，此三“空无”之理，皆为远离妄情变相以开显常是如此之真实胜义之唯识性者。故唯识诸法之性理分类如下：

唯识之虚妄法	妄执性……………是应遣离者
唯识之真实法	
唯识之世俗法	缘起性……………是应转净者
唯识之胜义法	真胜性……………是应开显者

此中所云：虚妄世俗与真实胜义法，各有四重，分列如下：

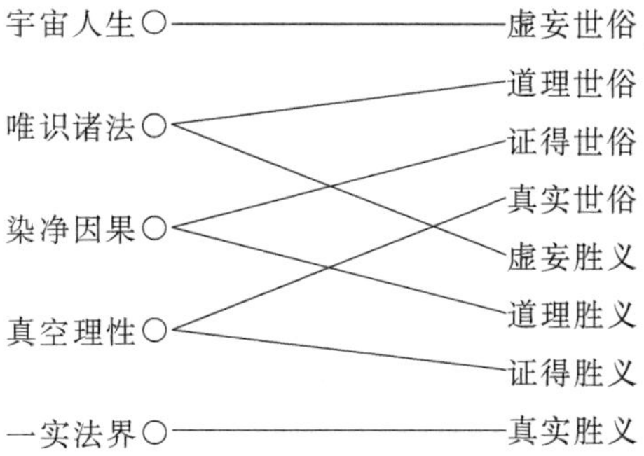

此中“虚妄”，是应解放应改善者；“道理”，是当了悟当通达者；“证得”，是有修行有成功者；“真实”，是无对待无变异者。随何一法无不如是，诸法宗主，是唯识心，持此通轨，夫亦可以启信解而树行果乎？如有颂云：

“由彼彼遍计，遍计种种物，此遍计所执，自性无所有。

依他起自性，分别缘所生。圆成实于彼，常远离前性。

故此与依他，非异非不异，如无常等性，非不见此彼。

即依此三性，立彼三无性，故佛密意说：一切法无性，

初即相无性，次无自然性，后由远离前，所执我法性。

此诸法胜义，亦即是真如，常如其性故，即唯识实性。”

悟了的解放的改造的进化的决择的唯识论

论曰：依本无漏种内因力，及闻学思量真唯识正理，熏习成种，积久粹熟，于唯识理渐能了悟，了达悟入，转益深切，于应解放应改造者，亦渐解放改造，谓解放悭贪、龌龊、嗔恚、懈怠、散乱、愚暗之六蔽，改造为施济、贤善、安忍、精进、定静、慧明之六度。由向来夹杂错乱染污缺漏罪恶者，而进顺于纯粹适当清净完全美善之真实理性化，以由了悟真唯识理之智为导首故，向开解超脱之大道前进，生生世世，唯有进行而无退转，盖于是始有真正之进化，而前此则皆在循回之内，随业流转，系业受报，毫无自主之力，自由之分者也。故求进化者必于是，而求自由者亦必于是也。然是尚在浩茫无极之长途中，随顺唯识之真胜义以解除违唯识性之虚妄，积集顺唯识性之福智资粮耳，真积力久，明慧强盛，欲求实证真唯识性，遂起精严深重之加胜行，断然决然以择灭种种障“真唯识性”使不得契合之遮蔽。创兴深遍坚切之思考心，以寻求伺察一切法之名之义之自性之差别，毕竟皆是强施设有，随情妄计，了无有实，寻思益进，明明确确周遍了知一切法之名义自性差别，真实唯识，离识非有。印持生命空法性空能取空所取空之真胜义，然以犹带变相以观之故，虽以所观观为唯识真胜义性，尚未安住真唯识理。如有颂

云：

“乃至未起识，求住唯识性，于二取随眠，犹未能伏灭。现前立少物，谓是唯识性，以有所得故，非实住唯识。”

实证的显现的超绝的胜妙的成功的唯识论

“若时于所缘，智都无所得，尔时住唯识，离二取相故。无得不思议，是出世间智，舍二粗重故，便证得转依。”

究竟的唯识论

“此即无漏界，不思议善常，安乐解脱身，大牟尼名法。”

论曰：于此实证的唯识究竟的唯识，尚为现代思潮所未能适应之事，亦为今吾觉悟所未能到达之境，照书宣布既嫌空泛，随念分别尤落玄远，然能善悟，则于宇宙的人生的唯识论，早实证之究竟之矣。故兹但概括之为尽美的，尽善的，无尽的，常住的，圆融的，安乐的，妙觉的，灵明的，自在的，真实的，不可思议的而已。内容如何，不复究论。

唯识三十论讲录

太虚法师讲演　如如手录

唯者，遮格拣除之义。识者，明了分别之义。离识非有，在识非无，立唯识名。即识之唯，离识无余，故言唯识，是持业释。言三十者，为简二十，亦颂数名。合名唯识三十者，持业带数释也。又唯识为所诠，论为能诠，云唯识三十之论，依主释；亦可谓带数依主释。又唯识三十即论，持业释也。

又明了分别之识有八：一眼识，二耳识，三鼻识，四舌识，五身识，六意识，七末那识，八阿赖耶识。眼识明了分别色尘，耳识明了分别声尘，乃至意识明了分别法尘。末那任运了别妄执内自我相阿赖耶任运了别根身器界及种子一切诸法，离识俱无。又有立六识，即眼耳鼻舌身意六识如俱舍论及九识于上八识外立第九庵摩罗净识如梁朝真谛者，本论则唯有八识。奘师谓第九只是第八异名虽然，此皆依俗谛言，非真胜义。真胜义者，法即真如，平等一味，超过数量，非一非异，心言绝故，识且无识，八安有八。

又唯识有四分义，所明了分别之色声等曰"相分"，能明了分别色声等者曰"见分"，同时证知能明了分别者缘所明了分别不谬曰"自证分"，更同时证知能证知心曰"证自证分"，四分义成，唯识安立。又相分见分为用自证分即其体也

又唯识者，有自性唯识，即心王有八有相应唯识，即心所有五十一有唯识所变，即色法十一有唯识分位，即不相应行法二十四有唯识实性，即无为法六又有境唯识，（教

唯识，理唯识，）行唯识，果唯识之三义或五义。

又唯识论有宗论释论之别，宗论即本论等，释论即护法等十大论师相继所造之释论等。

世亲菩萨造

世亲，即天亲。菩萨，即菩提萨埵。菩提此云觉，萨埵此云有情。有情即众生菩萨为自己已经觉悟之有情而又能觉悟其他之有情者，故即自觉觉他之义也。

三藏法师玄奘译

三藏，即经、律、论。能通经、律、论法，故曰三藏法师。玄奘，师之法讳，法师由梵土取归经论甚多，此论即译自梵来者。

护法等菩萨，约此三十颂，造成唯识论。

此为玄奘法师叙述之语，护法等者，等于亲胜、火辨、德惠、安惠、难陀、净月、胜友、陈那、智月十大论师，相继注释，显扬论旨。就中护法立义，尤为周足，故奘师宗之。

今略标所以，谓此三十颂中，初二十四行颂，明唯识相。次一行颂，明唯识性。后五行颂，明唯识行位。就二十四行颂中，初一行半，略辩唯识相。次二十二行半，广辩唯识相。

此即科判也，列表如下（见下页）：

谓外问言：若唯有识，云何世间及诸圣教，说有我法？

问意在说有二字，谓说有则非无，世间说有之我，即情命等；说有之法，即实德业等。圣教说有之我，谓预流一来等；说有之法，谓蕴处界等。又我谓主宰，法谓轨持。主有自在力宰有割断力又主是体宰是主宰义故名我轨范可生物解任持不舍用统自相轨持义故名法本论所说之我字，较金刚经所说之我相，范围宽广。正包含彼经所谓我相人相众生相寿者相所说之法，包含世间法出世间法而言。

科判
- 第一唯识相
  - 略标识相
    - 略论宗旨……………………由假说我法等
    - 彰能变体……………………此能变唯三等
  - 广明识相
    - 明能变体
      - 第一能变………初阿赖耶识等
      - 第二能变………次第二能变等
      - 第三能变………次第三能变等
    - 正辨唯识……………………是诸识转变等
    - 释诸外难
      - 违理难…………由一切种识等
      - 违教难…………由彼彼遍计等
- 第二唯识性…………………………………………此诸法胜义等
- 第三唯识位
  - 资粮位……………………………………乃至未起识等
  - 加行位……………………………………现前立少物等
  - 通达位……………………………………若时于所缘等
  - 修习位……………………………………无得不议思等
  - 究竟位……………………………………此即无漏界等

又按照佛教各宗共通之境、行、果三种次第，以判摄此论之三十颂本，表举如下：

唯识境
- 唯识相……………………………………前十四颂
- 唯识性…………………………………………第二十五颂
- 唯识行………………………………第二十六二十七颂
- 〉…………………………第二十八二十九颂
- 唯识果………………………………第三十颂

举颂以答。颂曰：

“由假说我法”，

由假说我法以下，答问之辞。曰：“由”即下所说之理由也。“假说”假字有二义：一、无体随情假（世间），本无自体，随情执有，世间我法，正复如是。二、有体强说假（圣教），唯识相性，众生迷惑，佛说我法，随位设施。

“有种种相转”，

“种种相”，即种种有情命者，预流一来之我相，及种种实德业蕴处界之法相。“转”，有转变转起二义。

“彼依识所变”。

“彼”，指种种我相法相，谓外问既有种种我法相转，究竟依何法得成，则曰依识所转变而假施设也。

此能变唯三：谓异熟，思量，及了别境识。

此能变之识，虽有八种，以类别之，则唯有“异熟”（第八识），“思量”（第七识），“及了别境识”（前六识）之三种。“及”字，依六离合释为相违释。

又第八识非绝对无思量及了别境之功能，不过在比较上其思量功能，不及第七识之胜；了别境功能，不及前六识之胜。第七识，亦非绝对无异熟性（第七识可有绝对无异熟性义）及了别境之功能。前六识，亦非绝对无异熟性及思量之功能。不过第七识之异熟性与其了别境功能，不及第八识与前六识之胜。前六识之异熟性与思量功能，不及第八识与第七识之胜耳。此中“异熟”、“思量”、“了别境”，皆依其性能之最胜者而立名也。异熟之名较阿赖耶为广较阿陀那为狭

次二十二行半，广辩唯识相者，由前颂文略标三能变，今广明三变相。且初能变，其相云何？颂曰：

“初阿赖耶识。”一自相门

前已举能变识之名，今次第明其义相。初能变“阿赖耶识”，亦译无没识。梵阿译为无如阿弥陀佛译为无量寿佛阿耨多罗三藐三菩提译为无上正等正觉又无没约义不如藏义更深广奘师译为藏识，以其具能藏，所藏，我爱执藏三义。能藏者，谓藏有世出世间有漏无漏一切法之种子，有如大地藏有发生万物之种子也。所藏者，

谓此识受转识所熏成种，随业受报也。我爱执藏者，谓有情之第七识执之为内自我体，念念不忘也。“阿赖耶”三藏之义，以我爱执藏为尤重要。此明其自相也。能藏含有因相之义 所藏含有果相之义

“异熟。”二果相门

第八识又名“异熟”，“异熟”之义有三：一、异类而熟，类，约性言。性即善恶无记三性熟，成熟义，谓因从善恶，果惟无记。二、异时而熟，谓因与果不同时，如春种秋收，今生作业，他生受报。三、变异而熟，谓虽有业因，亦待缘起，由种成现，形量便异。异熟之义，以异类而熟，异时而熟，为尤重要，第八识为真异熟由真异熟主体而发生前六识等之异熟名异熟生此明其果相也。

“一切种。”三因相门

“一切”，为概括之辞，“一切种”者，谓世出世间诸法之种种不同，其性质皆决定于种种不同之种子，藏识中能发生一切法之功能力用，即谓之一切法之种子。此明其因相也。

以上“阿赖耶”、“异熟”、“一切种”，皆为第八识之异名。然尚有“阿陀那”、“庵摩罗”，各种名目，各名目意义，亦各广狭不同。

众生位	三乘圣位	佛　位
异　熟		
阿赖耶	异　熟	庵摩罗

“阿陀那”“一切种”则通众生三乘圣及佛位。“阿赖耶”，在众生位有，三乘圣位（阿罗汉辟支弗及八地上菩萨）已舍矣。“异熟”，众生位，三乘圣位俱有。佛位已舍矣；此时即名为“庵摩罗识”。

“不可知”四不可知门

“不可知”者，谓此识所缘之五净色根，及诸种子甚微细。又所缘之外器世间，广难测量；而其能缘行相，亦极幽妙。

"执受处"五所缘门

此为所缘境。如言对象第八识有三种境界，即根身器界，种子。而根身与种子，为其执受，根身即正报器界即处。即依报又执受各有二义：

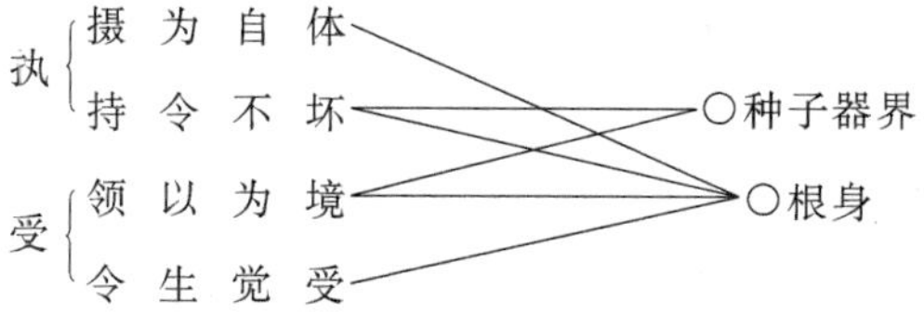

"了"六行相门

谓此识以微细了知为行相。

"常与触，作意，受，想，思相应。"七心所相应门

此言其相应心所法也。心所法即心之属性心"触"，根、境、识三者相和合变异而生。"作意"，谓警动心中之种子而起现行。"受"，谓领纳顺境，违境，俱非境，之乐受，苦受，舍受。"想"，谓心上所起之分齐相，即种种名言所依之而立。"思"，谓心上所起之行为力，即种种事业所由之而成。"相应"，有非一非异义，非一者，各有体相业用之不同；非异者，谓所缘之事同，与其性同，如八识为无记心所法亦为无记且起灭同时，行动一致。

此皆就凡夫位上而言，若佛位则八识平等，眼识乃至庵摩罗识惟有二十一种心所相应，即遍行五，别境五，善十一也。

"唯舍受。"八受俱门

此言第八识唯有舍受，无苦乐故。

"是无覆无记。"九三性门

"无记"，有有覆无覆二种。无记者不能以善恶记定之也"覆"，即覆障，即无明覆障第八识，因无覆故，能藏一切有漏无漏种子。此亦就凡圣位言，佛位惟是善故。

“触等亦如是。”十心所例王门

此言第八识之相应心所，亦为无覆无记也。

“恒转如暴流。”十一因果法喻门

“恒”则非断，“转”则非常。“恒”故，因果相续；“转”故，因果变异。望前名果，望后名因，相对立言，喻如暴流。盖谓第八识自无始以来，一类相续，常无间断；亦念念生灭，前后变异。

“阿罗汉位舍。”十二伏断位次门

“阿罗汉”，此为无生，烦恼不生，名阿罗汉。“舍”，指初“阿赖耶”，“异熟”最后舍故。“阿赖耶”之我爱执藏过失最重，此位究竟尽也。阿罗汉三乘之声闻乘第四果缘觉乘之辟支佛果永断俱生我执大乘菩萨八地以上永伏俱生我执皆名之又如来位中并舍异熟识名但名一切种识亦名庵摩罗识亦名大圆镜智相应心品也

已说初能变相。第二能变，其相云何？颂曰：

“次第二能变，是识名末那。”一释名门

“末那”梵语，此云意。但与第六识名同义不同，六识名意，（依意之识）依主立名；（即依第七得名）如舍利弗依母得名然舍利弗与其母固非一人七识名意，（即意即识）持业立名，（即自体之功能上得名）所谓同名而异体也。意，即恒审思量，此第七识，恒审思量业用，胜余七种识故。

“依彼转。”二所依门

“彼”，指阿赖耶识，“转”，谓变现生起。谓第七识以现行之阿赖耶识为根本依；以阿赖耶识中所藏第七识之种子为种子依。盖七八二识无始以来，同为恒常无间，互相为依。即第八识以第七识为俱有依而第七识以第八识

为俱有依又七识依八识之自体分而转变生起。彼字即阿赖耶个体

“缘彼。”三所缘门

“缘”，谓缘虑，“彼”，亦指阿赖耶；但专指阿赖耶之见分。第七识所依之根，所缘之境，虽皆为八识，但其缘为内我之专一境，非第八识之相分，不专一故；亦非第八识之自证分及证自证分，唯第八识自证知故。

“思量为性相。”四体性门五行相门

“思”，有令心造作之业用，“量”，有决定判断之智慧。“性”，谓体性，“相”，谓行相，第七识，恒审思量，恒无间断，审无犹夷。所思量者，唯取第八识之见分为内自我。体性如是，行相亦如是。又八识有思无慧，故恒而不审；六识有思有慧，但忽起忽灭，故审而不恒；前五识，有间断无分别，故不恒不审；惟第七识，恒审思量，胜余七识。

“四烦恼常俱，谓我痴，我见，并我慢，我爱。及余触等俱。”六染俱门七余相应门

“烦”，谓烦躁扰动，“恼”，谓恼乱身心。“痴”，即无明。“见”，即妄执。“慢”，即倨傲。“爱”，即贪著。“我”，包括人我法我而言。人我即执我为实在法我即执法为实在此我字较上言一我法一之我字义更广无明者，不明心之实相，因之生妄见；即我见见者执也见解固定之意由妄见，即有倨傲高举；由有倨傲高举，即生贪著，是故我执即烦恼之根本，亦可谓根本烦恼，即异生性。即众生之本性又爱即贪著，贪著与嗔相反，末那具我爱，故不具嗔之心所。见即执著，执著与疑相反，末那具我见，故不具疑之心所。此六根本烦恼中所以只具四也。又第七识与第六识，俱有人法二我执，而根本则在七识。众生有智愚贤不肖之不同，即缘痴，见，慢，爱，轻重多寡之有异。且染污清净，唯视七识之所转也。其余相应之心所，则有触等五遍行，因其遍与八识心王相应有别境之慧，因七识能审及不信，懈怠，放逸，昏沉，掉举，失念，

不正知，散乱，八种大随烦恼。因大随遍诸染污心故

“有覆无记摄。”八三性门

第七识，有四种烦恼常俱，故为有覆；其自体染污，不能谓之为善，亦不能谓之为恶，故为无记。以其现行染法所依之识，极微细故，无强计度，任运转故。

“随所生所系。”九界系门

第七识，随阿赖耶识所生何界，即于何界系缚。以其念念执阿赖耶为我故也。此即根本无明，无始以来迷惑真性，随生界地，依托藏识，不相舍离。

“阿罗汉灭定，出世道无有。”十伏断门

此第七识，恒审思量，妄执有我，至无生之“阿罗汉”位，方得永断；“灭定”位中伏现行，此识暂伏；“出世道”中初转智，此识亦暂伏。

如是已说第二能变。第三能变，其相云何？颂曰：

“次第三能变，差别有六种。”一差别门

此言第三能变差别有六种也。六种即眼识，耳识，鼻识，舌识，身识，意识。此各识皆依主立名。如眼识以依眼根而发识耳识以依耳根而发识等

“了境为性相”。二体性门三行相门

“境”，即六尘境界，六尘即色声香味触法六识各有自分境界，亦各了别自分境界。如眼识不能了声尘耳识不能了香尘等因六识同能了别之功能胜，故总名“了别境识”，亦有名六识为色识，声识，乃至法识等者，此为依士释。依根名识，缘根为八识所变相分，胜故为依主；依尘名识，缘尘为六识自变相分，劣故为依士。又其体性行相，皆为能了别尘境。

“善，不善，俱非。”四三性门

"俱",指善,与不善。"俱非",即无记。六识通于善,不善,俱非,三性。当其与善心所相应而起即为善,与不善心所相应而起即为不善,与俱非即为无记。但第六识最强而有力,无所不能,无所不为,前五识随从第六识之善,与不善,或无记,而造业,故能使前五识有三性者,力在六识。

"此心所遍行,别境,善,烦恼,随烦恼,不定。"五心所相应门

"此"者,统六识言。"遍行",谓遍行一切心王,遍行一切界地。遍行一切性。"别境",谓特别境界。"善",谓能为现在将来自他顺益者;顺,即与本性如来藏相顺,益即开显本性如来藏。善有无漏有漏之别众生因七识执我所为善业亦带有染污谓之有漏善亖破我执后本地清净则谓之无漏善"烦恼",谓烦躁扰动恼乱身心。"随烦恼",谓随根本烦恼而有。"不定",谓不定三性。又"随烦恼"有小、中、大三种。小随烦恼,谓忿以下十个,业力最猛,通恶性不通无记性,力强而狭,故名小随。中随烦恼,谓无惭,无愧,不通无记。自类相通,比小随较广,故名中随。大随烦恼,谓通恶及无记性,且恒与根本烦恼相应,故名大随。

"皆三受相应。"六受俱门

"受",有忧、苦、喜、乐、舍之五种。在心为忧,为喜;在身为苦,为乐故。又名三受者,六识皆能领纳违,顺,俱非境相,故三受相应。

"初遍行触等。"

已详初能变中,故言触等以略之。

"次别境,谓欲,胜解,念,定,慧,所缘事不同。"

谓别境所缘事实各有不同。"欲",即希望,谓于爱境希望其合,于恶境希望其离。"胜解",即明确见解,有审决无犹豫。"念",即忆过去之境,记取往境,分明不忘。"定",即专注一心不乱,有如

承蜩。“慧”，谓推求简别，微细分析，了然决定。以上五种所缘，各有别境之不同也。

“善，谓信、惭、愧、无贪等三根，勤、安、不放逸、行舍、及不害。”

“信”，即信实、德、能。实者，有实事实理二义。实事如法界因果，实理如唯识相性。德者，真净之德。能，广大功能。信实德能，即为善法之根。“惭”，即依自法力，崇重贤善。“愧”，即依世间力，轻拒暴恶。皆能止息恶行。“无贪”等者，等“无嗔”，“无痴”。根，谓其生善一切最胜，如木之根底，干枝花叶即由之而发生也。“无贪”者，于有，即欲界色界无色界三界有果有具，即欲界色界无色界三界有因厌离而无爱著。“无嗔”者，于苦，三界苦果苦具，三界苦因不生嗔恚。“无痴”者，即无无明，于诸事理，略如四谛广如十二因缘分明了解。“勤”，亦名精进。即六度中精进波罗密即未生善令生，已生善令广，未生恶遏令不生，已生恶断令不续。“安”，即轻安，谓离三毒粗重昏懵，如释重负，身心轻快安稳，堪行善行。经修禅定，能令所依止粗重身心，转为轻安畅适。“不放逸”，于所断恶，防令不起，于所修善，引令增长，善恶之外，亦对治无记。“行舍”，谓由精进力舍贪、嗔、痴、令心平等正直，任运入道，此舍非受之舍即金刚经心无所住，即不依断不依常亦非依有非依无等修禅定般若，念念舍之。即念念行之，如行道然，不舍前步，则后步不进。“不害”，即悲愍众生不为损恼，亦即大悲。无嗔亦即大慈

“烦恼，谓贪、嗔、痴、慢、疑、恶见。”

此即根本烦恼，有六种：为诸随烦恼之根本为二种生死之根本“贪”，爱欲为因，爱命为果。所谓于有，三界于有异熟之果有具，谓彼惑业所感中有及器世间也耽染爱著。“嗔”，以贪为根，遇有逆境，憎嫉忿恚，所谓于苦，三界生老等八苦苦具，三界一切有漏之能生苦者嗔恚恼

闷。"痴",即无明,有二种:一、根本无明,不明心性,而生法我二执,多迷谛理,谓之理痴。二、枝末无明,不明因果,而生邪见恶见等,多迷事相,谓之事痴。"慢"者,谓我慢,慢有七种:慢,于劣计己胜于等计己等令心高举过慢,于等计己胜于胜计己等慢过慢,于胜计己胜我慢,于五取蕴随观为我或为我所增上慢,于未得增上殊胜七证法中谓我已得卑慢,于多分殊胜计己少分下劣邪慢。实无德计己有德而皆以我慢为主。"疑",谓狐疑不信,无决定见,约依六事而生:一、闻不正法,二、见师邪行,三、见所信受意见差别,四、性有愚鲁,五、甚深法性,六、广大教法是也。"恶见",亦名不正见,有五种:一、身见。即萨迦耶见执身为我二、边见。即我见增上之力随彼所执起断常有空见三、邪见,不信正法此见如增上缘四见所不摄者皆此见摄四、见取,偏执己见五、戒取。持牛狗等戒及彼所依诸蕴

"随烦恼,谓忿、恨、覆、恼、嫉、悭、诳、谄、与害、骄"。

此为十小随。言随者,以随他根本烦恼而生。随有三义谓自类俱起遍不善性遍诸染心具三名大具二名中俱无名小忿等十法,行相粗猛,各自为主,然唯于不善心中各别而起,若一生时必无第二,故名为小。一、忿者,愤怒发起,能生暴恶,嗔一分摄。二、恨者,先有忿恨,怀恶不舍,亦嗔一分摄。三、覆者,自己罪恶,隐藏遮护,痴一分摄。四、恼者忿恨在先,触违发怒,亦嗔一分摄。五、嫉者,不耐他荣,因违忌妒,亦嗔一分摄。六、悭者,耽著财法,秘吝不舍,贪一分摄。七、诳者,以诈欺人,矫现获利,贪痴各一分摄。八、谄者,巧言令色,阿谀曲媚,亦贪痴二分摄。九、害者,逼害有情,无悲无愍,嗔一分摄。十、憍者,衿高自恃,醉傲凌人,贪一分摄。憍有七种即无病憍少年憍族姓憍色力憍富贵憍多闻憍

"无惭,及无愧。"

此为中随二。二法皆自类俱起,但遍不善性,不通有覆,故名中随。"无惭"者,不自羞耻。轻拒贤善。"无愧"者,不羞于人,崇重暴

恶。经云："有二句法，能救众生，一、惭，二、愧，惭者，自不作罪；愧者，不教他作。惭者，内自羞耻；愧者，发露向人。惭者羞天，愧者羞人。"

"掉举，与昏沉，不信，并懈怠，放逸，及失念，散乱，不正知。"

此为大随八。八法自类俱起，遍不善性，不可名小；染心皆遍，不得名中。二义既殊，故名为大。"掉举"，轻举妄动，令不寂静。掉举有三身掉举乱动口掉举乱言意掉举乱思"昏沉"，昏昧沉重，无所堪能。有深浅轻重之不同"不信"，无有诚信，不起乐欲。"懈怠"，懒惰成性，无精进力。有我执即有身心之相故有懈怠"放逸"，放荡纵逸，不自简束。六根放逸善损恶增"失念"，忘失正念，心有散乱。不知不觉之念忽起忽落"散乱"，驰散外缘，流荡忘返。如坐禅时心念纷飞攀缘外境失其正念此为散乱"不正知"，谬解观境，不了实相。若事若理若因若果不能真实了知

"不定，谓悔、眠、寻、伺、二各二。"

不定谓通三性。"悔"，亦谓恶作，已作未作，事后追悔。"眠"，意识昏熟，心极暗劣。"寻"，谓寻求，但求其概，逐外粗相。"伺"，谓伺察，微细考察，伺内细境。粗者，聊且之辞。细者，绵密之谓。此二并用思慧一分为体，于意言境，深推曰伺即思，浅推曰寻即慧。深推则神凝，故身心举安，浅推则躁动，故身心不安。若离思慧，此二差别便不可得。"二各二"者。悔眠为一类，寻伺为一类，言二类各有二种。亦可谓二类各通善染二性也。

已说六识心所相应。云何应知现起分位？颂曰：

"依止根本识。"七共依门

此明前六转识现起分位。"依"者，依之而起，依之而存在。"止"者，止宿。"根本识"，即初能变"阿陀那识"。"阿陀那"，此云持。能持一切法之自性自相，令不失坏。前六识以"阿陀那识"为共同依，即以"阿陀那识"为其不起现行之种子所止宿之处。

“五识随缘现，或俱，或不俱，如波涛依水。”八俱转门

“缘”，有因缘，增上缘，所缘缘，等无间缘，之四种。识之生起现行，必待众缘具足。如眼识，须具明，空，境，即所缘缘作意，根，俱有依意识，分别依与五识共同而起末那，染净依种子，因缘本识，根本依此九缘。复有等无间缘，为各识之开导依。即前识为后识之开导耳识，有八缘，唯除明缘。鼻舌身七缘，除空，明，二缘。六识有五缘：一、根缘，二、境缘，三、作意缘，四、根本依缘，五、种子依缘。七识有三缘：一、根缘，二、作意缘，三、种子缘。八识有四缘：一、根缘，二、境缘，三、作意缘，四、种子缘。五识所借缘多，所以有间断，俱则生，不俱则不生。“水”，喻根本识，“波涛”，喻前五识。前五识之依根本识而起，必待众缘具足，正如波涛之依水而起，有待风动之缘。

“意识常现起。除生无想天，及无心二定，睡眠，与闷绝。”九起灭分位门

此言第六意，待缘既少，故常得现起。但“无想天”，“无想定”，“灭尽定”，“睡眠”位，“闷绝”位，此五位中，意识不起。

己广分别三能变相，为自所变二分所依。

“三能变相”，即指三能变识之自证分。“所变二分”，即相分，见分。言自所变相分，见分，皆依自证分而起，即自证分为相分、见分所依也。

云何应知依识所变假说我法，非别实有，由斯一切唯有识耶？颂曰：

“是诸识转变，分别所分别；由此彼皆无，故一切唯识。”

“是诸识”指三能变，并及相应之心所法。“转变”者，谓一一法之自体，皆能变似相见二分，即由识之种子起现行之相。“分别”，指所变见分。“所分别”，指所变相分。由此正理，彼实我法，决定

非有，是故一切世出世间有漏无漏之法，无不唯识。

若唯有识，都无外缘，由何而生种种分别？颂曰：

“由一切种识，如是如是变，以展转力故，彼彼分别生。”

问：言若唯识无境，由何而得种种心生，既无外境牵心，心识缘何而起？

答：“由一切种识”，即第八根本识，含藏各识及诸心所法各各亲种子，由此一切种子，薰习生长，乃至成熟，转变不一。如眼识从亲种子变生眼识现行，能分别色。耳识从亲种子变生耳识现行，能分别声。乃至身识从亲种子变生身识现行，能分别触。六七八各识皆然。又一切识之生起，不外因缘：

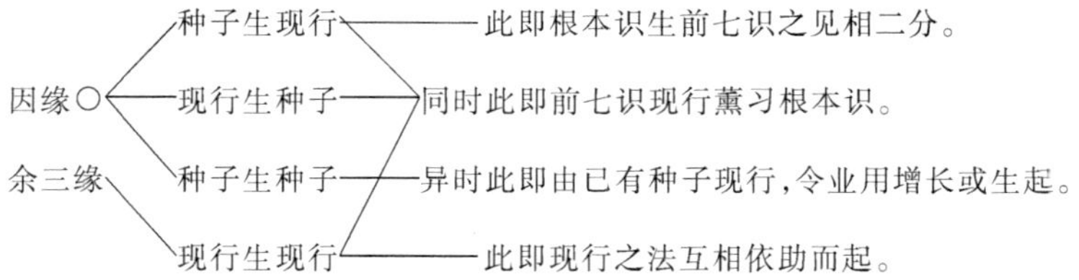

“展转”有互相为缘，互相辅助之义。“彼彼”，即种种，谓八种识及诸心所法。“分别生”，即言分别所分别之见相二分由此而生。此颂与下颂义，唯识二十论详言之。可参阅！

虽有内识而无外缘，由何有情生死相续？颂曰：

“由诸业习气，二取习气俱，前异熟既尽，复生余异熟。”

问：谓若无外缘内心不起，内心不起，业无自生，何以世间有情生死相续？

答：有情生死相续，皆由内之因缘。“诸业”，谓福业，自体及果俱可爱乐相殊胜故非福业，自体及果俱不可爱乐相鄙劣故不动业，具业多少住一境性不移动故“习气”，谓熏习亦即结习即种子气分。“二取习气”，即指我执取，名言取。此二取，俱有执著义。计有四种一取相分见分二取五蕴名色三取心及心所四取本末本即第八识总报末即前七识别报彼四种所取皆是我执名言二取所摄又“诸业习气”内，俱有二取习气。二取习气，有如灰土；诸业习气，有如泥团。泥团能摄灰土，诸业习气，亦摄二取习气。即分散为二取，和合为诸业。“俱”，谓业种，与二取种俱，是亲疏缘互相助义。“前异熟”，谓前一生乃至前百千生，业力所感之异熟果。“余异熟”，谓感后一生乃至感后百千生业力之异熟果。盖三界内分段生死，由有漏之善与不善业种子为因，烦恼障种以为助缘，招于六道身命粗异熟果，前尽后生，即三界外不思议变异生死。亦由无漏有分别业种子为因，所知障种以为助缘，感于二种意生身细异熟果，前后改转。是则二种生死，皆由内识惑业所感，固无借乎外缘也。

若唯有识，何故世尊处处经中说有三性？应知三性亦不离识。所以者何？颂曰：

“由彼彼遍计，遍计种种物，此遍计所执，自性无所有。”

问：若唯有识，经不应说有三性！答：言三性者，亦不离识。三性即下言遍计执性，与依他起性，及圆成实性也。“彼彼”，犹言种种，“遍”，周遍，“计”，计度。即依见相二分加以刻画计度，宇宙万有由此而著，此妄执自性差别，名为遍计所执自性。如是自性，空无所有。又遍计执性，或言：八识皆有，因八识皆具见相二分，而此遍计执性，即为于见相二分上有分别故；然第八识及前五识，非能遍计。或谓：惟六识有遍计执；然执性毕竟起自末那。故护法言遍计执性，唯于第六第七心品有。言第六识为遍计者因第七识但计不遍故盖见相二分，是依他而起，由依他起性虚妄执著，即为遍计执性矣。如黑夜见树，执以为鬼，毕竟非有。

依他起自性，分别缘所生。

“他”，指众缘，“依他”，言仗因托缘。如眼识九缘生。耳识八缘生等。“分别”，言明了分别之识。识，即众缘之集现。谓此心心所法及见相分有漏无漏，皆依众缘而生起，悉由识心分别而显现。如黑夜见树，形相实有。

圆成实于彼，常远离前性。

“圆”，谓圆满，“成”，谓成就，“实”，谓真实，“彼”，指依他起性。“前性”，指遍计执性。言此圆满成就真实之法，体非虚妄，即于彼依他起性上，常远离遍计性。如枯树非鬼，鬼无树有。

故此与依他，非异非不异。

“此”，指圆成实性。“非异”者，圆成实之真如，即依他起之实性。“非不异”者，依他起一切有为之法相，圆成实，一切无为之法性。

“如无常等性。非不见此彼。”

“无常”，即生灭，“性”，即真理，“等”者，等于无我。言一切生灭之法，各有差别之相，亦共有无常无我之性。共有无常等性，故非异。各有差别之相，无常自无常，法自法，故非不异。“此”，指圆成实性，“彼”，指依他起法。“非不见”，犹言见也。即言非不见圆成实性，而能见依他起性。又圆成实性，义较真如为广，即果位中有为无漏之法亦属之。

更分判之如次：

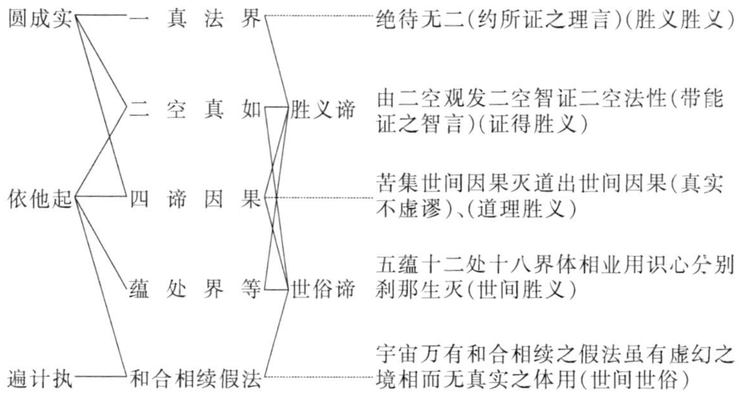

若有三性，如何世尊说一切法皆无自性？颂曰：

“即依此三性，立彼三无性，故佛密意说：一切法无性。”

问：若有三性，世尊何以说一切法皆无自性耶？答：“无性”，即识性。言即依此三性，立彼三无性名，为遣执故也。“密意”者，方便之谓，有含而未露，说而未尽之意。为开悟故，说有三性，表诠以表示自性；为遣执故，说三无性，遮诠以遮拨自性。此方便立言，非了义之极谈也。

“初即相无性，次无自然性，后由远离前，所执我法性。”

“相”者，对待之假相，有分限，有边际，一切名言由此安立，而分限边际之假相，即由周遍计度之所生，体相非有，如空中华，故立相无性。“自然”者，本来如是之谓，依托众缘而起，则非本来如是可知，故立无自然性。（即生无性）“后由远离前（指遍计执性）所执我法性”，言从本以来，不与遍计执性相应，故立胜义无性。（即真如无性）

“此诸法胜义，亦即是真如，常如其性故，即唯识实性。”

“此”，指圆成实性。“胜义”，第一最真实之义。言圆成实性，为诸法中第一最真实之义。“真如”者，不虚妄之谓真，遮遍计执虚妄之法；不变异之谓如，遮依他起生灭之法。即无有一法可取为真如之相，亦无真如之名可立。《起信论》云：“言真如者，亦无有相。谓言说之极因言遣言，此真如体无有可遣，以一切法实皆真故，亦无可立。以一切法，皆同如故，当知一切法，不可说不可念，故名为真如。”“常如其性”，言真实而不虚妄，如常而无变易，随缘不变，不变随缘，故此为识之实性也。

“后五行颂，明唯识行位者，论曰：如是所成唯识相性，谁依几位，如何悟入？”

言上已明三能变及相分见分等唯识之相，与诸法胜义及真如等唯识之性。相即事，性即理。事理已俱明矣。

问：如此唯识相性，谁人悟入？几位悟入？如何悟入？

“谓具大乘二种种性：一、本性具种性，谓无始来依附本识，法尔所得无漏法因。二、习所成种性，谓闻法界等流法已，闻所成等熏习所成。具此二性，方能悟入？”

“大乘”，大者，简别之辞，以遍常为义。如《起信论》所谓：“体，相，用，”之三大。乘者，譬喻之名，以运载为义。如《起信论》所谓：“过去现在诸佛，曾从凡愚地由运载以至大觉地故。现在未来诸觉有情，皆由运载以至如来地故。”“种性”，犹言种类，性即姓即种子类别。“本性具种性”，即本有之大乘佛性。起信论所云之“本觉心”是也。无始来依附本识，法尔所得无漏法因，犹言无始以来根本识即阿陀那识本具法尔法有轨持之义尔者如是之谓即言法然所得得者成就之义无漏漏有破败不完美之义亦即烦恼生死烦恼业上之漏生死果上之漏法因。无漏法即诸佛究竟无上菩提涅槃“习所成种性”，习，即熏习，熏习所成之佛性。《起信论》所云之“始觉心”是也。闻法界等流法已，闻所成等。“法界”，即一真法界。即事理法界亦即唯识相性之现量证境“等”，谓同等。“流”，指佛所说经菩萨所造之论，皆从法性流出。即言闻佛所说经菩萨所造之论，熏习而成佛性。具此“本因”“熏习”二性，方能悟入唯识相性。“悟”，有渐悟，顿悟之别，此中所言即为顿悟。盖由唯识相性之教，解唯识相性之理，修唯识相性之行，而证唯识相性之果也。

“何谓五位？一、资粮位。谓修大乘顺解脱分，于识相性能深信解。”

“资”，谓资具。“粮”，谓糗粮。譬喻之名也。谓此位顺大乘法性，修十波罗密，降伏惑业，于唯识性相，信心成就，能分明现前，了然不昧。“解”，即胜解，亦即理观忍可。

其相云何？颂曰：

“乃至未起识，求住唯识性，于二取随眠，犹未能伏灭。”

此言资粮位分际及其功行。资粮位，包括十住，（即十解位理观）十行，（事观）十回向（理事不二）三位。“乃至”云者，承上而言。（有超略初住至第十回向意）“未起识”，犹未证得唯识性相，即未证得真如。然已发深固大菩提心，求住唯识真胜义性。“二取”，谓能取所取，即依见相二分之功用。能取为我执，所取为法执。“随眠”，能随起现行眠息种子，此位尚未能摧伏断灭随眠种子，但能伏分别二执之现行耳。

二、加行位。谓修大乘顺决择分，能渐伏除所取能取，引发真见。

加行位者，加力进行，谓菩萨先于资粮位善备福德智慧，顺解脱分，亦既圆满，为入见道住唯识性，乃加力进行。顺大乘法性起决定选择之真见道出世慧。于此有暖，顶，忍，世第一等四法。此四法，依四寻思，四如实智之初位后位而立。即寻思能诠之名言，寻思所诠之义相，寻思名言义相之自性，寻思名言义相之差别，一一假有实无。若能如实遍知，此四离识非有，及知能取之识，亦复如是，即转名如实智。暖者，依明得定，（明得定止也）发下寻思，（下寻思观也）观无所取，（即名无得物之功故名是假有物无当名之实故义是假有名义自性既非实有则名义差别亦岂实有皆是随心变现施设而已以此寻思历观蕴处界等若名若义若自性若差别皆不可得）即是慧日道火前相，能破众生长夜迷暗执著。顶者，依明增定，发上寻思，（寻思初位名下后位名上）数数修习所取实不可得之观，令其增盛如登山顶，周观无碍。忍者，依印顺定。（印前所取空顺后能取空名印顺定亦即止也）发下如实智，（下如实智亦即观也）于无所取，决定印持；无能取中，亦顺乐忍。既无实境，离能取识；宁有实识，离所取境。所取能取，但是相待立故。印顺忍时，印前所取空（即下忍）顺后能取空，（即中忍）立印顺名。忍印取境之识亦空。即上忍○大乘止观云“强观诸法唯是心相虚状无实复当观此能观之心亦无实念”正同此中四加行观世第一者，依无间定，发上如实智，双印能所二取皆空。前上忍唯印能取空今世第一法二空双印从此无间必入见道故立无间名异生法中此最胜故名世第一法加如实印能取空今乃二空双印必入真见道也智之后位故名为上前忍位中下忍印所取空中忍顺能取空上忍如是暖，顶，依于能取之识观所取之境本空；下忍起时，印境空相；中忍转位，于能取识，亦如境之是空，顺乐忍可；上忍起位，印能取空；世第一法，双印空相。此唯识观之行相，入真见道之司南也。

其相云何？颂曰：

“现前立少物，谓是唯识性；以有所得故，非实住唯识。”

“立少物”，少物即空。基云心上变如名为少物学记解云见所执无即如相影名变如相也现犹如穿壁虚空现故如显扬云彼二我无即是二无我有又佛地论明遍计言心所现无依他起摄真如理无圆成实摄是则所执空谓诸菩萨于此四位犹于现前安立少物。谓是唯识真胜义性，以彼空有二相未除，带相观心，有所得故，非安住真唯识理也。盖暖位，顶位，依识观空，则境空识有；下忍印成境空；上忍印成识空；世第一法，双印二空，皆带空相，未得全除，彼相灭已，方实安住真唯识理，名通达位。如手虽不取物，尚留一空拳。

三、通达位，谓诸菩萨所住见道，如实通达唯识相性。

悟入唯识实性，即体会真如，名通达。见道明、照真理，略说有二：一、真见道，是无分别根本智。二、相见道，是有分别后得智。前真见道，证唯识性；后相见道，证唯识相。根本智，有见分无相分，挟带体相，不变相状故；后得智，见相二分俱有，变相观真，分别说法故。

其相云何？颂曰：

“若时于所缘，智都无所得，尔时住唯识，离二取相故。”

此位菩萨于所缘境，即所观察之法无分别智，都无所得。因无智外之如为智所证；亦无如外之智，能证于如，（此即证得真现量。）尔时乃名实住唯识，真胜义性。即证真如，智与真如，平等平等，俱离能所二取之相，不同有所得心分别戏论所现相也。

四、修习位。谓诸菩萨所住修道，如所见理，数数修习，伏断余障。

以前所体会唯识实性，数数修习无分别智，摧伏断灭无始俱生之我法执。

其相云何？颂曰：

“无得不思议，是出世间智，舍二粗重故，便证得转依。”

“无得”者，远离所取，亦离戏论。“不思议”，者，远离能取，妙用难测。“出世间智”，即无分别智。二取之随眠，是世间之本，唯此无得不思议智，乃能断之。“二粗重”，即二障种子，以其性无堪任，违于精细轻安之无漏法故。“依”，谓所依，即根本识，依他起性，与染净法为所依故。“转”，谓于依他起中染净二分，转舍染分，转得净分。即转舍依他起上遍计所执，转得依他起中圆成实性。亦即由转烦恼得大涅槃，转所知障证无上觉。盖烦恼所知二障种子，皆根本识之所执持，菩提涅槃二转依果，亦根本识之所本具也。

五、究竟位，谓住无上正等菩提，出障圆明，能尽未来，化有情类。

究竟位，即唯识果。无上正等菩提，即阿耨多罗三藐三菩提。以一真法界清净为体，以四智成所作智妙观察智平等性智大圆镜智为用。障，指二障三障。

其相云何？颂曰：

“此即无漏界，不思议善常，安乐解脱身，大牟尼名法。”

“无漏界”，性净圆明，即佛界不思议，超过寻思言议道故。“善”，白净法性。“常”，无生无灭，性无变易。“安乐”，众相寂静，永离违害。“解脱身”，永远离烦恼障缚，即大自在我，时空无疑。“大牟尼”，大觉世尊，成就无上寂默法。谓永寂二边，默契中道也。“法”，即法，报，应三身。法身，名自性身，即一切法平等实性；报身名受用身，有自受用身他受用身；应身名变化身，即随类化身。

唯识三十论讲录赘言

余昔者尝谓大乘八宗，各有特胜之义，而亦互摄无余。辛酉仲春讲唯识三十论于杭之幽冀会馆，遂举之以为例曰：若兹论第二十三、二十四、二十五之三颂，可摄三论宗；第二十七、二十八之二颂，可摄禅宗；第二十六至第三十之五颂，可摄律宗，华严宗，法华宗；第三十颂可摄净土宗，真言宗。至广明三能变识，以成立一切法唯识之遍依圆三性，则为此宗特胜之义。故斯论不仅唯识宗之宏纲，实佛法藏之宝钥也。如如居士示以所成之讲录，弃粗就精，语多典要，而余之所讲，则时用通俗语，务求明显，得之足以相发明矣。因赘为互摄特胜之言，以弘其传。

释尊应世二九四八年春暮释太虚

唯识三十论讲要

院长太虚大师讲
学僧岫庐记

二十年春。院长太虚大师游化四川返闽。受厦门学佛各居士邀请讲解唯识三十论。讲座设在厦门蔡契诚居士之涌莲精舍。虽听众无多。而大师说法之声音宏大。如在千众。因此。可知大师宏法之精神矣。因随听随录，而成此篇。此讲比较新颖通俗。与前此唯识三十论讲录异其旨趣。亦可知佛法如珠走盘。颗颗皆圆。重以大师乐说无碍。当然愈说愈重重无尽。所谓“法味无穷”者以此。

二十年二月二十四日记者附识

第　一　讲

讲解此论，先依照本论文句解释，然后提出问题来讨论。

此论是世亲菩萨造。三藏法师玄奘译。关于他们的历史，研究佛学的人，大概都是知道的，所以现在略去不谈。

此论共计有三十颂——在印度四句为一颂，好比中国之诗，故此论乃是用一百二十句的五言句之所构成的。但唯识另外又有二十三颂举其大数言之的二十论，及其余唯识义章等，拣别此唯识是三十颂论的一种，故名三十论。

此论无论字面和内容，其所发挥者都在唯识，所以叫它做唯识论。

佛典原来有经律论之三藏；此论不是经和律，而是摄在论藏中的论，故名曰论。

关于唯识之所以然的道理，原是在本论颂文中正要说明的，不过在未说明之先，应当把平常人对于唯识一名所生的误会和谬解，下一个明白的纠正。

唯识的“识”，较通俗所云知识之识，与心理学上知识与感情意志等对举的之识，皆不过识的一部分，不足以尽唯识之识义，而且相差甚远，虽哲学上“知识论”之识义，亦非唯识论所明广义的识。

唯识论所明之识，可以举个譬喻来说明：譬如一个具有组织的国际世界然，盖每个人或每个有情，他的精神界——即心界——不是简单的，是由很多的复杂分子组织成功的。所以他是国际的集团，不是孤立的独个，犹之乎现今的人群世界，是有许多的国家民族组织成功的样子。唯识的本身有八：譬如有八个精神的王国，八识正是指统治此八国之八王，故无论一个人或一个有情，必定各有他们的精神界统治之八识，但识之自身为能统治之王，然既有能统治之王，必有所统治之臣民，若没有臣民被王所统治，便不成其为王国的王了。故凡是王国，一定有能统治之王与所统治之臣民——心所——在内。不但此也，而且此王国君臣所管领之海陆动植，——根身器界——以及一切风俗，习惯，文化，法度，分限，部位，——不相应行——乃至天空——法性——等亦在内。故每个人或每个有情，他的国际组织之精神世界，确如一个总聚的大集团，识虽只是各王国中的各王，然举王则全王国乃至全国际，无不统摄在内。

"唯",谓独或但,若照这个字义讲起来,则上头所说的广义之识,即不能成立,盖既是独但有识,则识便不成王国的王。而王国的一切亦将无从安立,所以此中唯识之"唯",决不能仅在字面上看成独但之唯。此唯字意思即是说:凡宇宙一切所有,都不离识的关系和不出识的范围。若照这种意义说起来,则唯识云者,不过说识能统摄万法,而万法可归纳在识中罢了!至此对于唯识字义之误会已解除,而唯识之正义亦可以略明了。

但唯识说一切法不离于识,而尤重在说明之一切法大部分是识变起的或随识转变的,然并不是否定地不承认一切法有存在的可能,不过说它们不离于识或依识所变耳。然则唯识实是遍于万有诸法的,但为什么一定要把一切诸法都归纳到识上去,并且讲明这唯识对于人生究竟有什么利益,兹试约略分言之:

若了解万有诸法时时刻刻都不离识的影响和受识的变化,而识又即是各人的自心时,则各人便皆可以有解决现实界苦痛的能力。盖我们人类与一般的有情,对于这个现实世界——即宇宙自然,的确有许多不可避免的痛苦。就人类而言,明明就有三重的压迫:——自然,人为,个己。——就自然界而言:有寒、热、风、雨等种种的灾难,这是自然界所给我们的苦痛。再就人为界言之,其苦痛更多:如社会上之习惯束缚,人与人间的罪恶等。三就个人的自身,又有饥渴、劳顿、病苦、死亡等。其他缺点尚多,若不明唯识,则便有如下四点的过患:

第一点:是悲观者流,看见这现实世界这许多的苦痛,仿佛都是固定而已经没有法子可以去改善,由是悲观厌世甚至自杀。

第二点:是对于现实世界生了满足之想的人,由是便没有机会去谋所以改善进步与要求出路之意,而醉生梦死其中。

第三点：有人以为在我们的现实世界之外，另外有个规定命运者。故向之乞怜求哀，因以产生神教，去求神拜上帝。

第四点：认我们自身之外有一种势力使我们痛苦而向之争斗者，如古代之宗教有光明与黑暗争！现在唯物史观的学者之阶级斗争。亦是认定我们外边有些东西使我们苦痛，故极力向之争斗！

以上四点，若以佛法眼光看来，都是与事实真理不相符合，而其办法亦绝对不当，不但不能令人生世界改善进步，将反由错误之结果而更外增加痛苦。佛法为要使人离去如上诸种错误而获一解除痛苦的进善人生之道，故有说明他的必要——唯识。唯识对于宇宙人生，的确有很高很圆满的改善进步的价值，要知万法——苦痛亦在内——都离不了识之关系，同时且多随识转变，而识又即是人人可以自觉自动的，则讲明了唯识，即没有什么不可解决的了。

以上明唯识名义及其宗旨的大略竟，以下解释论颂。

此论的三十颂原是世亲菩萨造的，但后来经了护法等十大论师的解释，故有如次之分段：

初二十四颂明唯识相，次一颂明唯识性，后五颂明唯识位。

就二十四颂中，初一颂半略辨唯识相，次二十二颂半广辨唯识相。

略明唯识相中，先假设问答以发端。外人问曰：若唯有识，云何世间及诸圣教说有我法？举颂答他：

“由假说我法，有种种相转，彼依识所变，此能变唯三，
谓异熟，思量，及了别境识。”

此即外人对于唯识上所生之误会也。此中的内外，是论主假设的，内是大乘佛教，外包小乘及世间一般的有识人等。问的人意思是这样的，既然说单唯有识，为什么世间的及佛的圣教上又说有

我有法呢？遂以颂答他说：由假说我法……“假”谓假托而说的，一切诸法，并不是离了识另外有个我有个法可以给我假得到，不过是假托识之所变而叫做我和法而已。

假有二义：一“无体随情假”，执有实我实法谬妄之情意而说的，实在是如龟毛兔角而毫没有体性的。二“有体施设假”，这是有体的事实，这正是指的那不离识的关系而是识所变的，虽然用我或法的名义来施设假说，但仍不出识的范围，故不是妄情所执之无法，而是由依识所变之有体法，故名有体施设假。

但此中所云之我，与平常所说之我不同！此中所说之“我”，乃是一种“人格”之义，金刚经上所说之我、人、众生、寿者，以及有情、庸人、贤人、圣人，推而上之连佛亦在内，故此我乃是人格的化名词。“法”之义如世所云之物，广义之法如心理生理物理皆在法之范围之内，故法可概括一切“非人格”的东西。如佛学上地、水、火、风、色、声、香、味、触、法、眼、耳、鼻、舌、身、意等都叫法。

“转”，有转变、转现二义。“相”，不是形相之相，这个相如科学哲学之“概念”，即义的意思，如说物有物之概念，人有人之概念……又如说有人格之我时，即随其所说而转变其义相。

又转现即显现之谓，因为说了我法，而我法即随之而显现，由思想言语而施设我法，由是转现我法之相，为要破除执着离识以外有实在我法的妄执，故举一句“彼依识所变”来喝破他！

“彼”，即是指上头之种种我法相。“依”，谓若我若法都是依识而变的。以下各颂中有很详细的解释。

大抵凡是有知觉或知识生起的时候，都有能知觉与所知觉之二面，在唯识论上说起来：能知觉的即是“见分”，所知觉的即是“相分”，谓依识所变见分，假说种种我而转成种种我相，依识所变相分，假说种种法而转成种种法相。

而此能变之识，初即异熟，次即思量，后即了别境之三，了别境包括眼、耳、鼻、舌、身、意六识，其名义待到下文解释。

第　二　讲

今于略明识相后，以二十二行颂广辨唯识相——广明其义，此中略分三段，第一明三能变，第二正成唯识，第三广释妨难。

第一又分三段：一、明初能变。

颂文：

"初阿赖耶识，异熟一切种，不可知执受，处了常与触，

作意受想思，相应惟舍受，是无覆无记，触等亦如是，

恒转如暴流，阿罗汉位舍。"

此中共十句两个半颂。阿赖耶，异熟，一切种，即是初能变识的三个专有名词。在三相中阿赖耶属自相，论中说"摄持因果为自相故"，但又可名"本相"或"总相"。

阿赖耶翻译过来叫做"藏"，义如大藏经之藏，或库藏之藏。据梵文又可译处所之"处"，如喜马拉雅——赖耶——山亦梵音之"雪处"义，古名雪山即以为积雪之"处"故。藏有三义：一、"能藏"，如茶杯能盛茶，茶杯为能藏，而茶为所藏，此识亦复如是，能藏一切诸法种子，故一切种即为此识所藏。二、"所藏"，第八识所变起之根身器界，以及所现行的前七转识及一切诸法，皆以第八识为所藏。（注意：一切种，虽并不是离了第八识另外有一切种，然已是第八识中的能生万法功力，故言识的时候，读起来不能将识字略去，应当读为一切种识，若单读一切种，则便不是能藏识而成所藏种了。）

……三、“执藏”，即我爱执藏，此正相当于处字意义，即我所执之处，故亦可名我爱执处。末那识中有我痴，我见，我慢，我爱，我爱执藏，即此识为末那之我爱所执藏也。总之，据自相言，名阿赖耶识。据果相言，名异熟识。据因相言，名一切种识。

异熟原是据果而命名的，佛学言果有五种：即等流、异熟、增上、士用、离系等五果。前四为世间共果，后一为唯出世圣果。盖离系果最低限度，证入阿罗汉位始能获得此果，他是不与异生——凡夫——共有的。但在世间果上言，异熟果亦甚普遍，如有机之根身，无机之器界，其中一个一个的有情，一类一类的世界，俱可名之为异熟果。但此果不惟第八识有，即前六识亦有异熟果的性质，不过是异熟生，不是真异熟识罢了。故在此识的果上讲，可以云十之八九都是异熟性的果。不过第八识上的异熟果为最根本者，以内之根身外之器界，乃至前六识之异熟生者，皆以第八识异熟为根本故。

熟谓成熟，如生米煮成熟饭，此中有三义：一、“异时而熟”，如造因在前，得果在后，此果与因，在时间上有相异之距离。我们在果上看不到因，因上亦看不到果，因为如此，故常人误认得果为自然，似乎以为一切诸法，皆是偶然凭空自然而来，兹在印度名自然外道。其实这些，在佛学上讲起来，现在所生之果，都离不了先业之作因，但亦有些果在因上可以明白看见的，乃属于士用果等者。二、“变异而熟”，成果之时，果异于因，因为从因至果，无论在空间上时间上皆经了许多的变异——果不似因，因不似果。三、“异类而熟”，类谓分类，在佛法用伦理学上的道德性，把一切诸法分为四类，即善、恶、无覆无记、有覆无记。此中有覆无记者：即是有染污法覆障之无记性。第八识性，盖是无染污法覆障的，故名无覆无记。不但第八异熟果是无记，凡一切的异熟果，俱属无记性摄。故因虽然有善，有恶，果虽然有好，有丑，但据果的自身上讲起来，仍是非善非恶之无记性。盖一切异熟果报之法，皆由先前业因之引起，使之不得不然而成果，则果是机械式的被动者，他是不负任何善恶的责任，犹之乎一君国的君主，以强有力的势力设政治法律来统治一个君国。其中一切土地人民皆受他的势力左右转移，由他的势力办得合宜，则人民富强光荣。由他的势力办得差错，则人民贫弱堕落。但在国土人民本身完全是机械的，被动的，不负责任的。八识的因果也是这样，由过去第六识上之思心所，造成强有力之业因，而感得现在之异熟果，此果完全由先业因所引使而成，所以说他是机械的，被动的，不负责任的，非善非恶之无记性。

一切种。就表面上说，什么种生什么果，——豆种生豆果，瓜种生瓜果——而此中所说之种，并不是这样有形可见之种，他的确是第八识中一种潜在的功能差别，故在成唯识论中名“功能差别”，即是由第八识中潜在之功能而生起万有诸法之差别，即名一切种。

我爱执藏之阿赖耶识，到了阿罗汉位即可舍去，异熟识至佛果时亦舍其无记之性，——因佛果之初能变识完全是善性，故佛果不名为异熟了。一切种至佛果仍可名一切种识，——佛果具足一切无漏清净种故。

不可知执受处了，……以义读之，应当联贯上下文，读为不可知执受处，不可知了。反言之，即是执受处不可知，了不可知，执受处者：即相分，——根身，种子，器界。——根身种子深细，器界广大，三法在异生分上，俱不容易知道，但亦并非绝对不可知，至佛果大圆镜智现前，亦能照了无余，“了”，即能了别之见分，前天说凡一切知识，有能知识与所知识之二部分，此了即能知识之见分，而所知识之相分，即执受处也。

然而识为心王，而八识又都各有它们的相应心所，这个初能变识的相应心所共有五种：即触、作意、受、想、思等五之遍行心所。——八识相应心所有五十一，留在第三能变中明，——遍行者，盖遍于各识及一切之谓也。

触：谓接触，一切知识生起之时，都有他的所依之根，与所缘之境。根境识三法和合，互相随顺而有接触之事。

作意：谓警觉之功用，盖正在接触之时，而有警觉俱时生起之事。受：谓领受，依触而生受，再从领受法上取其分齐，即为名言所依之。“想”：于触受想中所起之冲动造作即“思”，盖思即是心之“动”，不但自能主动，并能驱役其余心心所亦随之而动。此五种心所与心王和合生起，谋共同之作用，故曰常与触、作意、受、想、思相应。

但受有五受：在感受上言之，有苦、有乐、有忧、有喜、有舍。舍受者，盖非苦、非乐、非忧、非喜之中庸受也。此识在五受中唯有舍受，故曰唯舍受。

是无覆无记，以伦理学上善恶标准分类来讲，此识是无覆无记性所摄。非但心王是无记，即五种心所亦是无记性所摄，故曰触等亦如是。

恒转如暴流，这是以喻来显。恒者，谓此识自异生一直到没有成佛止，中间之长时期，都是如同暴流之水，前后不断一类相续。“恒”，谓虽暴而流续不断。“转”，谓虽流而暴变靡常，刹那刹那，前头的暴流而非后头的暴流。又如接连之影片，影片虽然有一片一片，前头的人影而非后头的人影，但总是一类相续，接连不断的前后相似。

阿罗汉位舍。阿罗汉有三种义:三义中最主要之一义为无生,无生者,即永不受此身以后的生死,即已无生命流之束缚也。“舍”,即舍去我爱执藏之名,因为到了阿罗汉的时候,已证我空真如,七识永远不执第八阿赖耶识为自我,即名为舍,非谓全舍于第八识也。

第 三 讲

今天讲第二能变,即第七识,在未解释以前,先出颂文:

“次第二能变,是识名末那,依彼转缘彼,思量为性相。
四烦恼常俱:谓我痴、我见,并我慢、我爱,及余触等俱,
有覆无记摄。随所生所系,阿罗汉,灭定,出世道无有。”

这里共有三颂十二句,比前初能变多两句,若以从上文所说的次第上讲下来,此名第二能变。若以八识分配上讲起来,则此名第七识,即是颂中“次第二能变,是识名末那。……”

末那是音译,其义为“意”,即是意思的意,以前有人名之为染污意,以为末那完全是染污的东西,实则此意可染可净,在凡夫地位上有染,可名染污末那,若一声证入圣位,即可名清净末那,故染净圣凡之关系,均由末那转与不转,成清净与不清净的分判。

又意有“意识”与“意根”之分,在第三能变中有眼识、耳识、鼻识、舌识、身识、意识。普通所谓意识,是第三能变中之第六意识。但彼意识亦如眼识等,必定有他所依之根,他的所依之根,才是此第七末那,所谓意根,正是指此末那。

“依彼转缘彼”,依彼者,“彼”即是指前初能变之阿赖耶识,意谓此第七之意根,亦是托初能变识为他的根本依而转变生起。好

比眼识依眼根而生起的样子,缘与“对向”“观察”或“虑知”之义相仿,盖末那不惟依彼初能变识而转变生起,亦以彼初能变识为他所对观之境。

“思量为性相”,在这里,意的定义即是思量,性是识的自性,即自体分。相是识之行相,即是见分。自体分见分正如以前所借喻的国王一样,然意的定义既然是思量,而此识的思量又特别不同,在八识规矩颂中,说明为“恒审思量我相随”,既然是恒审思量,可知他的思量是始终没有间断的,而且很深刻的。他是既恒且审,故依照他的原意解释起来,恒即刹那刹那连续不断,而审是精深谛审,盖思量之意在八识三能变中都有,为什么独在此中特别加以思量——意——之名,论中说此识思量之义比前六识和第八识都来得强盛! 又若在恒审二义上说,前五识思量,既不恒亦不审。第六意识之思量,但审而不恒。第八识之思量,虽恒而不审。故恒审之思量,唯第七识有,所以特名此识为“意”。“四烦恼常俱……”这是说明他的相应心所,前来说过,识之自体分见分喻如王,故思量为性相喻如王,依彼转缘彼喻如王所统属之领土,但他所统治之臣民是什么,故这里说到心所,此识心所依成唯识论中所明,他的心所有十八种:惛沉,掉举,不信,懈怠,放逸,妄念,散乱,不正知之八种大随。别境中之慧心所及此中之四烦恼,与五遍行,——然此颂中没有把他们完全提出来者。盖已包括在颂中“及余触等俱”之“等”字里了。这四种俱称为烦恼者,因他们的性质都是烦扰恼害,足以扰乱我们的精神界的治安,我们的精神界,虽然时时刻刻,受这四种烦恼的捣害,但从来都没有法子制灭他,譬如一个中央政府对于国家社会,没有那个不想他的国家太平,社会安宁,但结果总是治乱不定,这个痴、见、慢、爱之四烦恼,既能直接扰乱恼害我们的精神界，亦能间接扰乱恼害我们的现实界。

痴即愚痴，是对于若事若理昧然不知而妄以为知的，故痴亦并非完全不知。我见者，即是他所抱之意见，人们对于宇宙人生，既于不知中妄以为知，并且还认定其自以为知的决定不错，此在佛典中，往往有一种很确当的譬喻：譬如聚集了一大堆的盲人，在那里摸象。有的摸到尾巴的，说象如扫帚，摸到四脚的说象如屋柱……这样在我们看起来非常可笑，然在摸象的瞎子，总以为自己摸到的决定不错。又譬如有一般学者，把他所执著的什么什么见解，或什么什么主义，认定他所执的那种见解或主义，能改造社会国家，固执著硬要去干。我慢者即普通所谓虚荣夸大之心理，既有此种虚荣夸大之心理，于是认定他的个己，他的国家，他的民族，高过一切。仿佛惟有他是上帝之骄子，其余刍狗不如，但我慢亦有好的一方面，如“饿死事少，失节事大”，为要我的人格高过其余的人，所以虽处在贫困中，亦不肯为非作恶。此中由我痴而有认定第八识为我的我见，由我见而生我慢，和爱著要我永远生存的我爱。

“俱”，即是共同的意思，凡与此识相应之心所，都是相续地刹那刹那共同并立，包围此识，喻如国王恒被国中的臣民所包围。“有覆无记摄”者，即是说明此识在道德上的性质，有覆谓有烦恼盖覆，但虽有烦恼盖覆著，而他的性质仍是非善非恶之无记性，盖末那无直接损害于他人之可能。

“随所生所系”，末那随第八之异熟报生在那一界或那一道的时候，他即随着成为那一界或那一道的末那识。并且随着系在那里，如第八异熟报生在人类中，末那亦随之而生起并且系在人类中。……

这里为便于使人明了之故，重以喻来显明，依彼转缘彼系出领土，思量为性相系出王，四烦恼常俱——系出国中的臣民，有覆无记摄系出国体国法，阿罗汉灭定……系出此王国已打破国界，而进入大同世界。

阿罗汉前已说过，到阿罗汉则染污此识无有，亦已可知。灭定，即是灭尽定，亦名灭受想定，入此定时，前七转识皆不现行！此定为最深之禅定，入此定时，如植物然，看去如同死人，连气儿都没有了，但是他的生命仍旧存在着，此四烦恼常俱之末那，一声到了——灭尽定的时候，即无有现行了！——舍了染污末那之名，故名灭定无有。

"出世道……"道，在佛学中有的地方与普通所用的意义很不同，普通所谓道，即是一种理路，或者名之为道路之道。但在佛学上实是觉的意思，从道的自体来说即是能证真如之出世的智慧，此四烦恼常俱之末那，一到出世道现起的时候便没有了，故名出世道无有。

第　四　讲

今天继前释第三能变。

颂文：

"次第三能变，差别有六种：了境为性相，善不善俱非，
此心所遍行、别境、善烦恼、随烦恼、不定，三受共相应，
初遍行触等。次别境谓欲、胜解、念、定、慧、所缘事不同。
善谓信、惭愧、无贪等三根，勤安、不放逸、行舍及不害。
烦恼谓贪、嗔、痴、慢、疑、恶见。随烦恼谓忿、恨、覆、恼、嫉、悭、
诳、谄与害、骄，无惭及无愧，掉举与昏沉，不信并懈怠，

放逸及失念，散乱不正知。不定谓悔、眠、寻、伺二各二”。

上面共计七颂二十八句，混合总解第三能变的六个心识，即是把眼识、耳识、鼻识、舌识、身识、意识作为一类合为一聚来说明的，现在就著上面七首颂文，一句一句的略加说明如次：

“次第三能变，差别有六种。”由初能变二能变按步说下来，这里便是第三能变。差别有六种者，即是说第三能变中有六个识，而这六个识又各有各的自性差别不同，即是各有所依之根和各有所缘之境，如眼识依眼根缘他的色尘之境，……他们如果没有到达转依的时候，眼识决不会缘声，而同时耳识亦决不会缘色，纵然在一个时候有二识或三识同起，——如眼识正在缘色之时，同一刹那耳识有闻声或身识有觉触的事，——然而他们依旧“眼不超色，耳不出声”，因此，故眼识有眼识之系统，耳识有耳识之系统，乃至意识有意识之系统。

这里有不可不注意的，虽前五识生起之时，必定有同时意识来参加并起。然意识生起之时，有时可以与前五识丝毫无关，如坐在此间，忽然想到以前在鼓浪屿听到一种什么声音，或见到一种什么景色，便只是意识而毫无前五识关系。由此故知这六个识是有各个之自性与本位的，不然，则一识生时余识亦应生起。“了境为性相”，谈到了境，八识都有了境之义，如初能变识了“不可知执受处”之境。第二能变识了第八识见分为我之境。惟有所不同者，八识和七识所了之境来得深而且细，不容易使人见到，而这六个识所了之境很粗显分明，故容易使人明了觉察，如眼识了长、短、方、圆之境，乃至意识了生、灭、去、来之境。了境为性相者，“性”即自证分，“相”即见分，意思即是说，眼识以了色尘为性相，耳识以了声尘为性相。

"善不善俱非",此六识在道德性上讲起来,善性、恶性,有覆无记性,无覆无记性之四性完全具足。

这里对于意识与意根两个名词,犹有略加辨别之必要。夫八识皆有他的所依之根,前五识依前五根,这是显而易见的事实,惟意识既与前五识不同性质,当然没有依前五根的理由,那末他究竟依何种根呢?这里应当要知道,第六意识也不过是一种识。所以名之为意识者,因他以末那意为他所依之根故,因此。可以知道第六识所以名之为意识,是因他——末那——得名的,而末那是就本身上得名的,然此在三乘共教中,对于这个问题往往含糊其词,总以为前念灭去之意识,即为此意识所依之根,其实是方便之说。

以下释此识相应的心所!

此识既然具有善、恶、有覆无记、无覆无记之四性。故于五十一种心所亦完全相应,现在为使人易于记忆明了,顺便将八识三能变中所相应之心所,或少或多,表列于次:

异生八识相应之心所

初能变	唯触、作意、受、想思之五遍行。	
次能变	五遍行,与痴、见、慢、贪,并别境中慧,及掉举、昏沉、不信、懈怠、放逸、失念、散乱、不正知之八大随烦恼,共十八心所。	
三能变	前五识	五遍行,五别境,善十一,及贪、嗔、痴、与无惭、无愧,并八大随烦恼,共三十四心所。
	第六识	五遍行,五别境,善十一,及六根本烦恼,二十随烦恼,四不定,共五十一心所全。

佛果八识相应之心所

八识平等各唯{五遍行、五别境、善十一}共二十一心所相应。

上表是把六位五十一种心所拿来统属在八识三能变中的,由此表看来，我们可以知道，初能变识所相应的心所最少，只有触等五个遍行心所与他相应。第二能变比较多些，共有十八种心所与他相应，前五识比较又多些，有三十四种心所与他相应。第三能变中之第六意识，则与五十一种心所完全相应。因此，我们又知道，第六意识的作用，是比其余的识都来得普遍而有势力。初能变和第二能变相应的各种心所，在以前业已解释过了，可以不必重繁。现在就第三能变识中所相应之心所，在前头没有说明过的，再略加讲明讲明。

"此心所……"一颂，即是把五十一种心所分成六类：所谓六位心所，一遍行、二别境、三善、四烦恼、五随烦恼、六不定。遍行之义，前在初能变中已经约略解释过了。别境者，即是缘特别境而生起之心所。善心所者，惟在善心方生起。烦恼谓为一切染法之根本烦恼。随烦恼，是根本烦恼之分位或根本烦恼之流类。不定者，谓于善不善三性等没有一定的标准，这是六位心所的类义。"三受共相应"，三受谓苦、乐、舍，六识不但具了这么多的心所，且亦遍与三受相应，然此三受分开来说即成五受，谓忧、喜、苦、乐、舍，盖从苦乐二受中又开出忧喜二受，为什么要这样分别？因在身在心的关系，所以有此说法，如苦乐兼通身受，而忧喜则蕴在心中，但此不过一往之说法，其实是可以相通的。相应者，谓心心所和合一处，共同生起而成一致之作用，如心王与受相应，同依一根同缘一境而成和合一致之活动工作。

"初遍行……"触等之等字，包括触、作意、受、想、思之五种心所，在前头也已经说过了，现在单来明别境心所。云何谓欲，欲有希望要求之义，自己认为可爱的境，希望要求欣合，自己认为不可爱的境，也希望要求脱离它。胜解，谓强胜之见解，即是已经成为决定之见解，故论中说“印持决定”为胜解，非一般所谓浮浮泛泛的见解可比，胜解是对于事理已经有了很坚决的定见和极锐敏的确解。念是对于曾经经历过来的境事回忆记念，假使向来一回都未曾经验过，便无从回忆记念起。定谓注意集中，要依继续观察之境方得生起，这种心所由念心所记念一种所观察之境，由是注意集中常常记念，以全副精神专注一境——所谓心一境性——便是定心所。慧是对于所观之境得了一种抉择判断，即是经了一种很深刻的观察所成之智慧。这五种心所都是在各别不同的境事上生起的，故名别境心所。颂中所谓“所缘事不同”就是这个道理。

“善谓信惭愧，……”此十一种善法所为一切善法所依。信，非世间普通所谓之信，普通所谓之信，并不专指善的方面，恶的方面亦有信，如信非道以为道的迷信邪信。但此中所云之信，完全是善的，论中说明信的定义是“于实、德、能，深忍乐欲心净为性，对治不信乐善为业”。可见这个信心所完全是清净善法，它连一点染污都没有，正可谓之自性清净心。惭愧即是一种羞耻之心，若在自他两方面来讲，尊重自己的人格而羞恶便是惭，尊重社会的舆论而耻过便是愧，故论中说：“依自法尊贵增上，崇重贤善，羞耻过恶，对治无惭，息诸恶行——惭。”又说：“依世间力，轻拒暴恶，羞耻过罪，对治无愧，息诸恶业——愧。”“无贪等三根”，名为无贪，无嗔，无痴，之三善根。质言之，无贪则能惠施，无嗔则能仁慈，无痴则能明智。勤谓精进，安谓轻安，凡是善法大约皆有轻安意，不过真正讲起轻安来非定心不有。不放逸原即精进的意思，不过若一味的精进勇往直前，不无疏忽之失，有了不放逸的心所，则能于精进加行中，时时谨慎小心。舍即是一种没有德色之心，对于修证所得上，一毫无所住著，因为如此，所以终日行布施修禅定，若行所无事者然。不害，即是一种悲愍之心，对于一切有情一点也不损恼伤害他。如上是对于十一种善心所的说明，若详细的解释，可以去参考《成唯识论》或《百法明门论》。

“烦恼谓贪、嗔、痴、慢、疑、恶见”，此即名为六种根本烦恼，此烦恼中贪等与第二能变中之痴、见、慢、爱、——贪——四烦恼有广狭不同。第七末那上之四烦恼，专是指末那执第八识见分为我上而说的。此六种烦恼是在世间出世间的一切事理上而说的。贪谓贪著，对于三界有及有具的染着不肯放弃。嗔是对于一种违逆境上生起忿恨等心。痴，是对于一般事理暗昧不明，即是无明。慢，谓贡高，其性为“恃已高举”，但亦有表面上似乎谦虚，而骨子里头实在是轻慢者，如有人谓“他好由他好，我不好由我不好”。若如此居心，佛经中名字叫做“卑劣慢”，此慢差别有七种九种之别，其名数可以参考教乘法数。疑，是对于事理没有决定的能力，即是犹豫不决。恶见，是对于一切事理颠倒推度，即是所谓恶知恶见的人，这个恶见是各种恶见中的总相。若分别讲起来则有五种：一、萨迦耶见，意即我我所见，是在五蕴上所起个体之见。二、边执见，即是于一种个体上，执断或执常。三、邪见，谓拨无因果，即是一种虚无之见。四、见取，谓于种种见中执取了一种为“最胜清净能得涅槃”。五、戒禁取，即是一种迷信的戒条，如有些宗教所制的种种戒条，于实际道德上一点关系也没有，但在他们犹执为“最胜清净能得涅槃”。此上总别共有十种烦恼，贪、嗔、痴、慢、疑五种谓之五钝使。身见、边见、邪见、见取、戒取五种，谓之五利使。

“随烦恼谓忿，……”此两颂即是颂二十种随烦恼：忿，即嗔之暴发。恨，是把嗔怀恨在心。覆，即于所行恶不肯发露，是痴之分。恼，亦嗔心之触发者。嫉亦嗔心之类，是不愿意人家有名誉光荣者。悭，是一种吝啬，是贪之分。诳，谓欺诳，即是一种“虚矫诡诈”的行动。谄是一种取媚于人的行动。此二是贪痴分。害，属一分嗔恚之心。骄，是一种贪眩自德的心理。以上十种烦恼纯是恶性，各别生起，狭而且窄，故名小随烦恼。

无惭，是不顾自己之人格。无愧，是不顾他人之非议。对于恶事不去改，而对于善事亦无心去做，人们到此，便真个没有药可医，此二种之烦恼，自类俱起，略微宽泛，故名中随。

掉举，是心对于境不能寂静之谓。惛沉，是一种瞢懂心理现象。不信，即不信实、德、能，及三宝真净功德。懈怠，与精进相反，懈怠在表面看起来，不去工作名懈怠，其实对于没有利益的工作，即使去拼命努力，亦名叫做懈怠。放逸，是一种纵荡，失念，对于事物忽略不能明记。散乱，是一种流荡忘反，所谓“心猿意马”。不正知，即是一种谬误知解。以上掉举等八种心所，通不善无记，遍于一切染心，故名大随。

“不定谓悔、眠、寻、伺二各二”，悔是懊悔。眠即睡眠。此二合为“悔眠之类”。寻即寻求。伺谓伺察。即是在已寻得的境上，加以审观细思，此二合为“寻伺”之类。寻伺有处又名“觉观”，即是思慧之作用，粗略之思慧谓寻，精细之思慧谓伺。一般学者所谓思想，所谓创造什么什么学说或什么什么主义，即是这两种心所的功用，此二类各二的四种心所，不定是善也不定是染，故名不定心所。

以下明此识生起与不生起之分位，在初能变和第二能变中，临了都讨论到生起不生起或舍不舍的问题，如初能变临了说：“阿罗汉位舍。”第二能变，临了也说：“阿罗汉，灭定，出世道无有。”此第三能变末了当然也要讨论到这种问题！

颂文：

“依止根本识，五识随缘现。或俱或不俱，如涛波依水。

意识常现起，除生无想天，及无心二定，睡眠与闷绝。”

这里所说的根本识，即是初能变识，前七转识皆共依止于阿赖耶识，但于忽起忽不起的前五识为最显然。“随缘现”，即是说前五识随根境之缘而现起——或一识独起，或二识俱起，乃至五识俱起俱没有一定标准，好比波涛依著海水随风势之缘而起，风的缘大，便起轩然大波，风的缘小，则惟见一二波文而已，故曰：“或俱或不俱如波涛依水。”

“意识常现起”，意识是常常生起活动的，乃至睡中做梦也是它不住的活动。但亦有时不起者，如生无想天，经过世界成坏五百大劫，其中都没有意识生起，还有二种无心定——无想定灭受想定——也没有意识生起，并及睡眠，同闷绝，——深睡连梦也不做，闷绝即是失了知觉的晕去。——二位也没有意识生起，故意识有五位不起：一、无想天，二、无想定，三、灭尽定，四、睡眠，五、闷绝。乍生与正死的时候，也归在闷绝位中。

第 五 讲

三能变识在前几次大要已经讲完了，今天再来讲怎样成立唯识的所以然的道理！

“已广分别三能变相为自所变二分所依，云何应知依识所变假说我法非别实有，由斯一切唯有识耶？”这是《成唯识论》的释文，意思就是说，前来所已经广为分别的三能变的识相，各识俱有他们的所变的见分，相分，而这所变的见分和相分又俱是依识所变。——依于自证分的识而变起见相二分，这的确是前来所重重说明的。——但是怎样知道种种有生命的有人格的我，和种种非生命非人格的法，都是依识所变的见相二分假托而说，离识以外并没有所谓我所谓法呢？为解答这种问难，所以有下面的颂文：

“是诸识转变，分别所分别，由此彼皆无，故一切唯识。”

此颂正是成立唯识的所以然的理由，前头只讲三能变识，而尚没有讲到都唯是识的所以然的理由，此颂可以包括《二十唯识论》的全部义理，若要广为辨明，可以参考天亲菩萨的《二十唯识论》及窥基大师的《述记》，现在略为说明如次：

“是诸识转变”，即是指的三能变识，——八识心心所，见分相分，自证分一齐在内。——三能变识有转变生起虚妄分别和所分别的作用，如第七识转变生起之时，则有痴、见、慢、爱等分别所分别，由此有我相等。……所谓分别，即是见分。所谓所分别，即是相分，一切有情各各都有八识，有分别所分别，而意识我法见相应的分别上即有我相法相。

这里正合第一次所说的一切有情各有八识，犹之乎合了许多的王国组织成一个国际世界之喻，故每个有情各各皆俱有他的八识心心所等之唯识宇宙。凡是诸识生起都有见分，相分，依见分有能分别，依相分有所分别，看在什么识生起，若在眼识生起，即有眼识之分别见分，和青、黄、赤、白、长、短、方、圆等所分别相分生起。若在耳识生起，则有耳识之分别见分及声音等所分别相分生起。由此类推，乃至第八识生起，亦有第八识的分别见分和根身器界等所分别相分生起。由是看他是什么识生起的分别所分别，即归还到什么识上去，除由识上所起的分别所分别，实在没有所谓我没有所谓法，由此可知我们平常所以为实在的宇宙万有，不过是诸识转变生起之分别所分别而已。彼实我实法都是子虚乌有，故颂言：

"由此彼皆无，故一切唯识。"彼皆无的彼字，即指的实我，实法。

以上所说是很概括很简略的，但在《二十唯识论》中，对于这个问题就有很周详的问难解答，比如你说一切法皆是唯识所变，那末人处在夏天的时候，你何不变点雪来玩赏玩赏。又如某处原是没有山水的，何不拿你的识来马上变一条河或一座山呢？……如此在《二十唯识论》中有九重问难，无论你举那一种法来问难，他皆可以回答你，这是某一种识上的分别见分和所分别相分，除此没有离识之我法。

故讲到唯识，并不是说只由你一个识转变生起，是由众多有情各个八识各别转变生起。亦并不是你一个人有八识，有见相二分，凡是一切有情都有他的八识，有他的见相二分，于是由各个有情之八识，交互融遍而成此唯识之大宇宙，拿哲学的名词来说，一方面是多元论，而另一方面又是无元论，从诸识的义上讲，名多元的多元论，从就是分别所分别的义上讲，又可名无元的无元论。

前来二十二行半颂广明唯识相的，已讲了十五颂半，以下还有七颂，是广释疑难的文，疑难有二种：一违理，二违教。在违理中又分二种：一分别无因难，二生死无依难。

分别无因难者，意思是说，若照以上所说的，既只是分别所分别的识，然种种分别究竟由何而起，为要解答此种疑难，故有以下的颂文：

"由一切种识，如是如是变，以展转力故，彼彼分别生。"

所谓种种分别者，并不要离识以外另有一种东西来作分别的生起之因，而一切种识中之一切种，即可为分别所生起的因。"一切种识"的种子，在以前已经说是一种潜在的功能，在没有发现行的时候，似乎看不出他的功能作用来，但不能因此就说他没有这种潜在的能力。如手原是能写字持物的，但在没有写字，没有持物的时候，一下子表显不出他的功能，然不能因此便说他连这种潜在的功能也没有，故一切种含藏于第八识，尚没有发现行的时候，似乎是没有什么，其实里头时时刻刻在“增长广大”。又如参禅的人参到“心空及第”的时候，连身心世界都空了，然以后不久又现出身心世界了，当心空及第的时候，便是一切种识没有发起前六识见相分的现行，当又重现的时候，便是前六识的见相分又从一切种识现行，“如是如是变”。即是变了又变，一切种识中所藏之种子，法尔恒时，展转变动，并且刹那刹那生灭变化，使种的势力渐渐增长广大。复次每一法的种子起现行，又须其他现行法展转相资，……因此，故颂文有“以展转力故，彼彼分别生”，以一法为主，而各有其伴为他的所依，法法资助，法法相依，如七识与八识互为俱有依，五识依八识为根本依，和以八识所变之五根为不共所依，再严格言之，如眼识要九缘生，耳识要八缘生。……

生死无因者：平常讲生死相续，生死轮回的人，一定要假一个具有单一性、统一性、恒常性的灵魂或神我。就是普通谈佛法的人，也往往有这种意思，以为若不依一个单一性常住性之神我或鬼，便不能谈死生相续似的，故生出如下的问端曰：

“虽有内识而无外缘，由何有情生死相续？”

举颂文答之：

“由诸业习气，二取习气俱，前异熟既尽，复生余异熟。”

诸业有善、恶、无记等三业，亦可说是身、口、意三业，但发为染业的根本却是烦恼。犹如十二因缘以无明为根本，然业并不是别的东西，即是前六识相应的思心所，故平常说造作名业。若谈到造作最猛利的，便是第六识中之思心所，由是思心所与善法相应，便造作种种善的业。思心所与恶法相应，便造作种种恶的业。由是熏习而成种子，种子再发生现行，渐渐增加或减少，与所俱的能取见分所取相分或名言取我执取之二取习气，存在同时同处，于是有业习气即有二取习气，有此二取习气俱的业习气，即有现起异熟果报之可能。因此由前头的业习气所生的异熟报尽了，又生后头的异熟，如是展转相生，恒时不断，足可成立有情的生死相续，何须别有他法。

以上违理难完了，以下再释违教难：

“若唯有识，何故世尊，处处经中，说有三性，应知三性，亦不离识，所以者何？”

颂文答曰：

“由彼彼遍计，遍计种种物，此遍计所执，自性无所有，

依他起自性，分别缘所生，圆成实于彼，常远离前性。

故此与依他，非异非不异，如无常等性，都不见此彼。”

三性，即遍计所执性，依他起性，圆成实性。彼彼者，明周遍的计度之多，分别有浅、有深、有广、有狭，七识有深刻的分别，六识有普遍且深刻的分别，故曰“由彼彼遍计”。遍计种种物者，即是所遍计之若我若法，像这种所遍计的若我若法，他的自性都是没有的。依他起自性是由种种分别之缘所成的，除了各各分别之缘，亦没有所谓依他起性的自性。圆成实于彼常远离前性者，圆成实不是另外有个独立体性，即是在依他起上常远离前我法执，便是圆成实性，故此性亦可名中道实相，或毕竟空，常恒普遍，与《起信论》之如实空义，如实不空义相当。意思即是说圆成实性，即是于依他起性中常常与遍计执性相远离，倘若你于依他起上有所执著，便是遍计执性，“故此与依他非异非不异”，此中“此”指圆成实性，此与依他

起性，何言非异，因圆成实性原是圆满成就遍于一切依他起法中的真实性，既然遍于一切依他起法，当然便非异了。何言非不异，圆成实性既然是圆满成就的真实性，可见他是没有时间空间性的，没有生灭去来相的。而依他起性则不然，他是有时间空间性的，有生灭去来相的，故论中有两句说得最好："异应真如非彼实性，不异此性，应是无常。"同喻，如无常、苦、空、无我等性，和无常苦空无我等法。盖三乘佛学上常常讲到诸行无常，如色法无常，受法无常，乃至一切有为诸法通统是无常。但遍于一切法的那个无常等性，他与色受想行识的无常之法，也是非异非不异的。因无常等性，也是遍于行等诸法的，故论中又说："无常等性与行等法，异应彼法非无常等，不异此应非彼共相。"非不见此彼者，论中释为"非不证见圆成实性而能见彼依他起性"。质言之，倘若你不真实证见圆成实性，则依他起你也见不到。更进而言之，倘若不真实证见二空所显的理性，则于依他起上决不能遣遍计执空，这里有四句颂说得很好："非不见真如，而能了诸行、皆如幻事等，虽有而非实。"

"若有三性，如何世尊，说一切法皆无自性？"此盖佛在佛经中往往说到一切法无性的话，所以有此问端，看底下的颂文以答：

"即以此三性，立彼三无性，故佛密意说：一切法无性，

初即相无性，次无自然性，复由远离前，所执我法性。"

以上的颂文，明白解释起来，这里所谓三无性，就是依着前头三性而立的，因为佛鉴于世间的人们，对于一切事物一定执著有个实在的自性，佛为破他们这种妄执，密意方便说一切法无性。初即相无性，是说遍计所执的我相法相都没有体性的，次无自然性，是说依他起性本即是缘生性空，但人们不了此理，总以为其中有个能生诸法的自性，如中国从前说天地由自然或太极生，印度数论等师

说由神我与实性而生，——故说无自然性等，至于圆成实性也说他是无性者，是因为他远离前头的遍计执所执的我法性，故也方便密意说他是无性，因此，也可以知道，若有人执圆成实性为实法，便与执我执法同一过失。

第　六　讲

上来所已经讲了的二十四颂名唯识相，正是说明一切法唯识义相，现在来讲明唯识性的第二十五颂：

“此诸法胜义，亦即是真如，常如其性故，即唯识实性。”

这里所谓胜义，即是指的“后由远离前所执我法性”的那个无执的圆成实性，此性是二空所显的，故又名胜义无性，是胜义中无我法二执之性。诸法是指世界一切所有的东西，通常所谓宇宙万有佛典谓之法界诸法，这遍于诸法的胜义，是佛菩萨等最高最胜的智慧所证得的境义。此胜义又名第一义，在其他的经论中说起来，亦即所谓真如，真是表他没有虚妄，如是表他没有变异，如说此人真实，即指此人无论在什么地方和时候都是一样而没有变异之意，所以真即是如，以如故真，因为在二空所显的里头，你要找一般人所认为有一定区别的一个一个的我和一件一件的法，实在没有，所有者，惟诸法胜义而已，惟真如而已。现在假如我们要想给真如下个适当的界说，便很可以以下面的“常如其性故”的一句话答完，因为真如是一切法的真实性，而一切法的真实性，即常常如是者耳。心经上所说的“不生不灭，不垢不净，不增不减”，也就是指的已经离去了一个一个的我相和一件一件的法相的真如。这个所谓“常如其性故”的真如，是由佛菩萨最超胜最圆满的智慧所证得之谛理，他是从无始之始，乃至尽未来际，常常时恒恒时都是如此，故说他常如其性，若以之在唯识论中来说明，又可以名他为“唯识实性”，故下面接着就紧随一句，“即唯识实性”。

一切法唯识的相，是有生灭有去来的。而遍于一切法的唯识性，是没有生灭没有去来的，此唯识相与唯识性，更进而明白言之，不离识的各种不同诸法，时时刻刻在变化的名唯识相，不变的名唯识性。

关于一切法唯识相和一切法唯识性，在以上都讲完了。但这不过只是说明所观的境而已，一点还没有亲证到，这不过是根据佛和弥勒菩萨等现量智所证法界中流出来的经论，我们拿来依照研究他是如何如何的一种所研究的境义罢了。我们其实对于那种境界还未有关涉，好比我们没有到过鼓浪屿，听人家说鼓浪屿如何，或从图画中看来是如何。则你所知道的鼓浪屿的真相，不过是名义图像而已。一切法唯识相性的境界，不是研究了知便可了事，是要依照所知的去实证才行，不然则与可想而不可即的十洲三岛同一虚渺，为的要人依照佛菩萨所已亲证过的发心去实行亲证，所以又有后面的五颂来专门说明行位：

“如是所成唯识相性，谁依几位，如何悟入？谓具大乘二种种性：一本性情种性，谓无始来，依附本识法尔所得无漏法因。二习所成种性，谓闻法界等流已闻所成。具此二性方能悟入，何谓五位？一资粮位，谓信大乘顺解脱分，于识相性，能深信解。”

这里的意思就是说，由什么人，用什么方法，到了什么程度，然后始谓之悟入唯识性相。现在就说要大乘根性的人，又要具一本性住种性，二习所成种性的两种根性，然后方可以悟入唯识性相。本性住种，就是本来已经有了无漏大乘的种性，法界等流，法界是佛菩萨所亲证的法界诸法，于是再以声音言辞来均等流出以施众生，故名法界等流。具了这两种大乘种性，然后经历五位，渐次悟入，如人行路，要经过五个站。所谓资粮位者，如人要行远路，必须预先筹备路费，这个第一资粮位，即是筹备时期，大乘顺解脱分，分是因素，即是说我们对于唯识相性，若能起很深切的信乐和透明的了解，则将离去烦恼生死之苦，而得顺大乘自由自在之解脱，因为他对于唯识相性能深信解故。现在就要问，那末这些进境的相状，究竟如何呢？先以颂来解答：

“乃至未起识，求住唯识性，于二取随眠，犹未能伏灭。”

乃至者，明于此中间已经做了很多的工夫，因为前颂说“非不见此彼”，而引起要去先见唯识性的心，不过还是在筹备期中，犹没有一种坚决的心一定要立刻即到那里去，在这里应当有三十种阶位：即是十住，十行，十回向，在《华严经》等明的很详细。这里以前已经经过十信心，此位正是修习资粮而开始行六度，积集福德智慧来作行长路的资粮，使求住唯识性的目的能达到。但虽然已有心要去求住唯识，而自己还没有一种力量去伏灭二取的随眠。所谓二取随眠者：是在识上有能取见分被取相分的种子习气，眠伏在第八阿赖耶识中，时常遇缘即起，在这个资粮位，对于二取随眠，非特不能断除，即完全制伏，犹尚不能。

“二加行位：谓修大乘顺抉择分，能渐伏除所取能取，引发真见”。所谓抉择者，即智慧是。对于是是非非，已能抉断择舍，而发心直向目的地进行，一定要立刻去亲证到一切法究竟是不是唯识，非马上得到一个判决不可！由于这种坚决的心出发，对于前头的二取烦恼，便能渐伏渐除，而引发真见，去亲证唯识即所谓见性。其相云何？

颂曰：

“现前立少物，谓是唯识性，以有所得故，非实住唯识。”

所谓现前立少物，就是还没有能亲证唯识，好比由厦门开船往上海，正在海程中进行，而时时刻刻皆对准着上海的方向，以为前头的进程，就是上海。在这个加功用行的位中，虽然在坚决的去观察唯识性，但于所观的，犹是能观心上所立的少许之物，以为这个就是唯识性。故依旧犹在二取中，因为所谓亲证唯识，重在无得，假使有所得，则免不了能取所取之是非，既然免不了能取所取之是非，便不能空去我法二执，其实倘若你亲证到唯识，则与唯识之性契合为一，无所谓得与不得，仿佛我们已经到了目的地，目的地与自身现在完全一处，还要立一种要到的什么目标何为！

“三通达位：谓诸菩萨，所住见道，如实通达，唯识相性。”这就是已经见到唯识，有一颂说明他的相状：

“若时于所缘，智都无所得，尔时住唯识，离二取相故。”

这就是说，倘若你于所缘对的境，在明明的智中完全没有所得的时候，则是已经真正证到了唯识，于唯识性合而为一，已经没有我法之相，普遍圆满，一味平等了。

“四修习位：谓诸菩萨，所住修道，如所见理，数数修习，伏断余障。”这是于已经亲证的唯识性相，练习得很熟习了，如我们已经亲到了目的地，而对于目的地的民情风俗，都十分熟悉而能行动自如了，他的相状就是：

“无得不思议，是出世间智，舍二粗重故，便证得转依。”

出世间智与世间智不同，世间智是有限量的，有一定范围的。出世间智是普遍圆满，不能够用我们现在的思想去议论的。以普通的思想是彼此相对的，比如讲台不是茶壶，茶壶不是讲台，世间的智慧总不出这些，故证到此种无所得的不思议的出世间的智慧的时候，便能舍去粗重的烦恼所知二障。所谓粗重者，好比金矿中夹杂了一种粗重的矿垢，有了此种粗重的垢秽夹杂在里头，则金子已经有了杂质而不能称为纯金，我们的心智也是这样，有了烦恼所知二障的粗重夹在里头，便不能活泼自由，我们要想我们的心智活泼自由，非用智慧之大火锻炼去我们的心垢不可。转依者，是转去向来依住阿赖耶识中的一切杂染不清净的诸法种子，而使他转成无漏的清净的，如矿中已经除了杂质而成纯金，此在论中说得很详细。

"五究竟位：谓住无上正等菩提，出障圆明，能尽未来，化有情类。"有了前来四位的进境，则可以登峰造极而达到究竟圆满的地位了，已能安住无上正等菩提，在程度上说名无上，在体相上说名正等，菩提是觉的意思，就是已经成佛了。又名出障圆明，因为我们向来都是在烦恼所知障中鬼混，到了此时，已经超出他了，非惟自己超出他就算了，还要以大悲为怀，去悲天悯人，去化导一切有情，使一切有情，皆能够得到出障圆明的大乐，这个位子的相状就是：

"此即无漏界，不思议善常，安乐解脱身，大牟尼名法。"

"此"是根据上文"便证得转依"而来的，表明证得转依之后的清净唯识性相，是圆满无漏，连一点缺陷都没有。界即是总聚的意思，是一切法的总范围的总摄，这个一切无漏法的总范围的无漏界，有（一）不思议，（二）善，（三）常，（四）安乐，（五）解脱的五种胜利。此中所谓安乐，是没奔波劳碌，即一安乐永久安乐，佛虽然常常教化众生，但不见有一众生可度的相，故心里很安乐，盖佛一切大公无己。所谓解脱身者，是指的离去一切烦恼生死的功德之总聚，在二乘所得的只名解脱身，但大乘于证了解脱身之时，同时亦圆满了大乘不共的佛果（牟尼）法身，小乘只证消极一面的解脱身，大乘注重之点还是在积极一面的法身，法身者，也就是一切诸法清净圆满无漏功德之身。

以上已说明三十唯识论的大要，不但说说而已，意思就是要我们依了这种胜果，去发起大乘的菩提心，依教研理，悟理修行，而同得最后的佛果，我们依照这样做去，都名学菩萨行。由此后来各各都可以成佛，这是遍于佛法各种差别义中的总义。

唯识二十颂讲要

靖如录（靖如乃刘立青、史一如合名）

若识无实境，即处时决定。相续不决定，事用不应成。

万法唯识，心外无境，此唯识宗之说也。有难者曰：假定只此内识，而心外别无实境，则下之四义，应不成立：(一)处所之决定，(二)时间之决定，(三)相续不决定，（相续者人生之异名人唯见自心中之境物而实与众人有同等之感觉且各人无不见天地之所现不决定唯见一类境焉）(四)事物之作用。在难者之意，以为上之四义，确系一般公理，故有此难。

处、时定如梦，身不定如鬼，同见脓河等，如梦损有用。

答曰：梦属唯心所变现之幻境，此人人共知者，当在梦中，确有定处，并有定时。（答(一)(二)义）恒河之水，饿鬼见为脓血等类，固唯心之境也。然众多饿鬼同见之，且一一饿鬼亦各见脓秽等多物也。（答(三)）梦惊心慑，梦淫精损，亦非实事而生作用。（答(四)）如是则上之四义，不必实境，亦可由心识构成，此分释也。

一切如地狱，同见狱卒等，能为逼害事，故四义皆成。

再印度人普通观念，皆信地狱，地狱中狱卒等，非实有情也。然恶人死后，同见牛头马面等狱卒，相逼为害，其中境况，则有处所，并有时间，伺类恶人，等受痛苦，一一恶人，遍受逼害，且身体上离合冷热，起种种作用，无异生前，如是则上之四义，即此一端俱可了解，此总释也。

如天上傍生，地狱中不尔，所执傍生鬼，不受彼苦故。

难者又曰：狱卒如天界象鸟等一类傍生，不得谓非实有情。不知此等傍生，由自业力，识熟成果，至地狱中之狱卒，则并无自体业识，不过地狱中恶众生公共恶业构成之恶报。何以言之？盖天上傍生，以乐因而受乐果；狱卒虽与恶人同处于火山冰窖之中，然并无苦境可受。所执鬼如傍生之说，无有是处。

若许由业力，有异大种生，起如是转变，于识何不许。

外宗谓：业力转变，现诸境界，要有待乎能生各大种子。夫既许大种由业力转变境界，则谓识由业力而起如是转变，有何不可。

业熏习余处，执余处有果，所熏识有果，不许有何因？

又诘：业力不熏习之心外余处，（如色根等）执能由业力转变而生果，而不承认受熏之识有果，则又何说？

依彼所化生，世尊密意趣，说有色等处，如化生有情。

难者，闻业识现境不由大种之言，即举佛说以难之曰：既唯有识，何为佛说有根尘等十二处乎？答意：谓世尊说此，乃别有秘密之意趣，特说色法等处，以为内根外尘，均属幻合，如幻术中所现之化人，令小乘悟人是空耳。

识从自种生，似境相而转，为成内外处，佛说彼为十。

盖识非外起，乃从阿赖耶识所藏之各自种子发生，其相分相似外境相而现，因而列为内根外尘十处。如佛所说，乃教人由根尘返求本源，而不执著根尘之密意者。

依此教。能入数取趣无我；所执法无我，复依余教入。

依此密意教人，能使未断轮回之数取趣（数数取诸趣之意）众生，脱离我相，证入无我真如。若欲证法无我真如，则非依此余之唯识等了义，不能澈悟。

以彼境非一，亦非多极微；又非和合等，极微不成故。

外教小乘，既执识外别有色法，而其学说，复分多派，有谓彼色之境为一大有体者，有谓非一体而为多数之极微者，有谓由此多数极微可和合或和集者，皆无是处。盖境有差异，即非一体。极微不可见闻尝触，则非实有，故非多数极微。至和合和集二义，乃依极微而生，极微之说，既不成立，自然上之二义，无所根据矣。

极微与六合，一应成六分；若与六同处，聚应如极微。

兹先发挥亦非多极微之义，有反证二：(一)极微之义，乃不可再分之原子，然有四围上下等方，每方合一极微，则一极微而成六分矣，是仍可分，不成为极微。(二)若此极微，与他之六，可同在一处，不占方分，则虽聚集无数极微，仍各一极微也，纵使和合和集，亦不能成现象之境。

极微既无合，聚有合者谁！或相合不成，不由无方分。

难者转计曰：极微是无方分，故无集合，然极微而下之聚色，如子微等，固可和合和集，成为宇宙间形形色色之物也。诘曰：所云聚色如子微等，非极微之所合成耶？既云极微无合，又安有聚色能合哉！若又转计聚色亦复无合，则聚色有方分，既亦无合，又何须计极微以无方分故无合哉！

极微有方分，理不应成一。无应影障无。聚不异无二。

盖极微如有方分，即可由一而六合，不应成一。若无方分，即无形体，对于日光，应不成影，亦无障蔽，如是虽聚诸色，亦不成为影障。此有分无分，均不合理，乃明极微之说，不能成立。

一应无次行，俱时至未至，及多有间事，并难见细物。

再证明彼境非一之义，盖境若是一，两间万有，应可一目了然，何以凡观一境，目光所接，均有先后次第不能一蹴即至？又凡一实境，均有间隙，且多有难见之细物，皆可证明境之非一也。以上摧破唯物理论，已无余地，下更就事实问答之。

现觉如梦等，已起现觉时，见及境已无，甯许有现量！

或以吾人现觉有人物等，确缘外境，方有此觉。不知梦及梦等，固无外境，然正梦时，意识感觉梦境，亦何殊醒时现觉乎？况吾人于现觉起时，唯能觉色声香味触者及所觉之色声香味触，同现起于五识中耳。本不计为心外之物，逮计为心外之境物，已落独头意识之非量境，早非现觉之现量矣。故现量中决无心外之境。

如说似境识，从此生忆念。未觉不能知，梦于见非有。

或又以事后忆念，为过去所受外境之证。不知由眼识等所生之相分，迷与外境相似，即能从此发生忆念，何须外境？譬如梦境，当其未觉，竟不知梦中所见，皆非实有。人生大梦未觉，亦复如是。

展转增上力，二识成决定。心由睡眠坏，梦觉果不同。

或疑谓假如有人遇善恶二友，所闻之法，或邪，或正，此二识乃因友教而生，仍属外境。不知各人自他诸识，展转相续，久之为正为邪，即得决定，岂假心外之力。或又转计无心外物，何以梦中杀人，不受罪报，醒时则必得杀果乎？然梦中之心，为睡眠所蔽，增上力弱，故造业感果，不及觉时之殊胜耳。

由他识转变，有害杀事业。如鬼等意力，令他失念等。

或又以为有识无身，不能成杀害事业。不知此业仍由屠杀者之意识身识所造。如鬼魔等乃能以意念势力，令人失念，发生种种病狂，此印度人普通心理所承认者也。

弹咤迦林空，云何由仙忿？意罚为大罪，此复云何成？

再如弹咤迦林，为仙人魔法所灭，一扫而空，忿恚意业，世尊说如意罚大罪，何云有识无身，不能造业？

他心智云何？知境不如实，如知自心智，不知如佛境。

或更追进一层，以他心智为有自他分别，唯识之说，仍不成立。不知他心智者，所知他心，亦非真实。何以故？以知他心，如知自心，未成佛时，自心不能真知自心，亦如佛境之不能知也。

我已随自能，略成唯识义。此中一切种，难思佛所行。

作者，只随自具知能，略述唯识意义，至诸佛世尊所有一切境，一切种智，广大渊深，不可测度，则在学者默会焉可耳。

案唯识之义，不过离心无境，原不必灭境求心，但了境唯心，则由境空继得心空，自然转识成智，上穷佛法，下利人生，胥在乎是已。

八识规矩颂讲录

太虚大师讲
胡 继 欧 录

一 开题

八识规矩颂，将八识分成四类说明，第一类是前五识，第二类是第六识，第三类是第七识，第四类是第八识。每一类用三颂说明，共有十二颂。在每类三颂中，又前二颂明有漏杂染识，后一颂明无漏清净识。这次不依以上原有的程序讲，用原有的句颂，另成一种组织来说明。先将十二颂分成两大分。一、顺转杂染分，有八颂。二、逆转清净分，有四颂。先明顺转杂染分。在顺转杂染分中，第一类明第六识，第二类明前五识，第三类明第八识，第四类明第七识。因为什么要依这种程序讲呢？因为人类平常能觉察得到的识，多半是第六识，如各种思想，感情等心理作用，这都是第六识的功用；这不只是佛法能说明，就是世间学术，也都能说到，但不能完全说明就是了。若单讲第六识，对于事实上，还有讲不通的，因为不是有意识分别，就有一切所分别的境的，如第六识能分别青、黄、赤、白等，但若盲人，眼根已坏，不发眼识，就不能见青、黄、赤、白，那么意识就不能分别青等色了，所以第二类要明前五识，要前五识与第六意识，俱时生起现行，才能了别五尘境，如眼识同意识同时现行，就能了色尘相；耳识同意识同时现行，就能了声尘相；乃至身识同意识同时现行，才能了触尘相；但这所分别的五尘境，不是可以凭空造出的，要真有所对的境，才有所分别的相的，如我们现在大众都能见这个蒲团，是方的，这是形色，是黄色，这是显色，要在这个处所，真有这个蒲团，这时眼识和意识生起现行，才能分别，并且这所见的蒲团，是大家都能见到的，所以这不是凭个人识现的。前五识与第六意识俱时所了别的六境相，既不是凭空而有的，那么若不许在识外有境，这境又是依何识而有的呢？所以进一层的推论，要说到第八识。前五识所缘的器世间相，既不是前五识单独变起的，也不是心外的法，就是第八识所变的，所谓内变根身，外变器界，都是第八识变缘的相分。若能明白这识变的道理，知道无始时来，依业力引第八识，在业力的轨范中，现成一期的根身器界；那么世间所谓"自然界的一切万有"的论调，就推翻了。（因为是业引识变的"业果"而不是"自然"。）从第八识的变现上说，本交互相遍，同类相似的。如现在我们同得人的第八识，于是我们大众能同见一种色，同闻一种声，不过虽同见色，同闻声，但甲所领受的境，未必恰是乙所领受的，只是相似变是了。第八识既交互相遍，同类相似，所以没有显然自他物我的隔别；但在有情的心境，却恰成反例，显然有自他物我的隔别，有了自他，于是就要以自我为中心，要求自我的保存，自我的发展，自我的殊胜，自我要架乎他人之上，人人都这样，于是斗争不已。若单从第八识上说，既是交互相遍的，为什么又有自他隔别呢？所以第四类要说到第七识的功能。有情生命的成立，自我的发展，人格的表现，都从第七识中可充分说明。

以上所说识的四种分类，在世间科学，哲学，也有说到的。如哲学的素朴实在论，这是常识的，反对这常识而成自我唯心论。他们这派的立论，说是一切境相都是由我的分别所现。这在佛法上说，也不过只依第六识一部分的功能而立到科学发达，趋重实验而斥破凭空玄想，要有确实的根据，真切的证明，才能存在，所以自然科学和哲学的新实在论，已是从第六识推到前五识了，自我唯心论，已被打破。但说到不拘前六识起不起现行境相都存在的理，那就不是世间科学哲学所容易推想到的了，这就要说到第八识所变的本质境，并说这本质境就是识的相分，这种深奥难知的理，正是世人难知的，也正是世人所迷的。因为不明第八识，于是有说客观的宇宙唯心论的，宗教家则说是神。客观唯心论，说宇宙现起，是客观存在的精神所造成，宗教家说宇宙是唯一的神所造。这两种的所说，都是不曾将八识完全说明了的迷执。若说只是普遍的精神，唯一的神，但怎样一切有情众生又有各个自我精神的差别；而在这各个自我精神差别中，又有各个不同的宇宙呢？从事实上看起来，他们这两说都说不通，所以非说到第八识，不能说明宇宙。也非说到第七识，不能说明有各个自我和自他隔碍的分别。若说有情的自我，是由神分开而成的，如果这样，那么不是“神”已分成各个“众生”而没有所崇拜的神了吗?！其实这就是佛法中说的第七识的功能。从现代一般的科学哲学宗教上看，第八识第七识大抵尚迷而不知的。只于前六识，已可以说到一部分。在前六识中，第六识又比较容易观察。但而他们迷而不知的那八七二识，也正是最重要的，要明宇宙观，非明第八识不可，要明人生观，非明第七识不可，但因这两种微细难知，所以这次所讲的程序，不依原有的次序，只就凡夫杂染心上，顺凡夫的心理，以粗显易知的为出发点，然后一层深进一层，说到深奥微细难知的，所以名顺转杂染分。

二　释颂

现在先讲明意识的前两颂。在未讲本颂前，要大概说明意识的内容。意识分两种：一、五俱意识，二、独行意识。五俱意识，就是第六意识与前五识同缘五尘境。独行意识，就是前五虽不起现行——眼不见色，乃至身不领触——但意识仍可自起分别，如意识的缘过去未来境。不过这时的意识是凭空忆想的。在独行意识中，又分三位：一、散位独行意识，二、梦位独行意识，三、定位独行意识。梦位意识，是在睡眠时，前五识虽不起现行，但意识还能分别，只是"味略"就是了。定位意识，不只是人不容易有，就是六欲天也没有；欲界以上的色，无色界，才有生得定，常在定中；在人中要修得，既得定以后，在定中的境界，就与普通的境界大不同了。所以以上说第六识粗显易知也不过只说的独行意识中的散位意识，至于梦位意识不分明，不须说明，定位意识不是普通人的心境，不容易知道。现在能觉察的，粗显易明的，也就是散位意识。由散位意识，再说到五俱意识。从佛法上说，虽是很浅的，但顺凡夫的心理以说，在凡夫已是不易觉察的了。现在讲颂文。

三性三量通三境　三界轮时易可知

"三境"就是性境，独影境，带质境。性境中分二：一、胜义性境。这在果中才能证得，因中不能证。二、世俗性境。就是在事实上是有的，不单是由能缘识分别变起的，例如五识所缘的五尘；或定中所缘境，也属世俗性境。就真谛上说，虽五尘也都是幻有的，却就俗谛上说，也是由种子生，有幻相幻用，不如镜花水月，完全无用的，所以也名性境。独影境也有两种：一、有质独影。虽在此时，此处，此界，没有此法，却在法界中是有的，不过在此界此时此处，只是为意识所分别变缘的，所以仍是独影。二、无质独影。不但此时，此处，此界，没有此法，就是他时，他处，他界，也没有，只是意识上假立名言的分别，如妄分别龟毛兔角。带质境也分二：一、真带质。就是以心缘心，如第六识通缘一切心心所，或第七缘第八见分为我，也是以心缘心，但所缘的相虽与所托的质不符，确已带有质了。二、似带质。就是以心缘色。这只是独头意识所缘的带质相分，是意识所增益的如分别桌、椅等名物，其实只见显色形色，没有见桌椅。以上几种，若分类说呢，胜义性境不变而缘，其余的五种是变缘的。在这五种中，世俗性境同真带质境是兼因缘变同分别变的，其余的似带质，有质独影，无质独影，只是分别变的。这三境第六识都有。"三量"就是现量，比量，非量。"量"，就是正知。因为境有三种，所以了境的智识，也有三种；在这三种智识中，前两种是正确的，后一种是不正确的。现量缘性境，只有事实，不带名类分别。比量缘正确的独影境。非量缘不正确的独影境同带质境，那就与事实完全不符了，只是意识无始以来分别名言习气，颠倒分别性相，如病眼见空中花似的。（在平常不曾学佛的，大多是非量缘境，颠倒错误的。）这三量第六识也都能通。"三性"就是善、恶、无记三性。第六识作业范围也很广，可通三性。就第六识作用上说，在三界轮转受生死，也容易知道，若造上中下三品恶业，堕三恶趣；若造三品十善，生人，六欲天，阿修罗三善趣；造三品十善，并修四禅八定，生色无色界天。

相应心所五十一　善恶临时别配之

以上所说的八种识，都名心王，各有相应的心所。现在说意识心王与五十一位心所都能相应。这五十一位心所的数目，不过是根据天亲百法论，和瑜伽论而说的。若广分别，还不止五十一位心所；简略说，也不到五十一心所。心所又名心所有法，就是心王起时，心所有法也随之而起，如主从的关系一样。但心所与心王虽同起，却不是一体，是有两法，才能说相应的。“相”是互相义，必须两法同时，同处，同缘一境，同作一事，这才名相应。虽与五十一心所相应，却不是一切时都与五十一心所相应，如与善心所相应，就不与烦恼心所相应，与烦恼心所相应，就不与善心所相应，且与此烦恼相应时，就不与彼烦恼相应，不过总括说，意识相应的心所有五十一，这五十一心所，可分为五位。一、遍行有五。遍行，就是无论何时，何地，何境，何识，但有识起，这五种心所都能普遍现行，所以名遍行。这遍行中的五心所，就是作意、触、受、想、思。“作意”就是能警动其余心心所现起的，“触”就是根境识三接触，能触境的心的作用。“受”就是顺触的领受。“想”就是于领受境取分剂限量，由此有彼此是非可判别而立种种名，所以想是名字言说的所依。“思”就是造作的力，能令余心心所起造作。二、别境有五。别境，是缘特别的境才现起的。别境中有五心所，就是欲，胜解，念，三摩地，慧。“欲”就是于境起希望，于顺境希望能合，于逆境希望能离，于中容境不生欣求厌离的心，则无欲。“胜解”于无疑境上，确定明了，印持不惑。“念”——忆念，就是能明记不忘。这念心所在过去境上才生现行。“三摩地”就是定。于所观事，明记不忘而能念念专注一境。“慧”依念定所观察境，判决简择，成明了决定，而有慧生起。三、善有十一。就是信、精进、惭、愧、无贪、无瞋、无痴、轻安、不放逸、行舍、不害。“信”不是通常所说的信。因为通常的信，通于所谓迷信等，违于实事真理，只是烦恼中的恶见妄执，此不名为信。此中所说的信，是依佛法中因果实事，性相真理，信有三宝四谛，而起的信。要是没有这个信，就成妄想流转是大随烦恼中的不信，所以这信能对治不信，是万善的本，智慧的源，功德的母，所以在善法中，首先说信心所。“精进”不是通常所说的勤，因为于不善事也能生起勤。这个精进，就是四正勤，是依正信而起的，能止恶行善，就是已生恶令断，未生恶令不生，已生善令增长，未生善令生。惭、愧，这两种心所，都是羞耻心，凡能止恶行善，必定要有这羞耻心，虽都是羞耻心，但是有差别。“惭”就是尊重自己的人格，知自有佛性，与诸佛菩萨相同，既有此人格，怎么于诸佛菩萨所成的功德，还不能成，于恶还不能断呢?！所谓善犹未成，恶犹未止，自己生起羞耻。“愧”就是对他生愧。一切诸佛菩萨，都具有三明六通，于我现前所作所为，诸佛菩萨悉知悉见，我现在善犹未成，恶犹未止，怎样对诸佛菩萨，怎样对一切众生呢?！无贪、无瞋、无痴名三善根，能对治贪、瞋、痴三不善根。贪，就是于己分之外，还要将所有的都归自己统领权下，“无贪”就是能将已经有的，施舍他人，未有的也无所取。“无瞋”就是慈心，而这种慈心，不是普通的慈心，因为普通在相当的限度有慈心，但出分限以外，还要起瞋的，这是由无瞋所发的慈心，所以是无分限的，普遍的。“无痴”是对治痴的。就是于事理能明了觉悟；但与慧不同，无痴只是善，慧可通善恶无记三性。“轻安”也是定心。在平常散心用事时，身心如负重担，行走不定，但有定现行，如平常将重担放下，只觉身心轻快，安乐，为向所未有的。轻安与三摩地不同，轻安只是善，三摩地通三性。“不放逸”是依精进、无贪、无瞋、无痴和合而成的。不但精进修一切善法，并且谨慎能防护有漏法不生。“行舍”就是行中之舍，简别不是受中之舍，因为五受中有舍受，恐与舍受相混，所以说行舍。行舍就是依止精进、无贪、无瞋、无痴，修一切善法；虽修一切善法，而心平等性，心无所住。“不害”是无瞋中的一分，但这是悲心，见有情衰损恼害时，心生悲愍。四、烦恼二十六，可分四类。(a)根本烦恼六。就是贪、瞋、痴、慢、疑、恶见。这六种自性就是烦恼法，为一切烦恼的根本，所以名根本烦恼。“贪”就是于三界有，有具，不了是苦，而生贪著。贪与别境中的欲心所不同，欲只是希望，通于三性，但贪欲就成有覆或不善了。“瞋”是于有情苦，苦具，正现起时，生违反心，生忿恚心。(欲界众生所作所为，都是从贪瞋发动的，所以贪瞋遍于欲界。到色，无色界，就只有贪无瞋了。)“痴”又名无明，就是不明因果，不知性相，由痴为依，而生贪等烦恼心所。“慢”有七种，或说九种，总言之，就是自高陵人的意义。一切众生，既有我见，就要将我提高，架于人之上，而以他人为提高自己的工具。这慢心所是任何人都不能免的，就是极低心下服的人，表面看似乎没有慢，其实他只是没有遇着机会，到了有相当的机会，他也要起慢的。“疑”就是于因果性相，犹豫不决，由疑能障生善慧；能断疑的，就是慧心所。“恶见”，又名不正见。包含有五种：就是身见、边见、邪见、见取见、戒禁取见。“身见”就是个体见，执个体是我，而成我见。由我见而有我所。“边见”就是于我见上、执断、执常，我身死后，是断灭了呢，还是永久不灭的呢？“邪见”除身、边二见外，其余的都是邪见，但最大的邪见，就是拨无一切的虚无见，或名恶取空，或名豁达空。“见取见”就是于种种见中，随取一种，执为最胜，最下。“戒禁取见”就是执取所持的牛戒，狗戒等，以为能得解脱。(信这种不正戒，以为能得解脱的，这正是迷信，这是恶见，与前面善心所中所说的信不同。)(b)小随烦恼十。就是忿、恨、覆、恼、嫉、悭、诳、谄、憍、害。这十种烦恼，是自类各别起的，范围狭小，如忿起恨不起，所以名小。随根本烦恼而起，所以名随烦恼。忿、恨、恼、害、嫉，都是随根本烦恼中的瞋心所起的。“忿”是于现前不饶益境所起的。“恨”是于过去忿境上怀怨不舍。“恼”就是由忿恨以后所起的瞋心所。“害”就是无悲愍心，常损恼有情。“嫉”就是耽著名利恭敬，见他人有荣利事，不能忍耐。覆、诳、谄，都是随根本烦恼贪、痴所发动的。“覆”就是覆藏己过，不肯发露忏悔。“诳”就是耽著名利恭敬，虽无实德，假现不实功德，欺骗他人。“谄”就是谄曲，矫饰惑世。憍、悭，都随贪所起的。“憍”就是于自己的一点有漏荣利事，贪著在心，醉心于中。“悭”就是悭吝，将自己所有的身命财产保守，不肯施舍。(c)中随烦恼二。就是无惭，无愧。这两种烦恼，遍于不善，范围较宽，所以名中。也是随根本烦恼而起，所以名中随烦恼。“无惭”是惭所对治的。不尊重自己的人格，名无惭。“无愧”是愧所对治的。不顾他人讥嫌毁谤，名无愧。(d)大随烦恼八。就是不信、懈怠、放逸、惛沉、掉举、忘念、不正知、散乱。这八种通于一切染心，范围最宽，所以名大。也是随根本烦恼而起的，所以名随烦恼。“不信”为信所对治的。就是于实事真理不能把握，令心成流荡无归，一切烦恼心所都从不信生起的。“懈怠”就是不精进，不策励心。“放逸”为不放逸所对治，就是不修善法，不防护恶法。“惛沉”是无痴所对治的，就是蒙昧无知，能障观不生。“掉举”是轻安所对治的，就是令心不寂静，能障止不生。“忘念”是念所对治的，就是忽略心。“不正知”与恶见不同，不正知但于事理不能正确明知，恶见是执见确定。“散乱”就是不定心令心流散。五、不定四。就是悔、眠、寻、伺 。这四种不定是善，是不善，是无记，所以名不定。“悔”又名恶作，就是于已作不作的事，心中生起追悔。若于已作的恶，生起追悔，这就是善：但常时恶作，令心不安，这也是不善。“睡眠”也通三性。若适当睡眠，就是善，若耽著睡眠，就为不善。“寻”就是寻求。“伺”就是伺察。寻求相粗，伺察相细，言说分别，就是从这两种心所建立的。通常心理学所说的思想，不是佛法中所说的想心所，只可算是寻伺这两种。意识心王若与这五十一位中的善心所相应，就成善意识，若与不善心所相应，就成不善意识，没有拘定的，所以说：“善恶临时别配之。”

性界受三恒转易　根随信等总相连

“性”就是善，恶，无记三性。在第六识作业，通三性，或善，或不善，或无记。“界”就是三界。由意识作业通三性，所以受报也不定，或欲界，或色界，或无色界。“受”就是五受。意识或时苦受，或时乐受，或时忧受，或时喜受，或时舍受。因为意识于性界受这三种中都不拘定，所以说“性界受三恒转易”。“根”就是根本烦恼。“随”就是随烦恼。“信”就是信等十一。“等”等取遍行，别境。第六意识起时，或与根本烦恼相应，或与随烦恼相应，或与信等心所相应；这些心所与意识总是相连而起的，所以说：“根随信等总相连。”

动身发语独为最　引满能招业力牵

凡造成业，要经三种阶级：一、审虑，二、决定，三、发动。前两种阶级，都是意识的功能，到了发动，才有身语业的发现，所以身识虽能动身，舌等语具虽能发语，但动身发语的主动力，还是在意识，这唯有意识有这种功能，所以说：“独为最。”“引”是引业，就是由第六识所造的强有力的善恶引业，熏成业种，含藏在阿赖耶识中，成熟时，能招当来总报。“满”是满业，就是由第六识所造的劣的善恶满业，熏成业种，含藏在阿赖耶识中，成熟时，能招填满总报的别报。引业力强，满业力劣；引业如画师画大概的模形，满业如弟子加功填彩，圆满所作。所以虽由第八识受报，但都由第六识的造业所牵引的。

以上已明染分第六识两颂。次当续明前五识两颂。

性境现量能三性

前五识所缘的只是性境，如现前有实有色，眼识才能缘；但这所缘的是世俗性境，因为不能随心改变其性，所以名性境。“现量”就是说前五识只有现量，无比量，非量。因为要五根对五尘才能发识，比量非量都是由识自起分别的；又前五识对现前性境，直接了知，无错乱，不带名言，所以无比量非量。“三性”就是明前五作业通三性，但前五不能自动造善恶业，只能帮助第六意识作善恶业，随第六意识而有善恶无记三性。

眼耳身三二地居

前五识中的“鼻”“舌”二识，只有欲界有，因为欲界受段食。到色无色界都是禅悦为食，所以用不著了知香味的鼻舌二识了。“眼”“耳”“身”三识则二地有。“二地”是指的三界九地中的欲界五趣杂居地，同色界初禅离生喜乐地。这离生喜乐地，虽已在定中，但有时出定可见色；并且互相谈话，可闻声；身也领触，所以有眼耳身三识。过此地以上，就常在定中，前五识都不起现行了，只有定中意识。因为这鼻舌身三识，只止于五趣杂居地，同离生喜乐地，所以说“二地居”。虽说第二地以上，前五识不起现行，却不是指的出世圣人，只是说的异生。因为出世圣人，不受三界分限拘定了。

遍行别境善十一　中二大八贪瞋痴

前五识心王，与三十四心所相应。就是遍行五，别境五，善十一，中随烦恼二，大随烦恼八，根本烦恼中的贪、瞋、痴三种心所。

五识同依净色根　九缘七八好相邻

“根”有两种：一、浮尘根，又名扶尘根，或根依处。就是平常肉眼能见的眼根乃至身根。二、胜义根，又名净色根，是潜存在浮尘根的根依处中的。虽是色法，但肉眼不能见，依佛法中说天眼才能见到；现代科学中所说的视神经，听神经等，似乎是说的这五种净色根，但也不是平常眼所见的，要用显微镜，并加以一种推测，才能见到。依这五种净色根，才能发五种识，所以这五种根，就名发识的增上缘依；也名同境依。不过在眼识生起时，要九种缘，以上所说的增上缘依是一种，还有其余的八种，就是空缘，明缘，作意缘，分别依缘，染净依缘，根本依缘，种子依缘。颂中说的“九缘”就是指眼识现行必须的缘。耳识生起现行，只要八缘，除明缘一种。因为黑暗中也能闻声。颂中的“八”就是指的耳识必须的缘。鼻、舌、身三识，生起现行，就只要七缘，除明缘，空缘两种。因为这三识要逼近才了知香味触。颂中的“七”就是指这三种识现行必须的缘。

合三离二观尘世　愚者难分识与根

鼻、舌、身三种识，要与境相接触，才能取境。眼、耳二种识，要与境相离、才能取境。小乘外道凡夫这三种人，无真智慧，对五根与五识不能分别辨明，所以说：“愚者难分识与根。”

以上将染分前五识两颂讲完了。以下接着讲第八识两颂。

性唯无覆五遍行　界地随他业力生　二乘不了因迷执　由此能兴论主诤

三性中的无记性有两种：一、有覆无记性。就是在他的业性虽没有明确界限可以说是善是恶，但有覆蔽的。二、无覆无记性。就是在他的业性既是非善非恶，而又没有覆蔽的。从第八识作业上说，就是属于后例的，是无覆无记性，所以说：“性唯无覆。”从第八识的现行上说，只与五遍行相应，不通其他的烦恼心所，善心所；不但不与其他的烦恼相应，连与无明也都不相应；或有说也同无明相应的，这不是就现行说的，只是就含藏有前七识的种子而言，因为前七识的无明种子，也含藏在阿赖耶识中。“界”指的三界。“地”是九地。“他”指的第六识。“生”是从无而有，假名为生。在第八识随引业现起一期命根就名生。这一期命根终了，就名死。第八识随第六识所作引业力的支配，在三界九地中生死死生，相续不断，所以成有情的生死流转。因为第八识的行相，是相似相续的，很微细难知，就是声闻独觉圣者，都不能明了，都生起迷执。迷执有两种：一、增益执。就是执无为有，如本无人，法，而众生二乘执为是有。二、损减执。就是执有为无，如八识心心所法，虽如幻化，而是幻有非无。在二乘人不明了，就生起迷执，拨无第八识。由此无著，天亲，护法，这些大乘论主，引经据典的与二乘诤论，来证明唯识的理，以破他们的迷执。

浩浩三藏不可穷　渊深七浪境为风　受熏持种根身器　去后来先作主公

“阿赖耶”是梵语，译为“藏”。阿赖耶识，就是藏识，具有三义：一、能藏，二、所藏，三、我爱执藏。这都是就阿赖耶识而言的，只是对向不同就是了。对一切种子名能藏。因为一切种子，都含藏在阿赖耶识中，种子是所藏的，阿赖耶识是能藏的处所，所以名能藏。对一切现行杂染法，名所藏。因为根身器界这一切杂染，现起以后，阿赖耶识反为一切杂染法覆藏，为一切杂染法所藏了，所以名所藏。对第七识名我爱执藏。因为第七识恒时有我爱执，这被执为我的，就是阿赖耶识现行的见分，所以就成了第七识所爱执的处所，所以名我爱执藏。颂中的“三藏”就是指的这三种。“浩浩不可穷”就是说这三藏义，都甚深难知，无有边际。因为阿赖耶识所藏的一切种，不可穷尽，所以能藏一方面也不可穷。因为藏阿赖耶识的杂染法，不可穷，所以所藏一方面也不可穷，因为第七识的我爱执，很不容易觉察，就是睡眠时都相续不断的执我。这不但普通人不易觉察，就是稍用点功的，也不容易觉察。在禅宗下曾有一段公案，就是有一个参禅的人，用了很久的工夫，他自己说他的心能自作主，但有人问他说："当你睡眠到无梦时，你也能作主吗？"他就默然了。这就是不觉第七识执第八识的缘故，但此不但稍用点功的不易觉察，就是二乘也不承认，所以无著菩萨造的《摄大乘论》中有六种理由，来成立第七。最显明的例，如说无想定，因为有第七染污意，所以与灭尽定不同，所以圣者不修此定；若无第七，那么无想灭尽就没有分别了。又有五同法，可比知有第七，因为前五识都有所依根，所以可比知第六意识也有第七为所依根，如果没有第七，那么第六就没有所依根了，第六既没有所依根，前五也不当有所依根，五同法就不能成立了。由以上所说的，可见第七最不容易觉知，但又不能拨无第七，所以从我爱执藏上说，也是甚深难知不可穷。"渊深七浪境为风"这一句，是一种譬喻。第八名本识，如渊深的海；前七名转识，如波浪，依海而得起。但这七种转识，都有境为增上缘，才得生起；如海上有风，才能起波浪似的。虽前七都以境为增上缘，不过在前五识最重要，是必须不可少的，因为前五识离境就不能发识；在第六识还可由识分别，妄现的境也可发识；第七缘第八见分为境，境也常有，而不须别借他境才生。所以最不可离的就是前五识。"受熏持种根身器"是明阿赖耶识受熏持种的功能。因为阿赖耶识是无记性，所以受前七转识染净熏习，既被熏以后，就将染净种子执持不舍。如室中燃香，香的自体虽尽，而香气还留在室中，所以阿赖耶识受前七转识熏后，所成的习气种子，也含藏在阿赖耶识中，执持不舍，持内根身外器界，这都是阿赖耶识所变所缘的，所以这识的相分有三种：一、一切种。就是受前七熏习，所成的种子。二、器界。就是所变的相分。三、根身。就是五根的身体，身是总，眼等四根是别。这根身是阿赖耶识的执受，因为根身就是五根诸法和合的总聚，这总聚为阿赖耶摄持依止为自体，能生觉受，触受境界，于是根身与阿赖耶识就成了同安乐共患难了。如人穿一件极难脱下的衣服，同身体都和成一体了，于是被人损害这件衣服时，自体也同感觉痛苦，抚摩衣服时，自体也觉到快乐。又阿赖耶受熏持种的理，也可以比知，如我们在前几十年的事，到现在一想，还历历在目，这虽由第六意识记忆的功能，但还是因为第八能持种不失的关系。这还不明显，再明显的，就是有时虽未经明了的意识记忆，只要前五识与五俱意识现行，阿赖耶识就受了熏了而持为种，所以有时在梦中境，是平常曾未经过的，第六识也不曾记忆的，这就是由阿赖耶识持种不失的功能所现。若这一期业报已尽，阿赖耶识对根身不持为自体时，这就名死；若最初受胎的一刹那，就名生。在人死时，全体都冷尽，但有一处暖气最后舍，在那时前六识都没有功能了，只有阿赖耶识还没有离去，要这暖气完全没有了，这才名死人。受生时最先成胎的，成立第一刹那生命的，也是阿赖耶识，然后前六的功能才随之生起，所以阿赖耶识是一切有情一期生死的主人翁，所以说："去后来先作主公。"虽是主人翁，却不能执以为我，因为他虽是相续不断的而实是刹那生灭而无常的，而且是随业流转而无力的。

以上将杂染第八两颂讲完了。以下明杂染第七两颂。

带质有覆通情本　随缘执我量为非　八大遍行别境慧　贪痴我见慢相随

“带质”就是带质境。第七缘第八见分为我，是真带质境。因为所缘所执的我，虽不是第八见分的真相，却是自识托第八见分为本质而变起的妄相，所以“我相”是由第八见分同自识两方面的关系变起的。现在以很明显的譬喻说明。第七识如病目，第八见分如灯光；由病目对灯光，才见有五色光轮，这光轮喻如我相。但光轮不是灯光的真相，是病目才见的，却又不离灯光而有的。所以五色光轮是病目同灯光两方面的关系幻现的。我相也是同样的理由。为要使人们看著更明了，所以再作表如下：

	（灯光）	（五色光轮）	（病目）
第八识——→	见——→	我←——	第七识
	本质境	带质境	能变识

第六识也有真带质境，但是不明显，只有第七最明显。故在此说明。“有覆”就是有覆无记性。第七识只一味的执第八见分为我，不分别六尘境界。亦不对他有情发生交涉，没有显然的善不善，但由他念念执我的关系，可影响前六我不净，所以本性虽是无记，而有我执的覆蔽，就成了有覆无记性了。“通情本”就是说第七的带质境，通于情本。“情”就是能变识——第七。“本”就是本质境——第八见分。由能变的情识，托第八见分的本质，而现有带质的我相。有说通情本，是说的第七执我，通于三界有情生死之本。但是正确的解释，还是前例的。“随缘执我”就是说第七随所缘的第八识，而执为我，第八若生在欲界，就随生在欲界，执第八见分为我；生色无色界，也是一样。在三量中，第七属于非量。因为第七不了第八真相，所以不是现量；不能推理，所以不是比量；只一味的由自识托第八见分变起的我相而执为我，所以说：“量为非。”第七识相应的心所有十八，就是八大随烦恼，遍行五，别境中只与慧心

所相应，根本烦恼中与我贪、我痴、我见、我慢相应。颂中的“我”字通于贪、痴、慢三种。痴就是恒行不共无明，又名根本无明。由第七与根本无明相应，所以不明第八真相，而生“我见”，就执为我。这我见所由起的不明，就是“我痴”。由执为我，于是爱著不舍，所以随第八生在何界何趣，都不舍离，就是自杀者，也是为爱我，这就是“我爱”。因为爱我，无形中就要使我架于一切人之上，由尊重我，所以只见我是最胜最上的，这就是“我慢”。在第七执我的功能，最不容易断，也无法可断，只有从第六识用功，使智慧训练至强锐有力，然后才能对治，渐渐断除，从第七本身，在凡夫位，是无法对治的。

恒审思量我相随　有情日夜镇昏迷　四惑八大相应起　六转呼为染净依

第七识，梵语名“末那”，译为“意”，就是“恒审思量”的意义。“恒”是恒时不断。“审”是决定不惑。“思量”是遍行中的思，同别境中的慧，和合而成的。第八恒而不审；第六审而不恒；前五不恒不审；只有第七末那恒时审决思量于我相，相随不离。虽是很简单的，只一味的执我，但影响于有情甚大，令有情日夜永久在昏迷中。“日夜”也可说是生死。“镇”就是永久义。“四惑”就是我贪、我痴、我见、我慢。“八大”就是惛沉、掉举等，八大随烦恼。因为第七与四惑八大相应而起，所以前六转识虽修善法，但由第七执我的关系，也成了有漏善；第七若转成清净，前六所作善法，也就成无漏了。因为前六转识，依第七而成染净，所以说：“六转呼为染净依。”

以上将杂染第七识两颂讲完了。到这里才明了社会的不平，人心的不良，根本原因就是由第七作祟。明了这个理，可见思想简单的唯物主义，以为衣食住平均，就能解决人生痛苦，使天下太平，这是不明人生真相的。要知道人的求衣食丰裕，只是我贪的一部分发展，这只是资生之物。第七执我不是这样单纯的，还有人为求精神快乐，舍弃物质享用，并且连肉身也可不要的，如印度的投崖，拔发等外道；还有我慢炽盛的人。由我慢影响前六的作为，处处要光荣体面，架人之上，不肯受人压制，所以有人虽以多少金钱运动他，却不能使他屈服的。可见只求衣食住平均，以为就能解决人生痛苦的，依佛法看起来，实在觉得他们无知，同时又感觉到他们可怜。到这里顺转杂染分八颂都讲完了，宇宙人生的真相也知道了。以后再说到逆转清净分。

此中八识的顺转逆转，都是就凡夫的心理而说。"顺转"就是顺于凡夫平时转向外境的心而说；"逆转"就是将凡夫平常的心转向内识而证清净。怎样能转向清净呢？要先从第六识用功，将自识转成无漏智；进一步就转第七识，将第七所有的障隔打通；然后再由第六第七合力，转第八识；第八既转向清净，前五是最无力的，于是也随转成清净了。所以逆转清净分的次序，第一颂明第六识，第二颂明第七识，第三颂明第八识，第四颂明前五识。今先明第六识颂。

发起切心欢喜地　俱生犹自现缠眠

地前有资粮位，加行位。"资粮"是对佛果说的。如人行远路，要带着资粮。我们从凡夫位到佛果，也要广集资粮，集资粮就是修福慧，修福慧就是修六度行。修布施，持戒，忍辱三度是集福；般若，是修慧；精进，禅定，通于福智。在这资粮位，共有三十心，就是十住，十行，十回向。《华严经》中说十住以前，还有十信。在十信位，也修六波罗蜜行，但这是意识散位行，如在欲界，由第六意识，听闻正法，由闻法而生慧，就是闻所成慧，这就是六度中的文字般若。由闻法以后，能持戒，这就是思慧，包括六度中的布施，持戒，忍辱，精进。（因为戒的广义，不惟是佛制的戒条，才名戒的，就是对于佛说的法，在起心用事时，都要观察合不合佛所说的，观察应作不应作，所以戒法的范围很广，能包括四度。但后因有人不如法行，佛才为这类众生，制定戒律，作他们行为的标准。）由思维而如法修行，由修行纯熟而得禅定，这与定相应的慧，就名修所成慧，由定力成就，于是出生种种不可思议事，能转现业报，能超欲界境；不过佛法不重在定，重在由定所生慧，由慧才能断惑证真，这就是六度中的禅定、般若两度。由修六度，而使信心成就，证入初发心住，因为到这位"胜解修行力"才现前，才能发深固不退的菩提心，所以名发心住。以后只有进无退，得安住于佛法中了，到这位就名贤位菩萨了，所以这是由凡夫入圣的关键，是最难入的，然后由初住到十住，十行，十回向，都修六度，广集福慧资粮，但有浅深不同就是了。但这三贤位的菩萨，还没有起"立证真如法性的决心"，到暖，顶，忍，世第一，四加行位，才加功进行，常在定中，一心求证真如法性，不证不起，然后由定力发生证真如的慧。（若没有以前的三十心，而求证真如，那就只能证小乘生空果，只能证真如空性，而不成不空妙德。）慧将生起时，名暖位，如日光将出时，先有暖相现。慧已生起，名顶位，如日光已出到山顶，能光明朗照了。第三是忍位。就是由定慧能忍可，这位有上中下三品忍，到上品忍而进入最后一刹那的世第一位，就是在世间是最为第一的。以上所说的修行的位次，都是有漏第六意识的用功力，但有散位定位的分别就是了；前五识虽也能帮助用功，但是无甚力量，第八完全不相关，第七不但不帮助，反为第六修行的障碍。经世第一一刹那，入真见道，由真见道，入相见道，这才登初地，这时第六第七就转成无漏了。颂中所说的“欢喜地”，就是初地。因为在地前，用有漏第六识修行，有漏闻思修慧，渐伏分别所起二障。入初地时，才将无始本有的无漏清净种，生起现行，顿断分别所起二障种子，到这时一向求证的真如也证到了，第六识也转成了妙观察智了，得未曾有，生大法喜，所以名欢喜地。在杂染位上，八识各有相应心所的多寡不一，到清净位上，都与二十一心所相应。在染位，识是心王，到了清净位，五别境中的慧心所就转成智了，智就是心王，智相应的识与其余的五遍行，四别境，善十一，都随智转。颂中所说的“初心”，就是入初地的心，因为十地中，都有入住出二心，人心也名初心。在初地，第六识虽转成妙观察智，但俱生所起二障，还没断尽，只断了一分异生障，可不堕恶趣了，所余的二障，有时现行缠绕意识，有时或眠伏不起现行，但并没断，遇缘还要生起现行的。所以从初地到七地，都不能算纯无漏。

远行地后纯无漏　观察圆明照大千

“远行地”就是第七地。到第七地以后，第六识的俱生现行二障，完全不现行了，因为入二空观，证真如法性的慧，相应不断的现起，没机会使二障现行，所以说：“纯无漏。”从初地到七地，是下品妙观察智，七地以上，是中品妙观察智，到佛果就成了上品妙观察智，圆满明净，双观真俗二谛，普遍朗照大千世界。

上将第六识颂讲了。以下明第七识颂。

极喜初心平等性　无功用行我恒摧

“极喜”就是初地。第七识无始妄执我法，直到初地，第六意识转成无漏清净智，此强有力的智，才将第七识转成平等性智了，不但不执第八见分为我，反能遍观一切法平等性；但由俱生二障种子没断，所以有时还执我，直到第八地，证真如智已能不加功用而任运现起，于是第七执我的我执，就恒被第六无功用行将他摧灭了。所以到第八地，第七才没有了我爱执，才舍了第八识。

如来现起他受用　十地菩萨所被机

如来有法性，受用，变化三身。受用身，又分自受用身，他受用身。自受用身是佛自证境界，第十地菩萨，都不能见的。为要使初地至十地的菩萨，也受用法乐，被十地菩萨的机，所以又现他受用身，为初地菩萨所现的佛，是以百莲花为佛座的佛，为第二地菩萨所现的佛，是以千莲花为座的佛，乃至为十地菩萨，各现他受用身，这都是平等性智的功用。

以上将第七识颂讲完了。以下再明第八识颂。

不动地前才舍藏　金刚道后异熟空　大圆无垢同时发　普照十方尘刹中

第八识也名阿赖耶识，就是藏识。因为这识被第七识执为我，所以名藏。将到不动地前我执永伏，才舍了这个名字。“异熟”就是异熟识；又名业报识，因为这识就是受善不善业所感的报体。凡受业报，就有分剂，到金刚道后，就不受业报支配，就无分限，无边际了，所以说：“异熟空。”“无垢”就是无垢识。因为此识不再受熏，一切有漏杂染种子永断，所以名无垢识。“大圆”就是大圆镜智，因为只与清净善无漏慧相应，所以名大圆镜智。到佛果位，第八转成大圆镜智，无垢净识同时发，普照尽虚空，遍法界；一切因果，实事真理，无不朗照于大圆镜中，所以说：“普照十方尘刹中。”

以上将第八识颂讲完了。以下明前五识颂。

变相观空惟后得　果中犹自不诠真　圆明初发成无漏　三类分身息苦轮

前五识转为成所作事智以后，也能观生空法空所显真如，但不能亲证真如，只能于自识变起真如相分，而观生空法空。因为不能亲证真如，所以没有根本智，只是后得智摄。前五就是到佛果位，也不能证真如，所以说："果中犹自不诠真。"圆明初发成无漏二句，就是说大圆镜智无垢净识同时发的时候，那时所持的五根，就成无漏五根了，由无漏五根，所发的识，也成了无漏，于是前五转为成所作事智，有三类化身，就是胜应身，劣应身，随类应化身。为初住以上的菩萨所现的身，名胜应身，有大威德，相好庄严。为凡夫二乘所现的身，名劣应身，如丈六金身的释迦牟尼佛。随种种类所现的身，名随类应化身，如人见佛为人类，鬼见佛为鬼类。由三类化身，拔济众生，息众生的生死苦轮。

以上已将八识规矩颂大概的讲了一遍，现在还要附带申明几句。在玄奘法师以前的古德，讲唯识都是直从第八讲起的。玄奘法师为要按照八识的次第，定为规矩，所以变更次序，先从前五识讲起。在这次所讲的次序，又稍变更一下，是从顺转和逆转讲的，但并不是无意义的变更，这在前面已略提出理由的，不过现在选要将顺转逆转总起来说一遍。先就凡夫的心理，为他说明无始以来的杂染弊病，使他知道病源，既找着了病源，在一般有大愿大志的，不满足这有漏杂染的凡夫法，要求解脱安乐，并且不只是为自了，还要使一切有情都得到究竟，所以才又说到以后的逆转清净分。我们要是不满足现实的人生，要趣入佛果，现在就可从第六识寻伺心的闻思慧下手用功，修集福慧资粮，行四摄六度，成就信心，希望入初住。但这在凡夫位，也是很不容易的，因为在这时，俱生的分别的二障习气很浓厚，单靠自力不容易对治，所以要信三宝力，发弘誓愿，由信愿力，修四摄六度，成就与闻思修慧相应的信心，然后得入初发心住。既入初住,就是贤位菩萨了,既入了贤位,那就有进无退,按部就班的,可直趣大乘菩提了。

大乘法苑义林唯识章讲录

太虚大师在世界佛学院演讲　释法舫录

今日讲此唯识章者，此章出大乘法苑义林中。大乘法苑义林，乃唐窥基大师所著。基师为玄奘高足，学德绝伦，著述百部，倡唯识宗学，平生杰作，在此义林。所诠要义，有唯识章，章者犹篇也，此唯识章义林中之一篇也。章中小字，智周法师抉择之记，凡理之未显，难之未释者，智师则记释之，复为抉择，故云抉择记焉。今略不讲。

第一　述意

今独讲此章，不演余章及余经论，何也？略述三义：

一者，近数年来，中国佛法渐有昌明气象，于此气象中所新兴者，要有二派：

一、重实行的密宗派。密宗亦云真言宗，其所宗尚佛菩萨之真言也。中国唐时亦颇盛行，唐以后失传于日本，近年世界交通，学者复由日本传归，谓之东密。又有西藏蒙古之喇嘛传来者，称之藏密，其所学所宗者，同是佛菩萨之三密真言也。

二、重理智的唯识派。唯识宗亦云法相宗，此宗从诸法真理上，说明一切法之建立，为佛法教理之根本学，唐时最盛，厥后渐衰。迨民国来，颇为一般学者所宗尚，故又趋复兴焉。

中国近千年之佛学，虽有多宗学派，然仍不外二派所属：如净土禅宗可摄于实行派中，天台贤首可摄于理智派中。

实行方面，净土禅宗。现虽亦振作精神，力谋大兴，然终弗及密宗之盛。天台贤首之宏扬，虽不乏大德之士，而所兴者，终未逮新兴之唯识宗得势。如表：

佛法	实行方面	净土宗 禅　宗	衰	现状
		密　宗	盛	
	理智方面	天台宗 贤首宗	衰	
		法相唯识宗	盛	

总观二者，虽各有差别，其实互相显发，无所偏党也。要知佛法重实行，尤重理解，故凡真实行者，宜依教明理而起正行，始得正轨。否则易入邪途魔境矣。

又真实学者。达教明理之后，宜起观行，不著知解，求证真实得大受用。否则难脱数宝之讥耳。

即观唯密二派，行者学者，近有遍执，故讲此章，使行者解教达理，学者明理起行，双关两要尤契机宜矣。

此章所明之教理行果；乃唯识之教，唯识之理，唯识之行，唯识之果。即依此教之理，彻底观察吾人之身心世界，谓观察身心三业善恶等，世界微尘惑业等，于理于事明了之后，如何取舍而起于行，是谓之大乘菩萨行。如是观行，以智慧为先导，如行路然，由此大智慧灯导之前进，必安抵目的地，所谓证大果也。

二者，佛法来汉之后，中国古德，竭智力以详究，尽形寿而实行，凡立宗派，多为综合之学。此唯识章，既属中国大德所著，非传译来，故此章亦具综合之性质。

佛法自释尊示寂后，在印度即分大小乘，小乘有二十余派，无综合性。大乘三派：一曰法性般若宗，二曰法相唯识宗，三曰法界真净宗。此三派玄奘在印度著会宗论，作综合之研究。故中国古德，研究佛法，多为综合汇通之作，基师此章，即唯识宗之综合各宗汇通他派之大著。如云：

摄一切法，归无为之主，故言一切法皆如也。摄法归有为之主，故言诸法皆唯识。摄法归简择之主，故言一切皆般若。

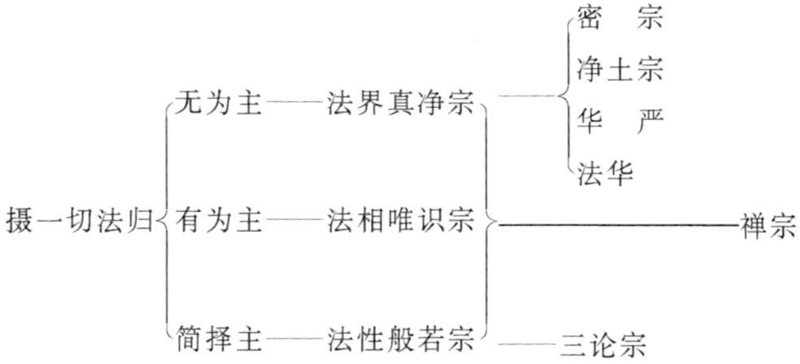

此能摄虽有三主差别，其实皆总明佛法，且所摄皆一切法也。近来宏扬唯识者，犹有偏蔽，多不能遍摄互融一切佛法。故特讲此章，以救宏此宗者之流弊焉。

三者，唯识章中，广明教理，而尤注重明唯识行。佛法之在中国，信仰修行者甚众，求其明白教理者则鲜。倘不明教理而起修行，虽能种善根，而终不免二弊：一者，被世讥为迷信，二者，令自心不稳当。迷信固近来佛教前途之大障，凡信仰佛法者。急宜破之。除此障讥，非明教理不可，今讲此教，意亦在兹。不稳当者，信者本自无教理之观察，自心对于佛法不能坚切信仰，或盲从，或附合，人言亦言，人信亦信，自无正观，终必退堕，而使信佛者少。甚或闻说起行，不起抉择，以盲引盲，招魔附鬼，益障圣教；故修行中尤重教理。唯识之明行也，与他宗不同，非先多闻圣教，彻观真理之后，不能起正观行。不同净土等宗，不明教理，亦可修行。因净土等不明教理修行，真实佛法，渐趋衰象；何以故？教理为佛学之根本，不明教理，故失佛之根本教义，教义不明，内迷外惑，社会之中即生种种障碍诽谤，讲唯识章，意明真实佛教，释外谤也。既以正见轨行，亦以正论息谤也。

第二　解释本文

甲（一）释题目

唯识章

章者犹篇，如前已释。唯识二字，后文详释，今姑不讲。

甲（二）解本文

乙（一）十门总标

十门分别	一　出　　体	明唯识境
	二　辨　　名	
	三　离合会释	
	四　何识为观	明唯识行
	五　显类差别	
	六　修证位次	
	七　观法何性	
	八　诸地依起	
	九　断诸障染	
	十　摄归二空	明唯识果

唯识义章略以十门辨释：一出体，二辨名，三离合会释，四何识为观，五显类差别，六修证位次，七观法何性，八诸地依起，九断诸障染，十归摄二空。

此段正显解题大纲，略有十门，十门分别，摄境行果。谓前三门明唯识境，次六门明唯识行，后一门明唯识果。如表（见上页）。

问：十门之中，第一出体，双出能所观体，所观属境则可，能观应属于行，云何亦属境耶？答：文虽双出二体，明能所观，而正所明在所观境边，不在能观行边，能观法亦为五蕴中之法，此法仍属所观之境。故仍摄境中也。

问：次有六段，亦兼明境，云何判为行耶？答：明行胜故，正显行故。所以立行。

问：云何二空？果复何义？答：二空者，生空法空。生空者谓有情众生。法空谓宇宙万有。此万有空，故云法空。所言果者，二空非果，二空所显菩提涅槃，是谓之果。所显义者，一切有情无始以来，执生我故，生诸烦恼，障大涅槃；证会众缘和合，生本空寂，则所显者谓大涅槃。复由遍计诸法分别执为实故，障所应知诸真实境，若达法性真空，依他幻有，则能显者即大菩提。故由二空，显二大果。

乙（二）随标别释

第一释出体门　　分二：丙（一）标释二体。分二：丁（一）标列。

第一出体者，此有二种：一所观体，二能观体。

第一出体者标也。此有二种：一所观体，二能观体，列也。

所谓出体，出谓标示，体即是义，看经阅论，不宜执名取义，当观前后文义，依义定名，此中出体之体，与天台五重玄义“名体宗用教”之体不同义，天台之所谓体者，指一切法之真实性义；如云真如实际空性等，是普遍体。此中言体，指一一法各有自体，不相混合，如火以热为自体，水以湿为自体等；此中出之自体，即出能观唯识，及所观唯识之自体。所观亦云被观察者，能观即是能观察者。

丁（二）分释：一、戊（一）先所观体。二、己（一）通观诸法。

所观唯识，以一切法而为自体，通观有无为唯识故。

问：所观察之唯识，以何为体耶？答：以一切法而为自体。一切法者，略有二种：一有为法，二无为法。此二种法，总摄宇宙万有一切法尽。云何有为法义？谓即此法众缘所成，生灭变易是也。云何无为法？谓非因缘生，无生灭变易是也。此以有为无为一切法，与《辨中边论》所明相同，有为即俗谛，无为即真谛，而与《对法论》以三性摄一切法，则不相同。如表：

辨中边论等——一切法｛有为法——俗谛——依他起；无为法——真谛——圆成实｝——有法

遍计执——无法

（有法、无法）——对法论等

诸法缘生，依他起性，本无实我实性。妄执实有，遍计执也。如吾人身体，本来是四大五蕴因缘而成，无有自我，而一般人不达此理，妄想执为有一自我，此即离开体相用之物质事实与感情理智等外，别执有一自我，其实此“自我”相如“兔角”耳。

又如他教之执有造物主，此造物主，能造天地万有，如印度之执大自在天也，耶回之执上帝也，此等造物主，非有为非无为，乃虚妄执之假想，世间俗人不明此故，复为立种种名，以为说明，此皆离于事实真理，而绝对没有者，故云无法。此法虽无，妄执是有，故论云："虚妄分别有，于此二都无。"审矣。

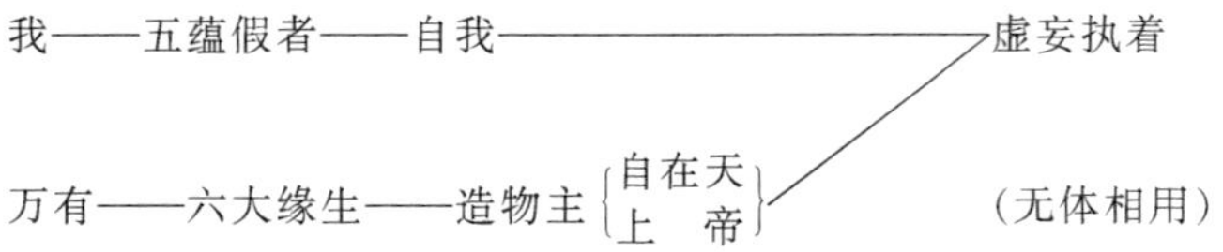

言通观者，遍观察义，谓遍观察此一切法，若有为，若无为，皆唯识现，为所观唯识境故。此观行不同数息不净等观；数息等观，为专取一法之观，非一切法总观也；今者通观，乃大乘中遍观一切法之总观，如诸法实相观。故知此观之体即一切法也。

己(二)别明五重。分二：庚(一)标所观数。

略有五重。

所观法体，广则无量；而略显五重者次第义，言五重者，即从宽至狭，从浅至深，从粗至细之五重唯识观也。

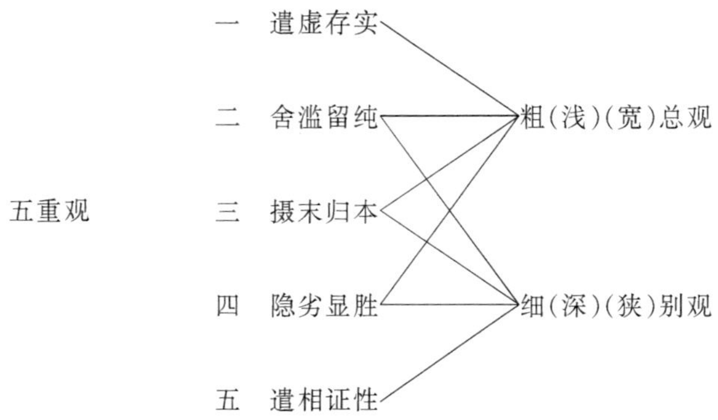

五重妙义，略分总别。总对利智者说，别对钝根者说，有智之上，闻初观即可达空证不空。若钝根者，或滞余执，故须重重别明，如剥芭蕉及至最后归无所得。然此五观教理观行，虽经论本有，而名义与层次，则肇自基师，基师之前，人所未发，故建立者厥属章主。

庚（二）释所标重。分五：一遣虚存实。分四：辛（一）定义。

一遣虚存实识。

此第一明初重观也。识者犹言唯识观也。遣虚者，遣谓排遣，虚谓虚妄，凡不合理离事实之虚妄执，如神我造物主等，皆应排遣净尽。实谓诸法真实自相，圆成实性，依他起性，道理应有，故须存留。

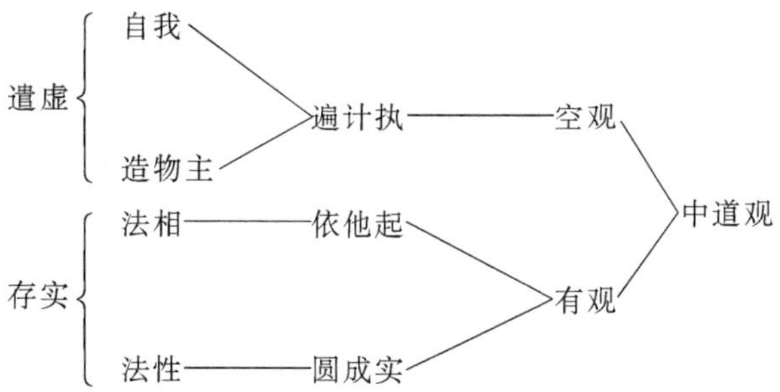

观遍计所执唯虚妄起，都无体用，应正遣空。情有理无故。观依他圆成，诸法体实，二智境界，应正存有。理有情无故。

此显初观定义，即出体也。初五句正明遣虚：凡夫有情遍计执之神我造物主等，皆是龟毛兔角，纯为假想构造，从虚妄起，毫无事实之体相用。此等执计能障正智，于妄情上可说为有，察于事实真理则无，是应正排遣之，令空无有。次五句者，正明存实：凡仗因托缘依他而起之有事实体用者，是后得智所缘俗谛，应正留存；而根本智所缘之圆成实真谛，亦应存有。此之二者，事实真理都有不无，妄情执上，虽是无有，亟应正观存有者也。

（二）引证

无著颂云：名事互为客，其性应寻思。于二亦当推，唯量及唯假。实智观无义，唯有分别三，彼无故此无，是即入三性。

引证有二。此即第一引《摄大乘论》证。此论为佛灭后九百余年，印度无著菩萨所造解释《大乘阿毗达摩经》中之摄大乘品也。本论三卷，释论有世亲无著二种，均有译本。梵语阿僧佉，此云无著。谓于一切法无所执著。颂者，梵文文法，字句有定，或三四五六七字为句，四句一颂，犹中国之诗也。

引颂有二，论句有八。欲解此颂，先明四观四智。四观者一名寻思观，二事寻思观，三自性寻思观，四差别寻思观。

云何名寻思观？寻谓寻求，思曰思维，于事于理，先为寻求，次则如理思维，彻底观察，故云寻思。于一切法"名"上。寻求思维，曰名寻思观。

云何事寻思观？事谓宇宙万有因缘所成，有体相用，事实物件现前可得。于此寻思，名事寻思观。

云何自性寻思观？自性者，谓即诸法，或名或事，所有定义，于此寻思，名自性寻思观。

云何差别寻思观？差别者，谓即诸法，或名或事。所有互相差别义理，于此寻思，名差别寻思观。如表：

四寻思观
- 名寻思观
- 事寻思观
- 自性寻思观
- 差别寻思观

四如实智者，即前四观，极熟观察所引发之四智。如表：

四如实智
- 名寻思所引如实智
- 事寻思所引如实智
- 自性寻思所引如实智
- 差别寻思所引如实智

颂云：名事互为客，其性应寻思者；明四观中初二观也。名，如此物字曰花瓶，此花瓶名，即指此事。事谓事实，为名所指。互为客者，谓一切法之名或事，可以互为主客，不必此名必指此事，此事必有此名。此即显示名事二者，非是固定永久结合，如此名在此处即指此事，其在他处，名虽相同，而所指非此事，或另指别物也，故名望事不可决定，是为客义。又如此事在他处立此名，其在此处事虽相同，而所立名则非此名，故事望名不可决定，是为客义。如是二者互相为客，非是固定，而是可离，故云名事互为客也。

其性应寻思者：正显名之与事，应当审虑观察。性者名与事之体性，此二体性非是决定结合。应知寻思名唯是名而非事等，事唯是事而非名等。此事有此名，此名指此事者皆是世俗习惯假为安立。故老子云："镇以无名之朴。"其未发见之事物则无名，发见之后，随有情者乐意立名，而无决定，故事离名则为真事，名若离事即为空名，若定执着名事决定不相离者，是失真事，亦坏真理。故云其性应寻思。如表：

应寻思{名唯是名不关事等
　　　{事唯是事不关名等

于二亦当推者：二谓自性，及与差别。推即推求考度，亦曰寻思。前之名事，既已寻思观察，名唯是名，事唯是事，互相为客。今此自性差别，亦应寻思观察。云何观耶？谓即依此名事，假立自性差别，推思自性假立上唯是自性假立，无差别义。差别义上亦应推思差别假立；唯是差别假立，而无自性。如"瓶"，瓶字为名，瓶物为事。瓶自性者，以有质碍之物质为自体，此质碍性可有变化破坏，即差别义，即为瓶之名事上之自性差别，故名事上自性差别皆是假立。

唯量及唯假者:量曰思量,哲学名认识论,佛学谓之分别了知。唯量者犹云唯识,谓唯有认识分别,而无名事自性差别也。假有二种:一随情妄执假,二称理施设假。前者为凡夫对于事实真理不能明白,随其妄情颠倒,执着事物名相,我及我所。此种假相,亟应破除。后者为觉者如理依事,随世间想,为化导人,假为建立名事等等。此固可用,然须达理;否则仍属执着。是故于前四种事上,寻思观察,名事自性差别,都是了知分别之识所变起之假相。换言之,即是八识所变缘之相分而已。事物相分皆从识变,假立名事自性差别,故云唯假。唯量唯假,谓观自性及差别,唯分别与假立也。

唯量	八识能变	名 事 自性 差别	唯假	相分所变

下四句,明四如实智。实智观无义者,由四寻思,如其事实真理,极熟观察引发四智,曰四如实智。既谓现观证验,亦云明心见性。观无义者,达名事等皆无实也。

四如实智,云何观无义耶?谓四如实智,遍观种种名,种种事,种种自性,种种差别,以及一切言论思想分别,皆无实体相用,此即显示唯假义也。唯有分别三者,如实之智分明现观,见假立诸法,唯有分别三。换言之,即唯有三分别也。云何分别及三分别?分别即识,三分别者。谓依名事自性差别,成立二种三分别。此以名事为主,自性差别随名事转,第一名,名自性,名差别。第二事,事自性，事差别。故他论有云六寻思。如表：

名三分别	名	六寻思
	名自性	
	名差别	
事三分别	事	
	事自性	
	事差别	

复云何观唯有三分别耶？谓观名事自性差别，唯有智识分别，都无事实。此即显示无境唯识也。彼无故此无，是即入三性者；初句显示心境俱空，次句显示入三性位。彼者境也，指前名事自性差别。此者分别识也。彼无者，谓彼境既无，缘境之识亦无。由此达到四加行中世第一位最后刹那，证初地果，悟入三性。

四加行者：暖、顶、忍、世第一位。前之二位修四种观，后之二位修四种智。如表：

四加行	暖位	修四寻思观
	顶位	
	忍位	修四如实智
	世第一位	

是即入三性者，依先观智，证入三性，通达名事互为客等，悟入遍计执性空不可得，知诸法唯量及假都无实义，如幻如化。即能悟入依他起性法无自性。次复谛观无境无识，能所双忘，证会真如，悟入圆成实性，真实不虚。

释颂已竟，云何证明遣虚存实耶？此复应知初之二句。明遍计执相，此名事属著虚妄执，寻思观察，排遣净尽，名曰遣虚唯识观。次之四句，明依他起相，缘生诸法，唯量唯假，了知名中无事，事上无名，因缘和合，形形色色，尽是假有，唯识所变。事体是有，应当存有。末之二句，明圆成实相。由前观察，无境有识，进而证照境无识无，心境俱空，离诸言思，由根本智，亲证真如诸法实性，是即悟入圆成实性。自此复起后得无漏智，由后得智。普观诸法，分明了了，如幻如化，如泡如影，空而不空，是谓妙有。此为初地菩萨根本智亲证真如之境事也。如表：

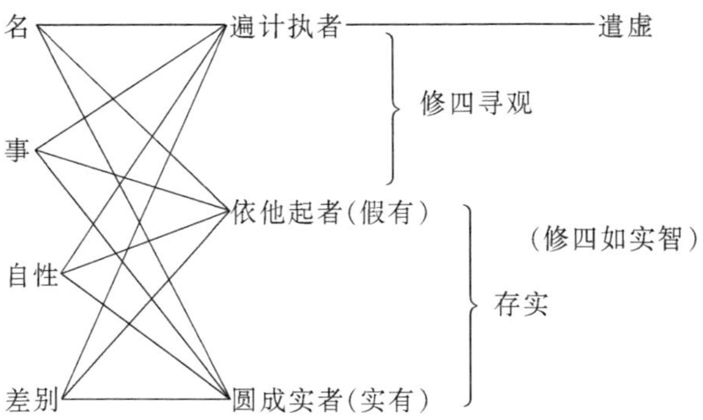

《成唯识》言：识言，总显一切有情，各有八识，六位心所，所变相见分位差别，及彼空理所显真如。识自相故。识相应故。二所变故。三分位故。四实性故。如是诸法。皆不离识，总立识名。唯言，但遮愚夫所执，定离诸识，实有色等。

第二：引《成唯识论》证。此论造者有十大师，故不举人名。依文义观，为护法说。释“唯识”二字，初释识字。识言者，谓识之一言也。总显一切有情各有八识者；一切有情者，有知觉感情之动物也。此识言，非指十方无量世界有情共同之一识，乃显十方无量世界有情一一有情各有八识。然事实上或不各具八识，如生盲等有情，三世通计，则各具八识也。六位心所者，八识为心王，依八识起心理作用，谓之心所有法。此有六位五十一种，恐繁故略。（记者按六位者：一遍行位有五，二别境位有五，三善位有十一，四烦恼位有六，五随烦恼位有二十，六不定位有四，共计五十一种。详《百法明门论》。）所变相见者：心及心所，皆是能变，相见二分，是为所变。所变相者，即所观现各见闻知觉等境象。所变见者，即能观视觉等，如眼起用，一面变生所见相分，一面有观此相之见分是也。分位差别者：显心色上假立法也。即能变识与所变相见之三事分位上之不相应假法，如东西之“方”，与一二之“数”等，数理学上之“时空间”，文学上之“名句文”等是也。及彼空理所显真如者，彼谓前此八识，心所相见分位诸法也。此四位法皆缘所生，本性空寂，此空所显，谓之真如，不离前相，别有真如。以故真如亦是唯识。

识自相故等，成立五位，真是唯识。

云何八识皆是识耶？答：是识之自相故。自相者，本相也。

云何六位心所亦是识耶？答：识所有故，识现起时，彼六位法，随顺和合，得现起故。相应者，随顺和合义也。

云何所变相见亦谓识耶？答：相见二分，为八识及六位心所法之所变现故。

云何分位差别之假法，亦谓识耶？答：识及所变相见，既皆是识，依此所假立之分位，岂离识别有哉？

云何空所显示真如实性，亦谓识耶？答：所谓真如实性，非离前四位法别有真如实性可得，谓真如性即是诸法自体性故。此真如，性不离前有，故亦是识。

如是等五位诸法，总摄万有，皆非离识别有自性，是故总立识之一名。

唯言者，此下释唯字者。所谓唯之一言，遮也。所遮何等？谓即愚夫所执定离诸识实有色等一切诸法。愚夫者谁？二乘，及凡外，聪慧不达诸法唯识所现，皆是愚夫。

愚夫{世聪凡外
二乘愚法}色等{我
法}执着

如是唯识，云何成立遣虚存实？彼愚夫等，由虚妄心，周遍颠倒，定执离识，实有我法种种差别，说此唯识，唯言即遮彼等此遍计执，是谓遣虚 。识言即显我法识变，因缘假有事实如此依他而起，及彼假有空性真理，圆成实性，是二于事及理皆正有故，是谓存实。

唯识{唯——遮——遍计执——遣虚
识{非有妙有——依他起
真空不空——圆成实}——存实}遣虚存实识

如是等文，诚证非一。

此结证也。谓今略引二论，证明应遣虚妄，正存实有。若广引示，如是等文，诚证非一。

(三)广释

由无始来，执我法为有，拨事理为空。

此下第三广释明此观者，文亦有二：由无始来，至性离言故者，初正释明也。说要观空，至亦应除遣者，第二释妨难也。今初。

由无始来，执我法为有，拨事理为空者：显诸有情无始以来，颠倒执着。无始来者，谓一切有情从无始来，各有八识及六位心所，所变相见等。如是诸法，唯识所变，刹那生灭，无始无终，不同他说有始有终。彼云何说？欧美学术唯物论者，计执原子创生天地一切人物。彼谓天地万有未起之时，由诸原子为本质故。唯我论者：执精神自我为万有本。彼谓宇宙一切生物，未现起位，皆有神我为创造主，耶回宗教计执上帝为万物父，彼谓宇宙由彼造故。中国学术，儒道阴阳之家，多执太极为万物本，彼谓两仪未分，阴阳混沌之际，是曰太极。又曰太极生两仪，两仪生四象，四象生八卦万有等。墨家所执之天鬼，列同耶回。印度学术，异计更多，或执冥性，（冥然无显现之体性）或执有性，或执自在天等。如是等类，皆不应理。云何非理？谓万有法从本以来，自类因缘生灭变迁，非另有主创造令生。若执万有由造物者，始得生起，汝意云何彼造物主待余造否？若不待余，彼即无始，仍成我义，若待余造，彼尚无主，云何能造天地万有？又复待余，成无穷过。又复等同此万有法。何以故？同为他所造故。若定执彼不待余造，此亦不须为彼所造。是故所执皆非道理。

道理云何？谓一切法若生若灭皆无始终，人生宇宙，粗色身相，虽有生死变化段落可见，其实因果钩锁相续，生前无始，生后无终，如水火相，前后生灭，虽现变易，不常不断，心识生灭，亦复刹那活泼泼地迁变不已。

如是当知身心世界动作变化，念念生死，生生死死，死死生生，当体即是无始无终，不待余造而成始终，故云无始。以一切有情八识心所，从无始来生灭变迁，如瀑如流，第八识中本有有漏无漏二类种子，无漏种子诸清净法，为迷惑故不克现起，有漏种子无始无间恒时现起成杂染法，是曰众生。凡夫众生不明事理，颠倒妄想，执我执法为有实体。所执我者，认有主宰，有情命者实体可得，是谓人我执。所执法者：执宇宙万有之法，亦有实体实德业等，是谓法我执。有者定有，谓实体性，一切有情无始以来由迷惑故，定执我法有实体性。故云无始来执我法为有。

拨事理为空者，显迷执之因，及迷执之所以也。人法之我，本来无有，反执为有。依他事实，及彼二空所显圆成真理，二智所证，本来是有，反不证知，拨之为空。察其所以执我法为有者，迷事及理也。然其反拨事理以为空者，以执我及法也。我法全空，妄想颠倒，执而为有，遍计执也。今观唯识，了其虚妄，是故遣之。事之与理：事谓事实，依他幻有。理谓圆成，二空所显，今观唯识，了其真实，是故存之。不达事理如幻真如，即执我法，由执我法为有，即拨事理为空。此定理也。

故此观中：遣者空观，对破有执。存者有观，对遣空执。

前明我法执之有病，及拨事理之空病，病既发生，不得不治之以药。今斯观者，医斯病也，遣者除遣，如药去病。能除遣者，由习空观，故曰遣者空观。所除遣者，是我法有，此执有病，为空所破，故曰对破有执。有执即是虚妄遍计，以本来空，除此虚妄，故曰遣虚。

存者留存，如病去人存。既破有执，众生本空，因不明事理之有，遂执皆空，拨无事理。知留存者：由修有观，故曰存者有观。此观对治拨无事理之空病也。既成空病，应亟观有而对遣之，故曰对遣空执。

习空破有，是空遍计。修有治空，是存依圆。此一往之谈也。克实而论，破有即是空观，虚妄一遣，当下即显事实真理，成中道观。又存有者；即显我法本空，遣空亦明事理本有，契中道观。

今观空有，而遣有空；有空若无，亦无空有。

此二观者，显中道法性之观。所谓有者，凡夫妄执我法之有。所为空者，凡夫拨无事理之空。今以此空有妙观，治彼有空结症。

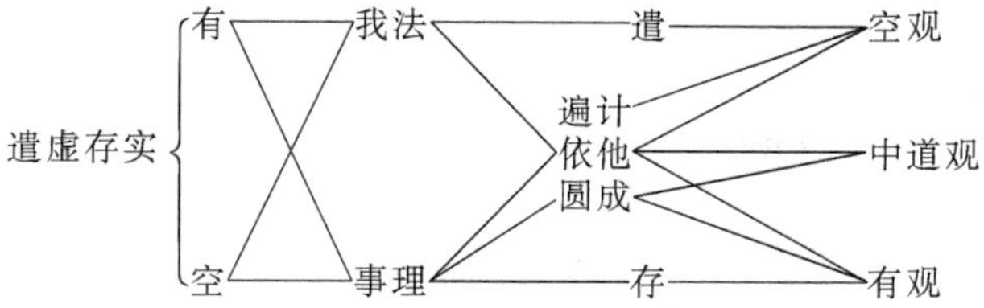

彼执我法之病若除，此空观亦无，若彼拨玩事理之空执一灭，此治空之有观亦息。何以故？我之与法，本无其事，迷事理故，妄执为有，是增益执。依圆事理本来如是，为我法障反拨为无，是损减执。法本如是，何劳增减成边邪耶？为去此病，令不增减，还其本来正智证验，应修中观。是故说此遣虚存实。

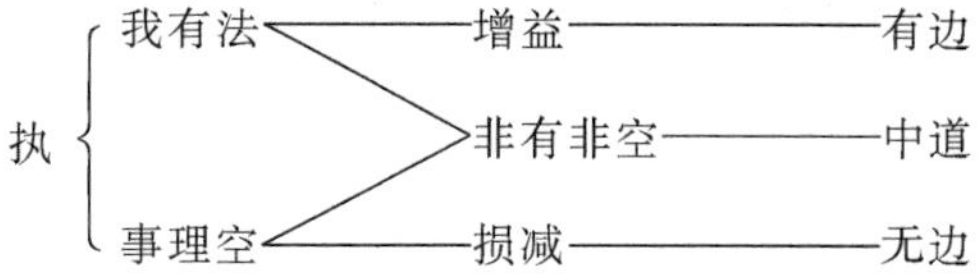

以彼空有，相待观成；纯有纯空，谁之空有？

对有空之执，修空有之观；以观我法之本空，遣拨无事理之顽空，以观事理之妙有，遣妄执我法之假有。又复对彼空执有执，成此有观空观；若无有执空执，亦无空观有观。故曰相待观成也。更深观之：一切法若从本以来纯是有者，不但无此有之义，即此有之名亦无，其治有之空，又复为谁之空？若纯空者，不但无此空之义，即空之名，亦不可得，其治空之有，又复为谁之有耶？

齐此而明圣智事理上之有，对凡夫妄情上之空；凡夫妄情上之空，乃对圣智事理上之有。圣智之我法空，乃对凡夫妄情之我法有；凡夫妄情之我法有，乃对圣智之我法空。故空者谁之空？空凡夫迷情之执有也。有者谁之有？有凡夫迷情之拨空也。换言之：

谁之空耶？凡情所执我法知其空也。谁之有耶？凡情所拨事理，圣智知其有也。

故欲证入离言法性，皆须依此方便而入，非谓有空皆即决定。证真观位，非有非空，法无分别，性离言故。

离言性者：法性体上无有分别本来如是之真实相也，有空之病若无，空有之观亦去，是即有，即空即有，亦是非有非空，非空非有。如是有空空有，双照双寂，方能证入诸法离言自性真如。逮得自觉。然病之未去，药仍须服，是故修习佛法，欲证离言法性，其未证入之先，须依此遣虚存实，有空空有之大方便门，方可入证，契证中道实相本来面目也。

既属方便，原本治病，有病吃药，无病不吃。治彼有空，观此空有，有非定有，空不决空，故曰非谓有空，皆即决定。此言有者：依圆妙有。此说空者：我法本空也。

证真观位者：谓证入真如现观位时，即非空非有，既不是对破空执之有，亦不是对破有执之空。何以故？法上无分别故。以诸法性本来如是，菩萨证真观位，不仅一切言论乌有，即其思想分别亦成子虚。故曰性离言故。

然悟他故后得智起，仍说空有，对破凡夫所执有空，是谓觉他。

说要观空，方证真者：谓要观彼遍计所执，空为门故，入于真性。真体非空。

此下释第二妨难也。初空教难。难云：《般若》等经皆说观一切空，方证真如，云何此处亦观有耶？

经言观空者：谓观凡夫遍计执上执我执法之有，令空遣已，方可证真。此是以观空为门，证入真实；非谓此遍计空即彼真性实相相，以及一切依圆妙有皆非有也。非空之真体，即是圆成实性。非有之妙有即是依他起性。此二真实，其体非空，非如偏计所执我法之空无耳。

此唯识言：既遮所执，若执实有，诸识可唯，既是所执，亦应除遣。

第二释有难也。难云：既尔应定实有唯识之法，不尔唯识空有之观，破彼有空之执。若定于此空有观中执着实有诸识可唯，亦成遍计法执，既是法执，亟应除遣，证入诸法离言自性。

（四）结成

此最初门所观唯识。于一切位思量修证。

此下第四，总结五重观中，此观居首，故云初门。此门所观唯识道理宽广圆满，故云于一切位思量修证。一切位者：从初发心及至成佛所有阶位也。谓初发心位，固宜发心修空有，观遣虚存实。及至等觉亦修此观，遣虚存实。大觉之位，正智现前，亦依此观，证离言性，不动真实。

二舍滥留纯识。

第一重观，如敌总攻。此下四观，细为寻破。滥者境义，纯者指心；谓舍去境之滥，而留心识之纯，亦即对遣前观上法执之病也。

虽观事理，皆不离识，然此内识，有境有心，心起必托内境生故。但识言唯，不言唯境。

此第一明定义也。前观事之与理，不离识有，此识所变，有境有心，即是所变相见心起，必托内境生故。心起者：谓即能观见分之发生，此见分起，必变带识内相分起，见分即托相分而生。

问：识体变似相见二分，即是识体有境有心，既可依心而言唯识，何不依境而说唯境耶？同是识自体所变故。答：心境虽皆识所转变，内境虽可言唯，然此境义，有滥外境，不说唯境。心无此过，故言唯识。是即但从心识言唯，不从境上而说唯言。

识
- 心———内心见分
- 境
  - 内境———依他———相分
  - 外境———我法

《成唯识》言，识唯内有，境亦通外，恐滥外故，但言唯识。又诸愚夫，迷执于境，起烦恼业，生死沉沦，不解观心，勤求出离，哀愍彼故，说唯识言，令自观心，解脱生死。非谓内境，如外都无。由境有滥，舍不称唯，心体既纯，留说唯识。

此下引教证：初引论证唯识留纯。二引经证离境舍滥。初复又二：此第一引《成唯识论》证也。

识唯内有，境亦通外者：谓心是内识所有，其境之一法通于凡小遍计所执实我实法之境，恐此滥外，故舍之。心无斯失，言唯何害？

又诸以下显对病也。谓诸愚夫，由不了达内境，亦是识所转变，遂起执着，有我有法。又复由此起贪等烦恼，及造善恶等业；因有烦恼及业，生死轮回，受诸果报，何期能脱？其所以致此生死者：一面执境固矣，一面亦不知内观于心，不了心境皆是识变，求出离行，故成大祸，生死茫茫。今说唯识，即大悲心怜愍彼等，令观内心不执外境，如幻如化，解脱生死。其实非说内境亦如我法执无所有也。

由境有滥下，章主释成也。言心体者，谓心心所，见分自证分也。

《厚严经》云：心意识所缘，皆非离自性，故我说一切，唯有识无余。《华严》等说：三界唯心。《遗教经》言：是故汝等当好制心，制之一处，无事不办等，皆此门摄。

此下引经，证舍滥义。《厚严经》者，释尊所说，有说即是《密严经》。所说文句与此同故。

心意识者，有云体一，其说三名。依胜而言，心为第八，意即第七，识谓前六。所缘者，所了思维观察境也。谓此八识所缘境，皆不离八识之自体性。故我说者，释尊所说，一切者心意识所缘境相也。唯有识无余者：谓心意识所缘。既即是心意识，故我说此一切相分，法唯有识，（留纯）而无余（舍滥）也。

《华严经》等说三界唯心，引《华严》等经证论云：三界上下法，唯是一心造。又云：若人欲了知，三世一切佛，应观法界性，一切唯心造。三界世间境也，此境即是心之所现，不离心体，故云唯心。

《遗教经》言，至事无不办等，世尊证诸法界，或事与理，皆不离心。故教比丘，当好制心，心若制于一处，则一切事皆成办。语云："事怕有心人。"又云："有志者事竟成。"此言事者境义。有心人者，一心人也。皆此门摄者，谓凡与此等圣言相应之教，皆在此舍滥存纯唯识门中摄。

三摄末归本识。

前观舍滥者：但舍所变相二分中之相分境，不舍见分，以见分即内识故。此观摄末者：末谓相见二分。归本者：本谓心心所之自体分。谓相见二分，依识体有，离识非有。此中言唯识者：独指自体，不指相见。故云摄末归本。

心内所取，境界显然，内能取心，作用亦尔。此见相分，俱依识有，离识自体本，末法必无故。

初出定义。心内所取境界显然，内能取心，作用亦尔者：言心内者，识中也。谓心之现起见分，亦必变似所取境界相分，相分似识如幻，故云显然。内能取心者见分也，既托相分，则能取之见分亦同，显然如牛二角，同时并现。别于境故，谓之作用，能起作用，如彼所取境之显然，故云亦尔。

此见相分，俱依识有者：识谓识体，见相是末，谓此能取见分与所取相分，同依八识，及各心所自体分本，现起相见二分之末。若离其本，末岂能有？如依树之本而有二枝，既离根本，枝末安有？故云离识自体本，末法必无故。

《三十颂》言：由假说我法，有种种相转，彼依识所变，此能变唯三。《成唯识》说：变谓识体似二分，相见俱依自体起故。《解深密》说：诸识所缘，唯识所现。

次引教证。初引《唯识颂》，由假说我法者：谓依识体似见相生，变假托见相，说我法非定实有。有种种相转者：谓依见相，假说有种种我相转生，复有种种法相转生。彼依识所变者：彼谓见相二分，皆依识体之所变现，离识定无。此能变唯三者：显能变识也，唯三者：谓能变之识，略有三种，一、异熟识，二、思量识，三、了别境识。

《成唯识》下解变字义，所谓变者，转似义，既不是本，故曰转。复不异本，故曰似。余文可知。

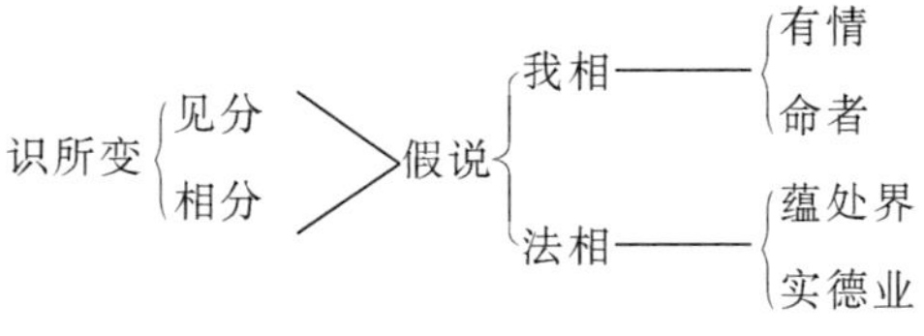

《解深密》说下引经证。诸识所缘者：诸识通指八识。心及心

所，诸心心法，各有自证及相见分，自证能缘见分，见分缘相，故此中云所缘者，指见相分。然此所缘相见，唯识所现也。

摄相见末，归识本故。所说理事真俗观等，皆此门摄。

三章主释成也。理事真俗观者：理即唯识圆成实性，事谓依他缘生诸法，理事观者，应观事之末，摄归理之本也。真俗观者，亦复如是。

四隐劣显胜识。

前观之中末谓相见，本即心心所法自体。此言劣者：谓心所法；胜者心王。谓隐心所法之劣，而显心王法之胜耳。

心及心所，俱能变现，但说唯心，非唯心所，心王体殊胜，心所劣依胜生，隐劣不彰，唯显胜法。

初定义：所谓此隐劣显胜之唯识观，其识范围包心心所，应云唯心心所，何以故？俱能变故，和合起故，同相应故。然此观中言唯识者，识言但标八识心王，非标心所。所以者何？心王之体殊胜心所，心所之体劣于心王，劣依于胜，故隐劣而显胜也。王言喻也，显自在义，国中人王能自在故，八识亦于一切法自在变故。心所虽变不自在故。所必依王而现用故。亦如臣子随王而行。

故慈尊说：许心似二现，如是似贪等，或似于信等，无别染善法。虽心自体能变似彼见相二现，而贪信等体亦各能变似自见相现，以心胜故，说心似二。心所劣故，隐而不说，非不能似。《无垢称》言：心垢故有情垢，心净故有情净等。皆此门摄。

二引教释成也。初分《大乘庄严经论》。慈尊者，弥勒世尊也。许心似二现者：二谓相见二分，谓许心体变似相见现起，此相见见在妄执上有我有法，于心自体上不决定有。其所有者相似而有，非实在有。如是似贪等烦恼心所，此等心所，如是似心而生，或言贪亦有自体似二相见生。信等者：谓善心所，亦如贪起，既同依心似起，则无贪等染法似心起故，亦无别信等善法似心起故。

虽心自体，至非不能似者：释也。谓心虽能似现见相二分，其贪信等心所自体亦能现似相见二分，若尔，云何颂言心似贪信等现，而无别贪信等耶？以心胜故，说心似现相见二分。心所劣故，隐而不说，非是心所不能变似二分现起也。复次，以心胜故，隐心所各现之二分，说贪信等似心现也。

《无垢称》言引经证。梵语维摩诘，古译净名，唐译无垢称。无垢称所说曰《无垢称经》，即《维摩诘经》。

心垢净故有情垢净者，心即心王，有情垢者烦恼心现行。有情净者，清净心现行。心王垢者，贪等相应。心王净者，信等相应。心与贪等相应，故有情垢。心与信等相应，故有情净。等者等取同此义经，凡具如是义者。皆此摄末归本唯识观门摄。

五遣相证性识。

证性者：性谓唯识真如实性，亦曰圆成真实理性。证此理性，由根本无分别智，圆明觉照法性真理，如如不动故无分别。遣相者：相谓依他起相，因缘生法，所谓八识自体六位心所所变相见分位差别，皆是相摄。此言遣者，与前初观遣虚不同，虚谓我法二执，遣谓除灭，此中遣相者：谓证真位时，依他起性识等诸法相待有者，均泯之令无分别，故曰遣唯识相，证唯识相，遣依他相，证圆成性。此依他唯识之相，在证圆成唯识性时不现分别对待。证入之后，起后得智仍现清净依他相见二分，说空有法，遣我法执。

识言所表，具有理事；事为相用，遣而不取。理为性体，应求作证。

初明定义也。所谓识言，表有事理，事则依他缘生，有相有用；

既有相用，则有分别；有分别故，即有对待杂乱，故遣而不取。理者诸法实性，常住无变，亦无分别，故应作证。一切诸法，性虽离言，若不遣息一切分别心相，终不能证如是真理，故修遣相证性唯识妙观。

《胜鬘经》说，自性清净心，《摄论》颂言：于绳起蛇觉，见绳了义无，证见彼分时，知如蛇智乱。

第二引证也。初引胜鬘经自性清净心者：以唯识义说，即心之自性清净也。心即八识心王，此八识心本性，即真如理。以众生之心以真如为性，曰真如心。“染而不染，不可思议。”即显众生虽染，真如体性自在清净。

《摄论》颂云：引《摄大乘论》证，月夜观绳则起蛇觉，喻凡夫人无智慧力，不达唯识似二分转，起我法执，故云于绳起蛇觉。见绳了无义者：至分明位，见真是绳，则蛇相之妄觉无有 。喻达唯识所变，达无我法也，证见彼分时，知如蛇智乱者：喻遣相证性义也。彼者谓绳，分者成分，彼绳成分是麻非余，若证见彼绳是麻分所成者，则又知见绳之智觉亦如见蛇之觉皆非真实，分别智故，谓之乱智。

此中所说，起绳觉时遣于蛇觉，喻观依他遣所执觉。见绳众分遣于绳觉，喻见圆成遣依他觉。此意即显所遣二觉，皆依他起。断此染故，所执实蛇实绳我法，不复当情。非于依他以称遣故，皆互除遣。蛇由妄起，体用俱无，绳藉麻生，非无假用。麻譬真理，绳喻依他，知绳麻之体用，蛇情自灭，蛇情灭故，蛇不当情，名遣所执。非如依他，须圣道断，故渐入真，达蛇空而悟绳分。证真观位，照真理而彰俗事，理事既彰，我法便息。此即一重所观体也。

二章主释成也。此中所说下以喻成法也。蛇喻遍计所执，绳喻依他起性，绳之众分喻圆成实。了依他则无遍计，若证圆成即冥依他，此意即显所遣二觉，皆依他起。二觉者：缘蛇绳之二心，此二心起皆依他故，蛇觉既喻遍计所执。云何依他起？谓彼所执实我实法是无所有遍计所执，其能执实我实法之不正见，仍是依他，故云皆依他起。

断此染故，至不复当情：若断染污不正见及其相应法后，则所执实我实法，随亦消除。此须分别者，遍计执上所执实我，是本来无，喻绳上蛇。所执实法，乃众缘合之假法，不了缘生执为实有，则成法执。若能了知众缘生法，则知实法不真，如见麻分则舍绳智，故曰不复当情。

非于依他以称遣故皆互除遣者：前虽有言亦遣依他，遣依他上遍计实法，若知诸法从识而生，是虚妄假，则不须遣。蛇由妄起，体用俱无者：谓凡情上遍计我法，此我法者无体无用。绳借麻生，非无假用者：谓所执实我，无体无用。其缘生法离假有用，如绳虽假有，然有假用。如是当知麻譬圆成真理，绳喻依他从缘生故。悟缘生故，知绳之假相体用依麻分，有绳尚非有，蛇觉自灭，喻凡夫执我法，虚妄都无实体，遣虚存实，其体如是。蛇情灭者，正智现前，证无分别，诸法离言，名遣所执。

非如依他须圣道断，故渐入真，达蛇空而悟绳者：谓于四加行位修四寻思观引发四如实智，闻思修渐入真位，即是通达遍计法空，而悟依圆法有。修四加行世第一位，入地真观位者，真见道位，即是初地，由根本智明照诸法真如理体，故曰照真理。复起清净依他起后得智，观世间事，故云彰俗事。由理彰故法我执息，由事彰故人我执息，此意亦是遣虚存实。故云即第一重观体也。

上来五重唯识观，彰所观唯识竟。然此五重遣存，舍留，摄归，隐显，遣证遮表宽狭，互相非同。如表：

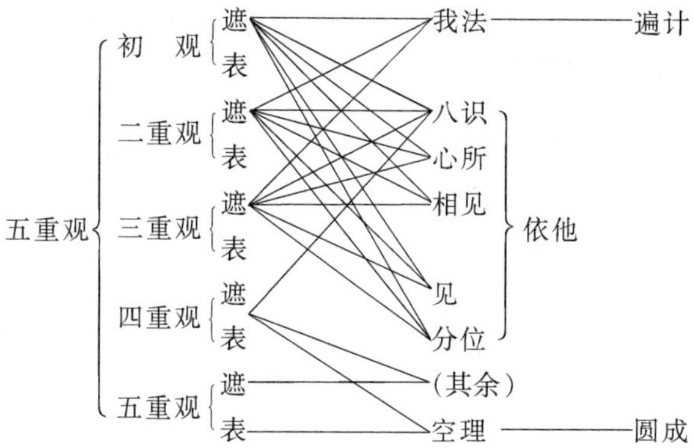

如是五重观,表则后后狭于前前,遮则前前狭于后后。

二出能观体

能观唯识,以别境慧,而为自体者。

初正出体,二辨异解。此正出体,谓能观唯识之观,以五别境心所中之慧心所为体,因中此慧属意识相应者。

《摄大乘》第六说:为何义故入唯识性?由缘总法,出世止观智故。无性解云:由三摩呬多无颠倒智故。

引证也。问:由何义故证入唯识实性耶?答:由缘一切法真如之出世止观智慧,证唯识性总法,故云一切法之真如平等性也。三摩呬多,此云等引,等即是定,引谓引生,由定引生,故云等引。无颠倒智者,出世正智。谓此出世正智,由定中引发也。

或有解言:能观唯识,通以止观而为自性。

二辨异解:一总辨,二别显。此总辨也。出古师异解,谓能观唯识,不但以慧为体,亦止为体,止与观慧得相应故。

此亦不然:若取相应,四蕴为体。若兼眷属,即通五蕴。

破也。能观唯识，若取以相应义者，则既不但与定相应，亦受想行识四蕴相应，亦应以四蕴为体。若再就相应法之眷属明，亦通色蕴，如对观时，根为所依，如是则一切法皆可相应。

今且依名，观体为慧。

正名释体，谓唯识观之自体，以观慧为体。

无性又云：唯识现观智故。又云：由三摩呬多无颠倒智，但举定中所起之智，以为观体，作寻思等胜唯识观，必居定故。不言即以止为观体。

唯识现观智故者：观唯识实性，即以现观正观为体。

但举定中所起之智以为观体者：谓非由定及慧皆为观体，所言观体，乃指定中所起之智为体，以四加行修寻思等殊胜观时，必定在定故，非以止为观体。

《摄论》又云：由四寻思四如实智，如是皆同不可得故，以诸菩萨如是如实为入唯识，勤修加行，即于似文似义意言，推求文名唯是意言，乃至广说，瑜伽对法等。寻思如实智，皆慧为体。寻思唯有漏，如实智通无漏。《摄大乘》云：入所智相者，谓多闻熏习所依。非阿赖耶识所摄者，此文唯举无漏种子，在彼位增，名为闻熏称非藏识。非诸能观，皆唯无漏。不尔四寻思应非加行智。

引诸论证四观等皆以慧为体也。名事自性差别四寻思观及四观所引四如实智，此观皆智之所观境，各有名实，同不可得。何以故？唯识变现故。又此名事自性差别完全一致决不可得。何以故？名唯是名，非事等故。由此四观引发四智，入真唯识。在此位时，勤进勇猛，修诸加行。云何修习：谓即于此文教义上意言推求，文是能诠诸教圣教，义是所诠真实道理，此二皆是识所变故，名之为似。初修观者，即以此似文似义大乘法相为所观方便，而求证入真唯识性，文名唯是意言者。文是圣教，名即义理，意即是意识，此名意言略有三义：一、比喻义，谓一名言能显一义，亦如意识能观境界。二、所缘缘义，意识之起，多以名字言说为所缘缘，从因立名，故云意言。三、言依意起义，一切名事言说皆依意识起故，从果立名，谓之意言。推求者，观察义。由四寻思推求观察诸名句蕴处，自体差别，同是假立。如是四寻思观等，皆以慧为体。瑜伽等说，亦复如是。寻思唯有漏，如实智通无漏者：分别唯识观有漏无漏也。有漏者，漏即烦恼，四寻思观唯是有漏者，未入真观位前，修四加行，故唯有漏。四如实智通无漏者：兼通有漏及无漏也。证真观位后，通无漏；地前忍世第一，通有漏也。

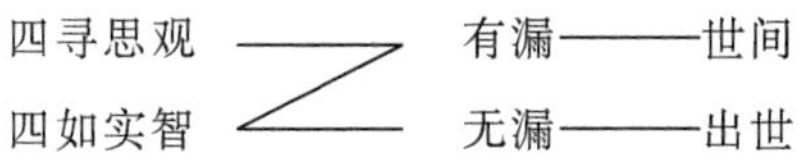

《摄大乘论》云：入所知相者：谓修胜唯识观，证所知境，曰入所知相。相者境义，入此所观，由何功能？谓由多闻熏习。云何多闻熏习？谓修唯识观加行菩萨，遇佛菩萨闻净法界等流正法，先熏有漏善种为增，次则引发本无漏种，展转增长。此无漏种所依虽是藏识，然非藏识所摄。菩萨在此位时，无漏种子名曰闻熏，故非藏识所摄。此现行慧犹为有漏，非谓能观皆是无漏。

下文章主释成。谓《摄论》言，闻熏非藏摄者：单举无漏种子，在彼资粮加行位增长，此非藏摄。然非有漏慧不为能观也。不尔四寻思应非加行智者：反释也，若言能观不通有漏，唯无漏者，则四寻思观位智应非在四加行摄。然寻思智在暖顶位，如实智在忍世位。如表：

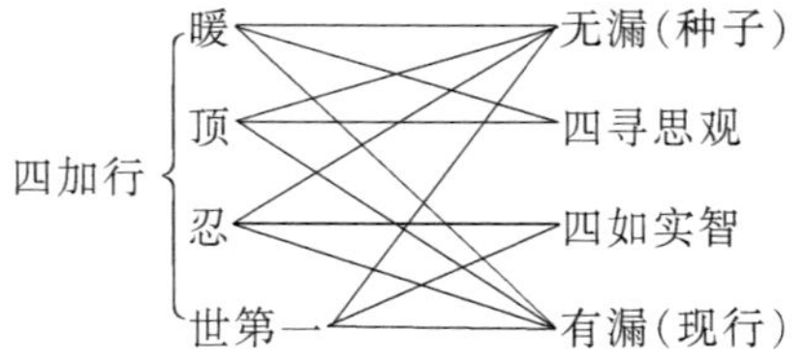

此虽总说，若别显者，略有二位。一因，二果。

二别显今结前。别标一因二果者，显位别也。谓因中能观唯识之观慧，是地前有漏加行观慧，及加行所熏之无漏种子。地上观慧是因无漏，此因无漏与佛果法，皆名为果。

因通三慧，唯有漏故。以闻思修所成之慧而为观体，此唯明利简择之性，非生得善。故《摄论》云：似法似义意言，大乘法相等所生起，胜解行地，见道修道等。《成唯识》云：此中唯识资粮位中听闻思惟，能深信解，在加行位，起寻思等，引发真见。

明因位能观唯识。初正明。《摄论》下证也。因位之唯识观慧，通以闻思修三慧为体，且唯有漏。何以故？地前菩萨虽能伏第六意识相应烦恼，第七识上实我法执仍不能伏，故加行位中第六识上虽有三慧伏我法执，其第七识相应烦恼仍不能伏，是故有漏。云何以闻所成慧而为观体？由依经论教典闻所生智，名闻所成慧。云何思所成慧？由闻之后，杂文字相，静心思维，所得智慧。云何修所成慧？即依闻思而起修慧，谓闻戒定六度等教，仍以观慧为先导，净持修习，理得心安，生大智慧，故曰修所成慧。三界中欲界有情居散心，故须习定如理观察。慧谓简择，谓最明显最锋利之观察，复能辨别善恶，决断是非。此三种慧，须实际经验而得成熟，非生而报得者，故云非生得善。

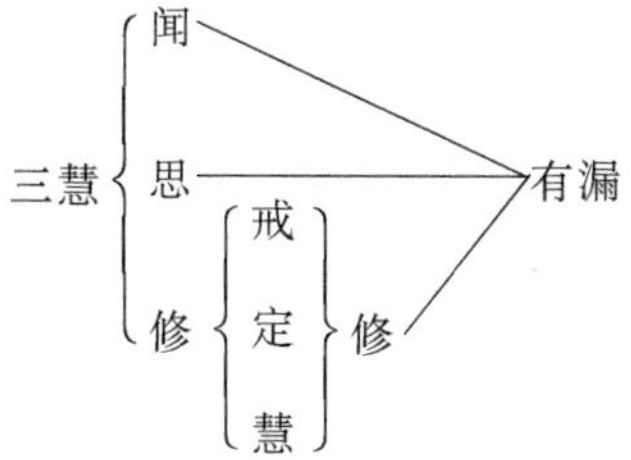

故摄下引《摄论》证也。似法似义意言，如前已释。谓由意识变似文教义理，大乘法相，文义相生。故此意言，即因能观，依此闻法等缘，生起胜解行地，及见道修道等。

《成唯识》下第二引证也。资粮位中闻法信解，与加行位寻思实智，即前《摄论》胜解行地。摄言真见者，谓真见道，对相见道言也。

果唯无漏，修所成慧而为观体，通以正智后得智为自体故。《摄大乘》等云：如理通达故，治一切障故，离一切障故，见修无学道，如其次第。证真理识，唯正体智。证俗事识，唯后得智。文多义显，不引教成。

第二辨果位唯识观慧。果谓果地，证入初地至十地及佛地慧皆果慧。地上菩萨有漏心起则无观慧。观慧现行即非有漏。故曰果唯无漏。于三慧中唯修慧摄，闻思二慧亦均具足，彰修胜故，故曰修所成慧，而为观体。

通以正智后得智为自体故者；因中无漏与果无漏均显果义，此通以二智为自体也。正智者即根本智，亦云正体，证真如故。真如为一切法正体，证此正体，故曰正体智。后得智者，亲证见道之后，所起遍观有相无相之智也。故正智缘圆成实性，后智缘依他起。《摄论》下引证也。如理通达故者显见位，于此位上无漏智起，通达诸法真实性故。治一切障故者：显修道位，此位观慧，破迷事理一切障故。离一切障故者:显无学位,永断诸障,任运自在,化导有情。故云见修无学道如其次第。证真理识唯正体智者:真理识指真如言,证真如唯正体智,识之与智,体不相离;如别境慧,依心王起,众生因位,约识为胜名识,圣道果位,约智为胜名智,其实虽正体智,亦有二十一心相应。(五遍行四别境善十一及一心王)果中之慧通缘真俗,故云通以正智后得为自体故。文多义显,不引教成者;指多从略也。

上来虽复辨能所观,总义说者:若总言唯识性,通能所观。言唯识观,唯能非所。通有无漏,通散及定。以闻思修加行根本后得三智而为自体。若言唯识三摩地:通有无漏,唯定非散,唯修慧非闻思,通三智。若言正证唯识:唯无漏非有漏。唯定非散。唯修慧非闻思。唯正智后得。非加行。此非义说。不尔,三摩地等,亦通闻思,《十地论》说故。至下当知。

上来标释二体竟。下别辨唯识。分四:初料简,次五种,三六门,四结指。今初料简。宽狭总言:唯识则通能观唯识与所观唯识。若言唯识观则唯能观唯识,不通所观唯识。故云唯能非所。但能观唯识,复通有漏无漏,及散与定,并以闻思修三慧,及加行根本后得三智为体。如表:

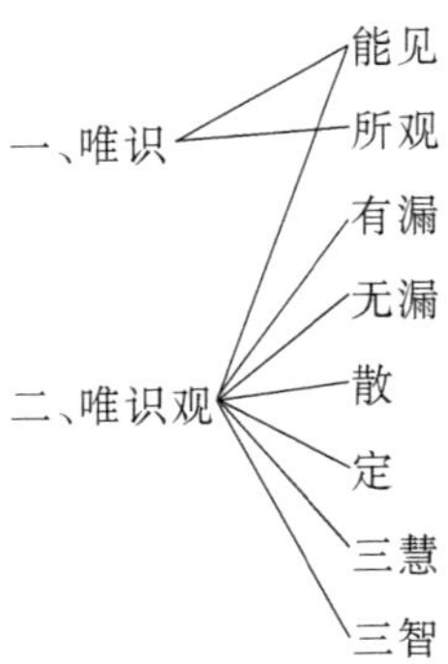

若言唯识三摩地者：就唯识之定以明也。三摩古译三昧，讹也。此云等，谓心于境，均等思维，不沉不掉。地即持义，谓此唯识若说为唯识定者，则通有漏无漏，漏无漏位同修此定故。然皆定非散，三摩地之唯识观故。其于三慧，唯是修慧，而闻思亦非全无，定中能闻法故。其于三智，则全具足。如表：

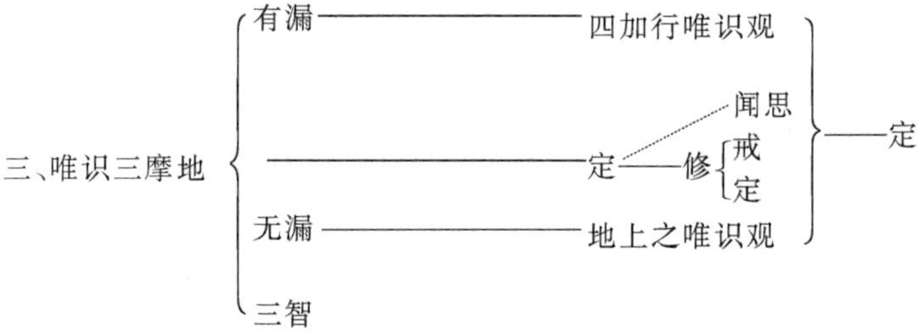

若言正证唯识者，就真见道位明者。世第一位引发根本智亲证真如，（唯识性）曰正证唯识性，起后得智，曰正证唯识相，此正证位唯无漏，唯定，唯修慧，唯二智。非加行，非闻思，非散，非有漏也。

上来四重正约修观位说，非就法约义之谈。若约义料简，则开合宽狭，又复不同，恐繁不赘。不尔，下显约义亦通闻思等。若不许者，违经论故。

然总遍详诸教所说，一切唯识，不过五种：一境唯识。《阿毗达磨经》云：鬼傍生人天，各随其所应，等事心异故，许义非真实。如是等文，但说唯识所观境者，皆境唯识。二教唯识，由自心执着等颂，《华严》《深密》等说唯识教者，皆教唯识。三理唯识：《三十颂》言：是诸识转变，分别所分别，由此彼皆无，故一切唯识。如是成立唯识道理，皆理唯识。四行唯识。菩萨于定位等颂，四种寻思，如实智等，皆行唯识。五果唯识：《佛地经》言：大圆镜智，诸处境识，皆于中现。又《如来功德庄严经》言：如来无垢识，是净无漏界，解脱一切障，圆镜智相应。《唯识》亦言，此即无漏界，不思议善常，安乐解脱身，大牟尼名法。如是诸说，唯识得果，皆果唯识。此中所说五种唯识，总摄一切唯识皆尽。

此段次五种也，依境教理行果之五法明唯识。遍详如来一代言教所说，唯今以五种略摄无余。

一境唯识者：从境以明唯识，故曰境唯识。引经证云：鬼傍生人天，各随其所应，等事心异故，许义非真实。此颂初句：明四类众生之不同：曰鬼，曰傍生，曰人，曰天。次二句明各见不同也。谓此四类众生，各随其类，同于一处所观有异。处事虽同，而能观见分心异故，所缘之境成异。等事者，等同一事，心异者所觉不同也。譬人见海水，鬼见是脓血而不能饮。鱼等傍生见为虚空宫屋，自在而住。天见为琉璃。此虽同一事，而所见成四境者何耶？唯识变故。既唯识变，故境义非真实。

二教唯识者：谓研究唯识者，所依据之经论文句，如《华严》《深密》《瑜伽》之经论等，皆教唯识。

三理唯识者：于道理遍观唯识，皆理唯识。《三十颂》下引证也。是诸识者，通指八识及心所法。转变者，谓心心所转变似。分别所分别者，分别即见分心，所分别即相分境，意云诸识转似二分。由此者：此即指识二分，由识转变。彼皆无者，彼即依二分所执之我法，谓此二分既由识变，执为我法更皆无故。心境诸法，皆是唯识。

四行唯识者：行谓修行，对治有漏，熏习无漏。戒定慧三，及四寻思，四如实智，六度万行，及所对治，皆行所摄。此亦唯识，故云行唯识。菩萨于定位等颂者：出弥勒菩萨所造《分别瑜伽论》中。此论未译，《摄论》引之。故此亦引四种寻思及四种如实智。详瑜伽真实义品。如是皆是行唯识摄。

五果唯识者：果谓果地，通则诠三乘圣果，别则显佛不共功德。《佛地经》言，大圆镜智，诸处境识，皆于中现者：大圆镜智四智中之一智，唯佛果有。大圆镜者喻也，谓佛之智，如最大之圆镜，镜体光明，能遍映现诸处诸境诸识，故云皆于中现。

无垢识，亦云奄摩罗识。无垢者，已离一切执障故。此识如来地有，故云如来无垢识。是净无漏界者：界是藏义，谓如来无漏清净之功德藏，亦云如来藏。若无垢识，大圆镜智，相应起时，即能解脱一切障法。《唯识》亦言，下引《唯识颂》。此即无漏界，此者：指前二种转依，二转依者：转烦恼依菩提，转生死依涅槃，谓修唯识观，所转得二果，即名如来无漏德藏，亦曰不思议，远离共相故。证离言性故。曰善者，谓净无漏善。曰常者，有三义：一、法性常，二空所显真相。二、相续常，转八识成四智，不间断故。经云：湛然相续，尽未来际，不可思议是也。三、无尽常。如来所现应化等身，大觉圆满，尽未来际，随类应化也。安乐者：解脱二死之逼迫，得大安养，舍所知之碍缚，得圆明乐。解脱身者：解脱生死所成功德之身。此身三乘共有。大牟尼名法者：显佛果身，不同二乘，此指佛果上所成之无漏功德藏身，非但指法性身。牟尼：此云寂默，释迦世尊之德号也。大牟尼者，大寂默也。大寂默所成之身曰法身，故云大牟尼名法。如是经论所说之果，由唯识观得，故云果唯识。此中所说下章主结成。

然诸教中，就义随机，于境唯识种种异说：或依所执以辨唯识，

《楞伽经》说：由自心执著，心似外境现，以彼境非有，是故说唯心。但依执心虚妄现故，或依有漏以明唯识。《华严经》说：三界唯心，就于世间说唯识故。或依所执及随有为以辨唯识：《三十颂》言：由假说我法，有种种相转，彼依识所变。依识自体起见相分，二执生故。世间圣教说我法故。或依有情以辨唯识：《无垢称经》云：心清净故，有情清净，心杂染故，有情杂染。或依一切有无诸法以辨唯识：《解深密》说：诸识所缘，唯识所现。或随指事以辨唯识：《阿毗达磨契经》颂言：鬼傍生人天，各随其所应。随指一事辨唯识故。如是等辈无量教门，举此六门，类摄诸教理义尽者，唯第五教。总说一切为唯识故。

此三段六门也。初标：谓诸经论所说唯识，虽不外前之五种，然诸教中，或约义说，或约机说，于境唯识，复有异说。

或所执以辨唯识者：遍计门也。《楞伽经》说：引经证本无外，由妄执上相似外境变似而起。彼境非有者：彼妄执境非有也。余文可解。

或依有漏以明唯识者：有漏门也。《华严经》说三界唯心，就众生位明，范围狭小，故云就世间说唯识，故万法唯识之义，广于三界唯心。说漏无漏法皆识现故。古云三界唯心是性宗，万法唯识是相宗者，谬说也。

或依所执及随有为以辨唯识者，有为门也。所执者，遍计执上实我实法。有为者，依他起性。《三十颂》文如前已释。依识自体起见相分者：谓由识体转似二分。二执生者，由见相分复执我法。以是义故，世间妄情假说我法，圣教利他假说我法。

或依有情以辨唯识者：第四有情门也。引经如前可知。

或依一切有无诸法以辨唯识者：第五有无门也。诸识所缘者，犹言诸识所观所了。唯识所现者，现有二义：一、变现，摄一切有为法尽。有为者：即有为变化之法。此法识所变现，故云唯识所观。二、显现，摄一切无为法尽。无为法者：无为无变化生灭之法。此法识所显现。故云唯识所观。

或指事以辨唯识者，第六指事门。引经如前应知。

如是等辈无量教门者：辈者类也，谓如是等类无量教门，以此六门相类摄尽者：谓六门之中，明理之尽与显义之尽者，厥为第五深密之教。何以故？总说一切皆唯识故。

或束为三：谓境行果。如《心经》赞，具广分别。

结指也。结成前明境教理行果五种皆是唯识，今归为三：曰境、曰行、曰果。指见他书。如表：

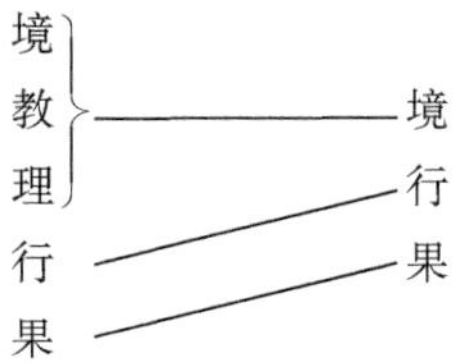

自下大文第二辨名。于中有三：一、正辨名，二、释妨难，三、总结成。初中又二：一、标名题，二、分释识唯。今初。

第二辨名者：

标名题也。次分释识唯又二：一、释识，二、释唯。初中又二：一、总显释，二、别释成。今初。

梵云毗若底，此翻为识。识者了别义。

梵云毗若底者，出梵音。此翻为识，显华义也。“毗若底”之音义，与“般若”音义近，故智与识，义亦相近。识者了别义，总释也。了谓知觉，别谓别境，即了知别别不同境界之分别，名之曰识。如眼之了别于色，乃至赖耶了别于根身器是也。

二、别释成。

识自相，识相应，识所变，识分位，识实性。五法事理，皆不离识。故名唯识。不尔，真如应非唯识。亦非唯一心，更无余物；摄余归识，总立识名。非摄归真，不名如也。

识自相者，八识心王。识相应者，六位心所。识所变者，所变见相二分。识分位者，色心差别，二十四种分位假法。识实性者，二空所显，前四真理。五法事理者，五位法中，前四属事，第五归理，故云五法事理。此五位法，总摄世出世间有为无为有漏无漏一切法尽，同不离识。识所变故。识所现故。名曰唯识。

不尔，真如应非唯识，释难也。谓若不许识之一言摄事理诸法，则真如应非唯识所显现，果尔互违教理。

亦非一心更无余物者，亦非说唯一心，更无别法。若言一心，包尽诸法，则与神教之一神相似，亦与西洋“宇宙唯心论”等相同，彼谓宇宙即以“唯一精神”为本，宇宙万有，皆由此“唯一精神”生，此亦仍类一神教义。一神教者：如印度人执大梵天造物主等，谓明白大梵天，则知全宇宙是一神，不明大梵天，则妄见万有差别。佛法中谓彼曰一因论，亦曰不平等因。大小乘教，皆须破遣。

所谓一切有情，从无始来，各有八识，六位心所，事理诸法，非是只有一心，更无余法也。若尔，云何名识耶？摄归识故。真如即一切法实性，云何不名唯如耶？真如显境，要令有情舍境观心，不求解脱，故云唯识不名真如也。

二、释唯有三：一、出梵华语，二、释三义，三、结。今初。

梵云摩呾刺多，此翻为唯。

出梵华语也。二释三义分三；一释简持义。

唯有三义：一简持义。简去遍计所执生法二我，持取依他圆成识相识性。《成唯识》云：唯言为遮离识我法，非不离识心心所等。

唯有三义者：总出三义。一简持义，简谓简去，是否定义，遍计所执，须简除故。生法二我，即是人我法我二执也。唯是简义，简去此执也。二持谓持取，是肯定义。依他圆成识相识性者，诸法依他缘生是识之相，空所显性。圆成真实，是识之性，说唯一言，持取此义也。

《成唯识》云：下引论释成，为遮离识我法者。说唯识者，唯言遮去遍计执上离识之外，独有实我实法。非不离识心心等者，离识我法简遮净尽，其余不离识之心心所，则持取也。

下明决定义。

二决定义。旧《中边颂》云：此中定有空，于彼亦有此。谓俗事中定有真理，真理中定有俗事。识表之中，此二决定，显无二取。

引旧《中边颂》："此中定有空，于彼亦有此"者：新论译曰"唯有空"。今引此颂，特显"唯"即"定"义。此中者，谓依他缘起之俗事中，定有空者，空谓二空真理，缘生法中，决定有此二空真理，真不离俗故。次第二句，彼者二空，此曰缘生，俗不离真，故曰于彼亦有此。识表之中者：说识一言，有遮有表；遮谓简去，表谓持取，真俗二事，互不相离，亦常决定，故云此二决定。既真不离俗，俗不离真，则无能取真俗之执见，及所取之真理俗事，故云显无二取。

三释显胜义。

三显胜义。瞿波论师《二十唯识》释云：此说唯识，但举主胜，理兼心所，如言王来，非无臣佐。

但举主胜者，说唯识言，本兼心所，心王为主，功能胜故，范围圆故，是故独举识王。依理而论，亦兼心所。引喻可解。

三结

今此多取简持解唯。

三义之中，取第一义。既云唯识，云何释中先识后唯耶？先体后用，先主语而后说明语也。又唯字亦可名量，量者范围义，识范围故，曰识量义。

二释妨难：于中有二：初正释妨。二总会释。初中又三：一释唯心难，二释唯智难，三释唯真如难。今初。又二：(一)会释唯心。

识者心也，由心集起彩画为主之根本，故经曰唯心。分别了达之根本，故论称唯识。或经义通因果，总言唯心；论说唯在因，但称唯识。识了别义，在因位中，识用强故，说识为唯。其义无二。《二十论》云，心意识了，名之差别。识即是唯，持业释也。

《华严》等经多说唯心，今言唯识，岂不违教？所谓心者是集起义，谓能集中诸法种子，复能发起诸法现行，以是义故，如采画师。所余心所，喻如画徒，随师模型，添众色彩。依此集起根本，故经说唯心。

识者了别义，了达分别为最殊胜故。论说唯识，各依胜说，理不相违。

或经义通因果，总说唯心者：出别解也。克实而谈，识亦通因果。论说下释二义无别，识于众生因位强胜，故说唯心。《二十论》云：心意识了之四，名虽有别，义实通也。

(二)兼破唯境。

或顺世外道及清辨等，成立境唯。为简于彼，言识之唯，依主无失。

顺世外道，印度学术中之一派。其主义如今之唯物论。彼执万有之存在，是由物质极微和合而成，极微质异，所成亦别。心理作用，精神现象，不过物质之有机体，受外界之激刺，现起神经原子之反应作用而已。近世行为派之心理学，均执是说。

清辨论师依般若义，立一切法皆是真如性境，余为幻有。今简此义，故说唯识。依主无失者：八识心王变现诸法，故名曰主。境依主有，说依主无失。

为令舍识而依于智，说唯识言。若能观中智强识劣，若以为境，皆不离心，今为所观，故名唯识。又不离依主，称为唯识。决断从能，故可依智。又从欣为目，经唯名皆般若。从厌为号，论标并唯毗若底。

二释唯智难也。《涅槃经》中说四依法：一依法不依人。二依义不依语。三依了义不依不义。四依智不依识。经中既言依智，云何论说唯识耶？谓出识过故，有漏杂染妄识变现。令舍于此，而取于智，说唯识言。若能观中智强识劣下，谓就能观可言唯智，能观因中，闻思修三慧加行，及果中根本后得二智，殊胜强故，识用劣故。至所观中识能变境，境不离识，故曰唯识。若依决断功能而说，亦可依智。

又从欣为目下，会释般若经义。从欣求圣者心境之解脱上说，故云般若，从厌离众生心境之生死上说，故曰唯识。今从厌说，理不相违。

三总会释

摄法归无为之主，故言一切法皆如也。摄法归有为之主，故言诸法皆唯识。摄法归简择之主，故言一切皆般若。

此以三门总会一切诸法。主者宗主，若摄一切法为伴，而宗归无为之主，故一切法皆真如也。无为者，非变易生灭之法，以是义故，随举一法摄尽法界诸法，此亦通释《净名经》等“一切皆如”妨难。

会通？谓四皆通能所唯识观，复通真俗境观。般若以文字为所观，余为能观，能观于境，复如何通？如表：

若摄一切法为伴，而宗归有为之主，故一切法皆唯识也。有为者，皆生识变之法也。若摄诸法为伴，而宗归简择之主，故一切法皆

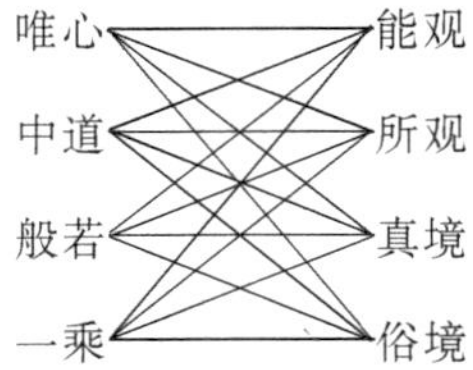

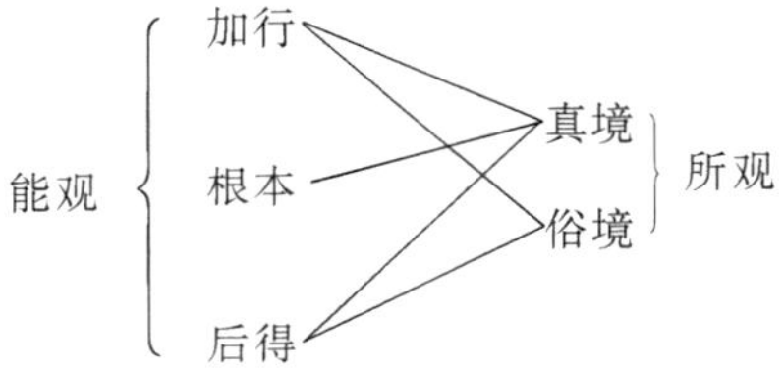

正证真位，后得唯俗。《法华》有说下，别辨一乘也。有说出异解：谓一乘者，唯就佛之果上智说，不通因位，经说三车在门外故。出火宅时不用车乘，或衣裓，或机案，或门户，而出火宅。此喻因位修道，门外三车是果得也。六道轮回喻火宅，超出三界喻如门外，文出《法华》，可别寻研。

理亦不然。下辨也。不退菩萨，或云七住，或是初地。宝车者，喻如一乘。道场者，菩提场也。三乘贤圣人，因地中既乘此乘通因位，《胜鬘》六法者：一正法住，二正法灭，三波罗提木叉，四毗尼，五出家，六具足戒。此六种法，虽初步法，然亦皆为大乘故说，故通加行因位也。

三释所观十三名

《胜鬘经》中遮余虚妄，名一实谛。显法根本，亦名一依。由空为证，又是空性。亦名为空。彰异出缠，显摄佛德，佛从中出，名如来藏。明体不染，真实法性，名自性清净心。功德自体，亦名法身。《无垢称经》遮理有差别，名不二法门。《大慧经》中表无起尽，亦名不生不灭。《涅槃经》中彰法身因，多名佛性。《楞伽经》中表离言说，名不思议。《瑜伽》等中显不可施设，名非安立。《摄大乘》等显此遍常等，名圆成实。《对法论》等明非妄倒，名曰真如。此十三类名，唯所观理，唯真智境。恐文繁广，略举尔所，非更无也。

一实谛者：唯一真实真如性义，遮余幻事，虚妄执故。一依者，依谓依止，此为诸法之所依止，即显为诸法本也。空者，由空为门，证入法性。此性亦空，名曰空性。空即不空，是真如义。

如来藏者：真如未出缠，即是如来净法界身，然在众生生死缠中，烦恼现行，无智显现，故云如来藏。众生分位，名如来藏。显摄佛德，是含藏义。佛从中出，是胎藏义。皆是众生因位说。又释此名有空不空。烦恼杂染曰空如来藏。烦恼杂染是应空法，覆障不显，故曰空藏。二不空如来藏。此有二种：一真如性，二第八识中，本无漏种。

自心清净性者，谓心之清净性。如前已释。法身者，谓佛果上无漏功德，功德之自体，即真如法身，功德即自体。或功德之自体，即通三身。以上五名，出《胜鬘经》。不二法门者：谓真如理性无二无别也。出《无垢称经》。不生不灭者，表无起无尽，谓一切法无始无终，非从无而有，故曰不生。即显无起。非暂有还无，故曰不灭。即表无尽。出《大慧经》。《大慧经》者，即《楞伽经》。大慧菩萨之所请问，故立此名。

佛性者：略有三种，一理佛性；无为真如。在凡夫位，理未显现，名曰佛性。此通有情及于无情，亦依是义，说有无情，皆可成佛。二事佛性：一切有情第八识中无漏种子，名曰佛性。以是义故，说诸有无，有无佛性。三隐密佛性：烦恼所知二障，隐密说为佛性，以障空性，即为佛性。以是义故，说烦恼即菩提，一切有漏法皆佛性。如《涅槃经》广说。

不思议者：谓不可思想议论。一切法性思想之所不及，言论之所不诠，故云不可思议。然非令人不去思想言论也。

安立非安立者：亦云施设建立。既无思议，则不可施设建立，名非安立。

圆成实性者：诸法平等遍常，成就真实，名圆成实。出《摄大乘论》等。真如者：非虚妄曰真，不颠倒曰如。出《对法论》等。

此十三类名，云何会通。谓十三名，于唯识观中，皆是所观，而非能观。且为真智所缘，是真境故。

三列余结成。

谓法界法性。不虚妄性。不变异性。平等性。离生性。法定。法住。法位。真际。虚空界。无我。胜义。不思议界等十四名。如《大般若》广释。合前三十一单名。

此十四名出《大般若经》，亦皆所观，真智境界，合前四及十三，共三十一名。恐繁略举。

二名会释

二名有四：《瑜伽论》中，施设非施设，浅深异故，名为安立非安立谛。即《胜鬘经》有作四圣谛，无作四圣谛。《涅槃经》中，亦名胜义世俗二谛。《显扬论》中能诠所诠，名名事二法。此之三名，通能所观，亦真亦俗。初中后智。《摄大乘》等显所执无，名生法二无我，亦通能所观，唯真非俗。通初中后智。

一《瑜伽》二名，曰安立非安立，可施设法，是缘生和合事。义理浅显，名安立谛。非安立谛，反此应知。

此亦名曰有作无作。四种圣谛，有作名可安立，无作名不可安立。云何名圣谛？苦集灭道，圣智所证，名四圣谛。

二《涅槃经》中，曰胜义谛，世俗谛。最胜智慧所证之义，曰胜义谛。世俗幻事显现变化，名世俗谛。

三能诠所诠。“名”曰文教，是能诠。“事”曰义理，是所诠。

以上三种二名，唯识观中通能所观，唯识境中通真俗境，唯识智中通于三智。

四《摄论》显无所执实我实法名二无我。此二无我，通能所唯识观。既无我法，故唯真非俗。然通三智。

三名会释

三名有四：《解深密》等，显一切法有无事理种类差别，名为三性。显三俱无遍计所执，亦名三无性。此二唯所观，亦通三智，真俗二境。若言三性等观者，唯能观非所观，通三智及真俗。《瑜伽》等中明离系之方便，亦名三解脱门。表印深理，名三无生忍。唯能观非所观，唯本后二智，通真及俗。

三名会释，略有四种，故曰三名有四。一明《深密》三名，有二种：一三性：曰遍计所执自性，曰依他起自性，曰圆成实自性。显一切法"无"差别者，遍计执性本空也。显一切有"事"差别者，依他幻有也。显一切有"理"差别者，圆成实性也。此三若离遍计所执，则为三无性：曰生无自性性，曰相无自性性，曰胜义无自性性。

此二唯所观者：会通唯识观也。能所观中，唯所非能，亦通三智二境。若言三性观者：于唯识观中，则唯能非所。如表：

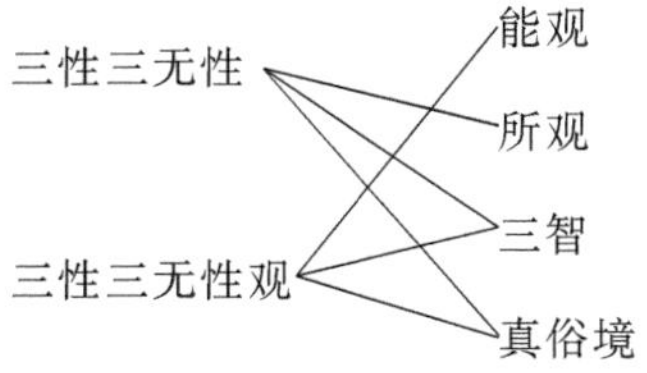

二明《瑜伽》三名有二种：一、三解脱门：曰空，曰无相，曰无愿。此三法门离系方便，又能观智照解缠缚，名曰解脱。二、三无生忍：忍谓忍可，即印证义。一、本性无生忍，印遣遍计我法二执。二、自然无生忍，印达幻有缘生法空。三、胜义无生忍，印证圆成真实法性。此二种三名，于唯识观中唯属能观，非所观。唯根本后得二智不通加行，于唯识境通真及俗。如表：

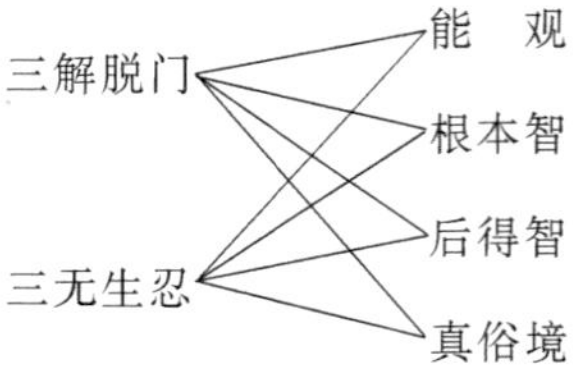

四名会释

四名有四：菩萨地中，明义总集，名四嗢陀南。诸行无常，有漏皆苦，诸法无我，涅槃寂静。《大智度论》，显宗差别，名四悉檀。一、世界悉檀。二、第一义谛悉檀。三、对治悉檀。四、各各为人悉檀。此上二门，通能所观真俗三智，诸论以初观粗，亦名四寻思，唯能观非所观，唯加行智，非中后智，通真俗二。诸论以后观细，亦名四如实智，亦唯能观，非所观，通三智，真俗所摄。

四名会释，亦有四种，故曰四名有四。菩萨地者：《瑜伽师地论》十七地中之菩萨地也。梵语嗢陀南，此云集义，亦云总集。谓总集一切佛法要义。此略有四：一曰诸行无常，生灭法故。二曰有漏皆苦，杂染法故。三曰诸法无我，真实性故。四曰涅槃寂静，无生灭故。

《大智度论》名四悉檀。梵语悉檀，此云宗，亦曰主。天台云：遍施者，望文生义之解讹。四悉檀者：佛陀说法利生之四种主义也。一、为世间普通说法，曰世界悉檀。二、显说最上胜义，曰第一义悉檀。三、为对治一切众生若何之病症，即说若何之法，即应病与药之意，曰对治悉檀。四、观机说法，曰各各为人悉檀。以上二种，会唯识义，如文可知。

诸论下明四寻思观，四如实智，依文应思。

五名会释

五名有一。《仁王经》中，位别印可，亦名五忍：一、伏忍，在地前伏印故，二信忍，在初二三地，创得不坏信，相同世间类故。三顺忍；在四五六地，顺为出世行故。四无生忍；在七八九地，长时任运观无相理故。五、寂灭忍，在十地佛地因果位中，圆满寂故。唯能观非所观。初唯加行智，后可通余智。皆通真俗。

五名会释。唯有一种，故云五名有一。引《仁王经》菩萨位别，五忍会释。一曰伏忍。地前十信十住十行十回向四加行，能印忍观理，以伏分别烦恼故。二信忍。初二三地获得出世不坏信故。三顺忍。四五六地能顺出世无分别行故。四无生忍。七八九地任运恒观无相之理，诸法无生故。既无有相，无相本空，此理忍可，故亦名曰无生忍。五寂灭忍。十地佛地，于因果位各圆满寂灭故。

此之五忍，会唯识观，云何应知？如表：

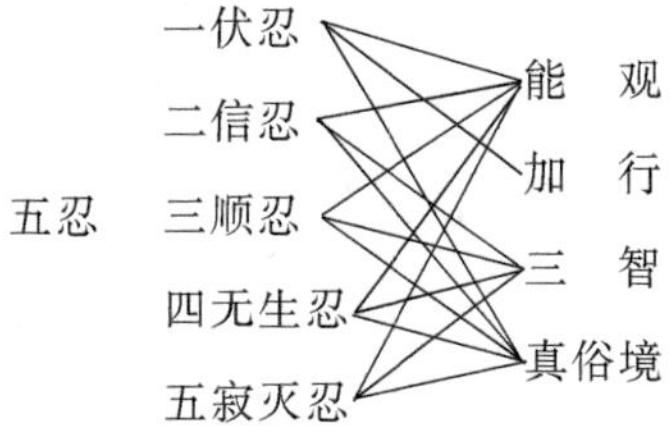

六名等会释

或名六现观。七觉支。八圣道。九奢摩他。十无学法。四念住。四正断。四如意足。五根。五力等。非菩萨正观，故不别说。

此中名数，检寻可知。

三总结成

如是一切，虽异名说，皆是此中唯识境智差别名也。

由上总观，可知一切佛法，皆可会通，并无遍执，其义应思，不可忽焉。

第四释　何识为观门

自下大文第四释何识为观？于中有三：一标征，二出异说，三出正义。今初。

第四何识为观者：

此标征也。前出观以别境慧为体，慧是心所，八识之中，与何识相应耶？亦可问云：八识之中，究竟以何识为能修唯识观慧耶？

二出异说。有三：一小乘异说，二大乘异说，三结非。今初。

大众部等，说六识有染，皆能离染。犊子部等，说五识非染，亦非离染，第六俱有。萨婆多等，六识有染，离染唯第六。

大众部者，佛灭后小乘先分二派，大众部其一也。等者，等取与大众同说之小乘派，彼谓眼等六识，皆有杂染烦恼，故云六识有染。然此六识，亦皆能修离染之观慧，故云皆能离染。

犊子部者，亦小乘学派之一，彼谓眼等五识无有分别，亦无烦恼，故云五识非染。既无烦恼为杂染故，何有观慧离于烦恼？故云亦非离染。第六意识有分别，故有烦恼，亦有观慧能离染。故云俱有也。

萨婆多部，梵语，此云一切有部。此派学者，说蕴处界三世俱有，名一切有。为印度小乘学中最强盛之学派。彼谓眼等六识，俱有染污烦恼，然能离染者，则唯第六意识。小乘不修唯识，故章中未以唯识观相会。然以小乘离染，与大乘唯识观离染相同，故出其说也。上来出小乘异说如表：

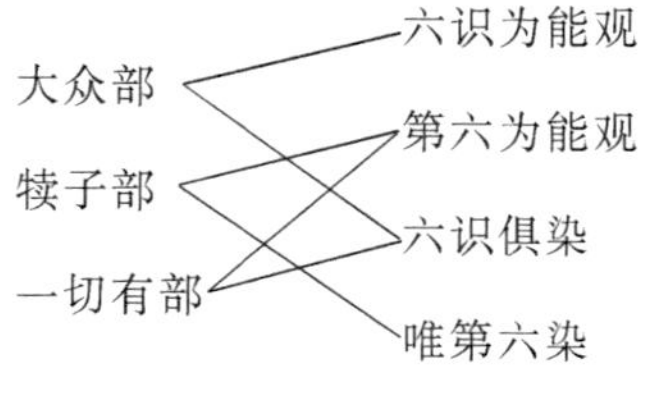

二大乘异说

于大乘中古德，或说七识修道，八识修道。

此下出大乘异说。大乘古德者；即指菩提流支、真谛三藏等。彼谓七八识修道，修道故有观慧，此观以七八二识为观也。

三结非

皆非正义。不可依据。

小乘之说，姑且不谈，大乘二说，云何非理？答：果义可尔，因位不然。初地以上，七识虽修，未登地前，则不能修。因七识常执我故。八识须至佛果始能观故。

三出正义

若能观识，因唯第六；《瑜伽》第一云，能离欲是第六意识不共业故。通真俗三智，余不能起行总缘观理，趣入真故。《瑜伽》又云：审虑所缘，唯意识故。第七由他引，亦为此观，通中后智。佛果通八识，能为唯识观。三智通真俗理事二门，成事非真，唯观俗识。此解依论，理或有真，但真如识，定非能观。若论所观，八识皆通，因果二位，真识亦尔。

于大乘中，何识为观耶？若在因位，唯是第六意识相应之慧为能观识。云何知然？《瑜伽》说故。能离欲是第六意识不共业故。欲者心所之一，通于三性。此言离欲，离欲界粗重之贪欲也。在欲界初发心人，修离欲行，是其第六意识不共功能，他识所无，故云不共。

余不能起行者：不能起三解脱门十六谛智等行。总缘观理者：总缘者缘真如遍法，观理者观四谛三性之理，余谓余识，即前五识，与七八识，除第六意识之外，皆不能起三解等行及遍缘观理，由此余识，亦不能趣入真见道位，从反而言之，即显第六意识在因位中能起行能总缘观理，趣入真道。是故能观识因唯第六。

审虑考察一切境者：亦是意识不共业故。第七虽能审虑，然执内我非一切境，是故觉慧唯第六识。第七由他引亦为此观者：真见道后，等六识转智，第七末那亦随渐转，不内执我而审观平等性。亦为能观，然唯果智非加行智，故云通中后智。至佛果位，大圆觉已，八识俱能为观。三智者：妙观察智，平等性智，大圆镜智。此三智通观真理俗事二门。真理谓唯识性，俗事谓唯识相。成所作智非真者，唯观俗识故。颂云：三类分身息苦轮，果中犹自不诠真，然此乃依《唯识》等论而说，依理而推，或亦通真。

但真如识，定非能观者料简也。真如识者：即真如实性，此定非能观。上来明八识能观。若论何所观者？则八识或因或果，皆通所观。事识如是，真识亦尔。

第五释　显类差别门

自下大文第五，显类差别。类是种类，谓识之种类差别有几。于中分三：一明真性识，二明俗事识，三总结成。今初：

第五显类差别者：其圆成真性识，若加行后得观，是共相非别相，以总缘遍法故。根本智观，是别相非共相，诸法别知故。然体非共相，万法不离此，理一无二故，亦可名共相。诸经论云：共相作意能断惑者，依此道理，及前加行，并能诠说。然诸法上，各自有理，内各别证，不可言共。

显类差别者标也。真性识者，犹云真如唯识。此真如加行后得二智所缘者，乃变相真如，非亲证真如，故所观相亦属共相，共相者多法共通之相也。决非自相，以此二智观真如，为一切法之总相，亦曰遍法故也。正智者亲证一切法，正体之根本智也。此智亲证真如，现观诸法别别自相，而一一印证之。故云是别相非共相。

然体非共相者：谓一一法各有自相，即此自相曰体。故非共相。万法不离此者：然此自相事事无碍，法界之事事谓一一事互为主伴，此一为主，余事助之，余一为主，此亦助之，一摄一切，一切摄一，一即一切，一切即一，如是其体虽非共相，然亦无余事得离此任何一事，根本智所观之法法离言自相，皆为事事无碍法界，此理无二，故亦可名共相。作意即是观义，有谓共相观。亦能断惑者：依此道理而说，或连前加行位之共相观，及能诠之教说。然据实则诸法上各自有一事事无碍法界之理，由离言说分别之根本智内各别证故，不可言共也。

二明俗事识有三：一正明差别，二别说四分，三结非一异。今初。

其幻性依他识，或说因果体俱一识，作用成多。一类菩萨义，或因果俱说二，决择分中有心地说，谓本识及转识，或唯因说三。《辨中边》云：识生变似义，有情我及了。《三十唯识》云：谓异熟思量，及了别境识。多异熟性，故遍说之。阿陀那名理通果有，或因果俱说三，谓心意识，或唯果说四。《佛地经》等说四智品，或因果俱说六；《胜鬘经》中说六识，或因果俱说七，诸教说七心界，或因果俱说八，谓八识。或因果合说九，《楞伽》第九颂云：八九种种识，如水中诸波。依无相论同性经中若取真如为第九者，真俗合说故。今取净位第八本识，以为第九，染净本识各别说故。《如来功德庄严经》云：如来无垢识，是净无漏界，解脱一切障，圆镜智相应。此中既言无垢识与圆镜智俱，第九复名阿末罗识，故知第八识，染净别说以为九也。或因八果三识，《佛地》等云：前十五界唯有漏故。或因八果七识；安慧论师云：末那唯染故。或因果俱八识，如护法等正义所说。

幻性依他起识者：依他起者因缘生法，既是缘生，故事幻有，非有之有，无实自体，一即一切，一切即一，事事无碍，即是妙有。由此道理，众生幻有，故佛亦如幻有。

一识说：或说因果体俱一识，作用成多者；一类菩萨作如是说：一切有情，在因在果，各惟一识，随用成多。

二识说：一切有情，在因在果，俱有二识：谓一本识，二转识。本识即第八识，转识即前七识。出《瑜伽》决择分中。

三识说：《辨中边论》就因说三识，谓识生变似义，有情者，识之生变，指第八种子也。识之似义，指第八器界也。识之有情，指第八根身也。此上谓第八识。识之我者，谓第七识。识之了者，谓前六识。依《三十颂》因亦说三：如前文解。阿陀那识此翻执持，谓持有情根身不坏，义通因果。《二十颂》等因果俱说三识：谓心意识。心即第八，意即第七，识即前六。此三名俱通因果位。

四识说：《佛地经》中就果说四识，即转入识成四智也。

六识说：三乘共教多说六识：谓眼耳鼻舌身意识，意识摄七八二识也。

七识说：亦三乘共教说七心界者，谓眼等六识，外加意根界，成七心界。

八识说：因果俱通，如《成唯识论》等说。

九识说：《楞伽经》中说九识者，因位亦八，至果位中净第八识别曰庵摩罗识，染净别说，故成九识。依无相论及同性经亦可以真如识解为第九。此依真俗境明。然今取第八识转成净识，以为第九，引经如前解。

因八果三说：根境识十八界前十五界是有漏，至无漏者唯后三界。故因有八识，果中唯三。

因八果七说：果七识者，第七末那唯染污，故果中不诠。

因果俱八说：此是护法菩萨正义，谓眼耳鼻舌身意末那阿赖耶。

二别说四分

依他识中，或说唯一自证分，谓安慧师。或说唯二见相分，难他师。或说有三，自证见相分，陈那师。或说四分；加证自证分，护法师。

四分者：一见分，二相分，三自证分，四证自证分。分谓成分，八个识各有几成分耶。

安慧论师说惟一分，谓自证分，相见皆是自证变故。难他论师说有二分，谓见相分。陈那论师说有三分；合前二说自证为体，见相为用，体用别故，说有三分。护法论师说有四分，加证自证分，足前成四。能证第三分故。

此之四分，相分为所量，见分为能量。见分量相分时其能证知者为第三分。第三又须第四证知。第四则用第三证知，无无穷失。

三结非一异

如是所说诸识差别，一往而论。依《成唯识》云：八识自性，不可言定异，因果性故。无定性故。如水波故。亦非定一；行相所依。缘相应异故。起灭异故。熏习异故。《楞伽经》云：心意识八种，俗故相有别；真故相无别。相所相无故。

一往而谈，八识种类，有此差别。若再往而论，八识自体，不可说为定异定一。云何非定异耶？一、同因果性故，不可定异。二、同无定性，互相相通，不可定异。三、如水如波，亦非定异。云何非定一耶？一、行相异故，非定一。八识了知作用不可同故。二、所依异故者；根别也。三、所缘异故者，境别也。四、相应异故者，相应心所多少别也。五、起灭异故者，八识生起不同时故。熏习异故者，第八为所熏，前七为能熏故。

《楞伽经》下八识于俗事中有差别，于真理中无别也。相所相无故者：言在真理中无能所"相"故。

三总结成

如是一切识类差别，名为唯识。此幻性识，若加行观，唯共非自。若后得观，通自相观。一一依他，各各证故。

识之一名，在幻性识虽有如是差别，总而言之名曰唯识，前真性识，三智均观。加行后得，观共共相，正智乃证自相。此幻性识，唯加行后得二智之所观，加行但观共相，后得乃证自相，并观共相。

第六释　修证位次门

自下大文第六释修证位次。于中有二：一明位次，二辨修证。初中又四：一引《摄论》释。二引《成唯识》。三引《瑜伽》。四会通。今初。

第六修证位次者：《摄大乘》说：何处能入？谓即于彼有见似法似义意言，大乘法相等所生起。胜解行地，见道修道，究竟道中于一切法唯有识性，随闻胜解故。如理通达故。治一切障故。离一切障故。无性解云：在胜解地，于一切法唯有识性中，但随听闻生胜解故。在见道中，如理通达此意言故。在修道中，由此修习对治烦恼所知障故。究竟道中最极清净。离诸障故。

何处能入者：问：悟入唯识实性是何地位方能悟入？谓初发心，即依大乘法相，于自意识上所变起之教曰似法，教所诠曰似义意言。复有能观意识，现见大乘法相等。依此最胜义，生起胜解，依之而行曰胜解行地。斯谓初位。复次、由此经一大劫，世第一后，真相见道，是第二位。见道之后，勤精习练，曰修道。是第三位。修之圆满曰究竟道，是第四位。四位之中，皆能悟入一切法唯识性，故曰于一切有唯识性。随闻胜解者：长时闻法，求生胜解，此出胜解行地之行相也。如理通达者：悟一切法皆唯有识，非有妙有，出见道行相也。治一切障故者：出修道行相也。离一切障故者：出究竟道行相也。

无性解之下释成。胜解行地者：知一切唯有识性，但随听闻大乘法相而生胜解。见道位中，根本后得二智如理通达。此意言者，即是如唯识理，通达唯识。由悟此理，修十度行，对治二障。能扰害众生精神界之心理曰烦恼障，烦恼即障，持业释也。所知障者：所知谓境，即是相分；此境非障，境是应知之境，然虚妄颠倒之法执，障而不知唯识性相曰所知障。所知之障，依主释也。究竟道者，如文可知。

二引《成唯识》释

《成唯识说》：云何渐次悟入唯识？谓诸菩萨，于识性相资粮位中，能深信解。在加行位，能渐伏除所取能取，引发真见。在通达位，如实通达。修习位中，如所见理，数数修习，伏断余障。至究竟位，出障圆明，能尽未来，化有情类，复令悟入，唯识相性。

此第二引《成唯识论》五位次第。云何渐次悟入唯识者问起也。渐次者，如行路然，渐次而进。修唯识观菩萨，于唯识相及唯识性，由十信十住十回向能深信解，确而不移者，资粮位也。

加行位者：由资粮位，长时闻法，起四寻思观，及四实智，能渐伏除所取能取。所取谓境，属法执边。能取谓心，属我执边。此位菩萨第六识上能渐伏除现行不起修四寻观。能取之心不执为我，所取之境，亦不执为法。以暖顶位，印所取空。入上忍位，印能取空。世第一位，印能所二取空。二取空故，引生真见，证得初地，入通达位。通达者，如实相理，通达诸法，唯识所现。入修习位，如所见理者：如其通达位中，所见实理，数数修习者，渐渐锻炼，除一切障。至究竟位，顿断诸障，如月出云，究竟圆满，究竟光明，等真际，遍法界，自觉圆满也。尽未来际化度有情，亦令悟入唯识相性，觉他圆满也。

三引《瑜伽》论

五十九说：云何能断烦恼？云何当言已断烦恼？谓善法资粮已积集故。已得证入方便地故。证得见地故。积集修地故。能断烦恼得究竟地，当言已断一切烦恼，正同唯识。

一、问：如何修行方能断烦恼耶？二、问：至何地位可言已断烦恼？

善法资粮已积集故者，资粮位也。福德智慧双修齐集，是故云："福智无边誓愿集。"

已得证入方便地故者，加行位也。证得见地故者，通达位也。积集修地故能断烦恼者，修习位也。得究竟地，已断烦恼者，究竟位也。

上来三论，所明《唯识》《瑜伽》同明五位。独《摄大乘论》明四位。如表：

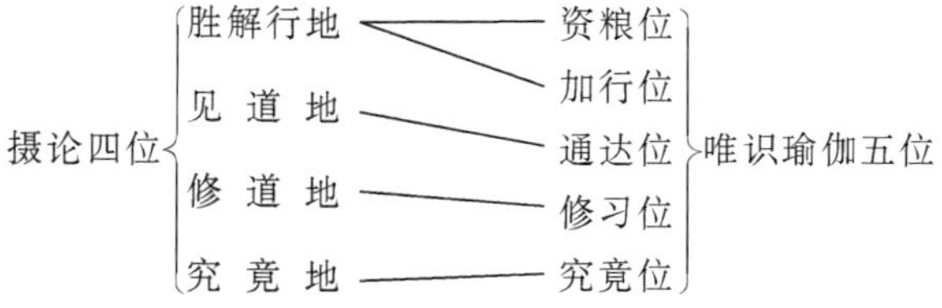

四会通

《摄大乘》中，以资粮道，闻思位长，大劫修满，方起加行。等持位中，作唯识观，从多为论，但说四位，以观时少，略隐不说。《唯识》等中，据实为论，别修行相，长道前位，亦有伏除，《摄论》《唯识》等，各言暖等中作寻思等观故伏除，直往迂回，地前皆同；迂回之人，虽得无漏；游观心中，亦不能伏除，未证真识，终不能了如幻识故。

《摄论》中何以独明四位耶？据时间论，以地前菩萨于十住十行十回向之三十位，长时闻法，如理思维，大劫修满，方起加行者，谓三劫修行，初劫从初发心至地前为一大劫。信等资粮位大劫将满时，方起暖等加行。等持位中作唯识观者，谓四寻观四如实智位，以此暖等加行，较前位资粮等时间短略，今从闻思时长立论，故不别说加行，而通曰胜解行地。《唯识论》说五位者：据实证论，故别立加行位。一依时间，一依实证。实不相违也。倘别论修相，见道位前，四寻思观与四如实智亦能观能所取空，如是则二论同说暖顶位修四寻观，忍世第一修实智观。故《摄论》之胜解行地，亦能伏除二取执。直往迂回，地前皆同者：直往谓凡夫人发大乘心，求菩萨果，修菩萨行，所谓直趋道场之人也。迂回谓先小乘而后大乘，或由大乘退小乘复趣大乘者之不定性人。此人未登地前皆修四寻思观等，方可发生真见。故云地前皆同。问：迂回之人已证圣果，具无漏智，云何复修四寻思观之有漏行耶？答：二乘圣者，证生空无漏智，虽然；游观法空尚未悟入。法执未除，故必回心向大，修四寻等，了诸法空，唯识所变，证真见道。以是义故，由智证真方能了幻，不尔未证真识，则不能了如幻识也。

二辨修证。于中有二：初结前生后。二正辨修。今初。

上来明位，下当辨修。

位次既明，其位所修应云何？故下辨修。

二正辨修。于中有二：初总举。二别释。今初。

辨修有三：一证修，二相修，三地修。

略以三类，辨修差别。

二别释有三：一证修，二相修，三地修。初中又二：一地前证修，二地上证修。今初。

证修者：此见道前，虽作真俗二唯识观，似而非真。

证修者，犹言修证地前菩萨，于证实智解之上，修四寻思，四如实智，虽能明唯识相性；然尚不能亲切明证，所得二取空相，仍是心变，故曰似而非真。

二地上证修。

入见道中，真相见道，俱了真识。后得俗智，方了俗识。四地以前，真俗别观。第五地中，真俗方合。然极用功，始能少起。至第六地，无相虽多，未能长时。于第七地，方得长时。犹有加行，亦未任运。八地以上，无勉励修，任运空中，起有胜行，真俗二识，恒俱合缘。至佛位已，三智俱能缘真俗识，第六不定，随意乐故，成事唯俗，行缘浅故。或亦通真，自在满故。

世第一心，刹那悟入，真相见道者：真见道者，无分别智，亲证空所显理。相见道者：观非安立谛，遣假缘智，除一切分别，随即观安立谛，修十六心。俱了真识者，谓此二见道，俱能证明，亲了真性唯识，由此证后，后得智起，方了诸法，如幻如化，得幻性唯识观。此明初地先真后俗也。

四地以前，真俗别修者：谓二三四地菩萨，于真性俗性二唯识观，各别而修，亦各别而证也。

第五地中，真俗方合者：真境智与俗境智行相互违，此地菩萨，由极用功，始能少起相合，最极难胜。六地证修缘起智，引无分别故，无相时多，然未能时时现行。故云未能长时也。

七地菩萨，由加行力，精进无间。既由加行，故非任运，任运者，犹自然而然也。

八九十地，真俗二智，合观二境，均任运修。故云无勉励修。

大觉位上，智圆平等，二智定能真俗唯识，相性合缘。唯第六妙观察智，有时合缘，有时单缘，随意应得。故云不定。成所作或言唯观俗性唯识。或言通真。如前已明。

二相修。于中有二：一明修定义，二明位修。今初：

相修者，云何名为修唯识观？谓令有漏无漏观心种子现行，展转增胜，生长圆满。初修习位：随所闻法，托境思惟，令此观心纯熟自在，后伏所取能取二执，观心转明胜，境相像渐微忽，心境乃冥观，转成无漏。如是展转，下转成中，中转成上，究竟圆满，名之为修。

相修者，明修行时之行相也。初问起有漏无漏观心者，有漏无间引生无漏，无漏无间出生有漏。四寻观等有漏种现，引内无漏种子，展转增胜。入真见道，得生现行，现行复熏种子，种子又生现行，故曰生长。入究竟位，至极圆满，故云展转生长圆满。又解有漏观心地前修，无漏观心地上修。初修习位者：谓初发心修习之时，随所闻法者，谓即于彼意言似法似义，所闻大乘法相等。托境思维者：闻彼大乘法相意言似法似义，所明境界名事等法。如是而观，刹那刹那，如理思维，起寻思观，依此念念令观心境，不转不移，名纯熟自在四寻思观也。复次引发四智，伏除二取，则观心之无漏种子更转明胜，其有漏境相亦必渐微忽矣。

心境乃冥观转成无漏者：世第一后入真见道，心境平等，同无分别，故云冥观。正智现前，证真如境，曰转成无漏。如是展转，由下转中，由中转上，及至究竟名之为修；下者、地前二位，初僧祇劫。中者、七地以下，二僧祇劫。上者、八地以往第三僧祇。如是三大劫中，展转修习，名之为修。

二明位修

于初二位，有漏三慧，皆现种修。种修无漏用渐增故。通达位中，唯有修慧，纯是无漏，通现种修，种修有漏，在修习位。七地以前，有漏无漏皆具三慧，通现种修。八地以上，无漏三慧，通现种修，种修有漏。于究竟位，有漏皆舍，无漏满故，而更不修。然具现种真俗二门无漏之观。

此明修相。依种子现行说：初明地前相修。二位者：资粮加行位也。有漏三慧谓闻思修慧，于资粮加行之菩萨，依闻思修三慧修唯识观。或在现行上修，或在种子上修。现行修者：纯系有漏，谓听闻思维六度万行等。种子修者：可通无漏，由前有漏现行善，熏习本有之无漏种子，令种势用，渐渐增胜，故云种修无漏，用渐增故。通达位者：初地菩萨，彼于三慧唯有修慧通达诸法，皆唯有识，正智见道，证真如理，故纯无漏。然其修相虽通现种，而种修则亦通有漏。何以故？现修无漏者，以其现行纯是无漏心品故。种修有漏者，其有漏种有断伏故。习修位者：十地皆通，惟初之七地或无漏无间生有漏，下利众生。或有漏无间起无漏，有上求佛道者，皆俱三慧，亦通种现二修，种修仍通有漏。八地以上，齐成佛位，有漏不现。所有现行，任运无漏，故其三慧，亦皆无漏。修种子者，仍通有漏，二障种习，未全害故。

究竟位者：正遍知觉，究竟断除二障种习，究竟证会圆成实性，无漏满故。有漏皆舍；不须更修。尽未来际，开示有情悟唯识性。然具现种真俗二门无漏之观者，谓大圆镜等四智心品，或后得智，生起现行，观幻性无漏唯识，或正体智，印证真性无漏唯识也。

三地修。于中有二：一明二种修。二别开四门。今初：

地修者，有得修习修：《对法》云：又道生时，能安立自习气，是名得修。从此种类，展转增盛，相续生故，又即此道现前修习，是名习修。由即此道现前行故，习谓现行。得谓种子。

言地修者：地谓定地。此明修唯识观者，于色无色界十地之中，（欲界非定地，故色界六地谓初禅未至地初二禅中间地，及四禅地，色界四禅四地。）依何定地而修观心。

有得修习修者：开二门也。得修者，依修所得之种子而修，曰得修。未得不修。习修者：依现行而修习熏炼曰习修。

道生者无漏智品，此起现行，故曰道生。如修法空观道生时，即此法空熏习之种子，曰自习气。此能安立，名曰得修。从此种类，展转增盛相续生故，释种修也。云何习修？谓即所生法空观道现行上之修习，由即此道现前行故。释习修也。

二别开四门。有二：一正明四门，二料简。今初：

有依下地起下地心。习修唯下，得修通上，得缘上境，令势增长，下体用俱增，上唯用境故。《成唯识》云：前三无色有此根者，有胜见道，傍修得故。有依下地起上地心，习修唯上，得修通下地。有依上地起上地心，习修唯上，得修亦通下。有依上地起下地心，习修唯下，得修通上。

一依下地起下地心者：例依初禅定地起；初禅中唯识观心，现行修（即习修）唯是下地者，以现行心，是初禅故，种子修（即得修）者，得缘上境，缘上境者，熏上地种，令其增长，势用成熟。但体用分别者，下地体用俱增，现行熏习，新成种子，名为体增此唯自地。用增者：便自地上地，本有种势用增，以得修原有种子故。引《成唯识》释妨也。前三无色有此根者：谓未知当知已知具知之三无漏根，若胜见道，依此三根者，是傍修得通正修。依四禅天定起见道心，必先修前三定种，令势用增，方起现行，能胜见道。

二有依下地起上地心者：谓如依初禅地，定修二禅以上唯识观心，现行修唯上地，现修观心是上地故。种子修亦通下地，以能令自地及上地种增势用故。

三有依上地起上地心者：谓如依四禅定地，起四禅观心；现行修在上地，定观俱在上地故。种子亦通下者，断伏下地种故。

四有依上地起下地心者：谓如依二禅定地起初禅观心，现行唯属下地，种子通上。三四禅天会释亦尔。

二料简。

诸上修下，及自地修，通一切品。下修上者，必是曾得自在者修，非余品类。《对法论》云：下地不能修于上者，以诸初业及渐邻近习修者说，未得自在，未得上定，不能上修。近未生果故。非胜者可尔。

居上定位，作下地观，当属可尔。故上修下及修自地，一切品位，通可修习。若下修上者，有二种人：一者，谓曾得上地者，现示居下地，可下修上。二者，于上地法得自在者，可下修上。除具此二种资格之外。余之品类，不可居下修上。言自在者：或提八地菩萨，能于诸行得任运故。

问：《对法藏论》下地不能修上地者何通？答：《对法论》下不修上者，非依胜者说，有二因故：一依初得禅定现行上说，二依渐邻近上地定现行上说。何以故？此二皆不自在，亦未曾得上地定故，近未生果故。若是曾得或已自在者，则可修上。故云非胜者可尔。

第七释　观法何性门

自下大文第七释观法何性。观法者，通能观所观。谓此唯识观法，于三性中，属于何性。于中有二：一标立二门。二随标引释。

今初：

第七观法何性者：此有二种，一能观。二所观。

标也。能观谓唯识观慧，所观谓唯识诸法。此二种观，于三性中各属何性耶？

二随标别释。于中有二：一明能观性，二明所观性。今初：

能观定非遍计所执，彼无体故，此据正义。有漏观者，定属依他。无漏观者，二性所摄。常无常门，属依他起，有无漏门，摄属圆成。决定无唯属圆成者，非真理故。即显地前唯是有漏依他能观。七地已前，有漏无漏，二性能观。八地以上，唯以无漏二性能观。

所言性者：谓遍计所执自性，依他起自性，圆成实自性。初遍计性者：妄执有我及法实体，而实无体可得。以是义故，能观唯识之观慧定非遍计所执自性摄。以此是有体故。抉择诸法有胜用故。

此据正义者：有义凡夫之妄想知见是遍计所执自性，亦有能观之用，故可属遍计所执自性。此非正义，故略不说。

有漏观慧，谓地前加行四寻观等，仍依自识所变相分，托佛心上名句文为本质，起四寻思观。观二取空，亦是识变。既皆是识，故属依他。此依现行而言。若内薰无漏种，亦通无漏。

无漏观慧，谓地上观慧。此以二门分摄：一常无常门，二漏无漏门。初门常谓不生灭之圆成实性，无常谓生灭之依他起性。而唯识观慧则属依他起性。何以故？是生灭无常法故。次无漏门，有漏属依他起性，无漏属圆成实性。此观是无漏，故属圆成实摄。然无漏观慧决不能独摄于圆成实性，何以故？观慧是能观故，非是所观真如理故。

依他起之观慧在地前唯是有漏，七地已前通漏无漏。依他圆成，八地以上二性观慧，纯是无漏，成就清净依他性故。

二明所观性。于中有三：引二论，二会释。

所观性者：《摄大乘》云 ：如是菩萨悟入意言似义相故，悟入遍计所执性。悟入唯识故，悟入依他起性。若已灭除意言闻法熏习种类唯识之相，乃至尔时菩萨平等平等无分别智已得生起，悟入圆成实性。

明引二论：此初引《摄大乘论》之第一段文也。如是菩萨者，谓修唯识观之圣者也。一、修四寻观之菩萨：此位菩萨，观察三性云何悟入？若能觉悟通达我及我法所有名言义理，皆是意识所变，毫无实体；是即觉悟初遍计所执自性。亦即此性如所观性。二、依四寻观，所引四如实智，观一切法皆有唯识种子现行，仗因托缘之所现起，都无自性，是即觉悟第二依他起性。亦即此性为所观性。三、依如实智如理观察：若意言，若闻法所熏而起之似义似相等种类差别之唯识相，如是观见，同如带相之观，如是如是，乃至无分别知生起，观照真如平等平等，悟证圆成实性。亦即此性为所观性。此中双言平等，第一平等谓即真如，次曰平等即正体智，谓真如平等，证真如之智亦平等，是二平等之智，曰平等无分别智。

又云：名事互为客，其性应寻思。于二亦当推，唯量及唯假。实智观无义，唯有分别三，彼无故此无，是即入三性。初半颂悟入遍计所执，次半颂悟入依他起性，后一颂悟入圆成实性。

此引《摄论》文也。颂初二句悟入初性，次二句悟依他，后一颂悟入圆成实性。如文可知。初门释：

《成识唯》云：非不见真如，而能了诸行，皆如幻事等，虽有而非真。

此初二句 。意谓证见真如圆成实性以后，方能了达诸法无我诸行无常之依他起性。若未见真如，则不能悟了依他起性之诸行如幻如化。所言幻事者，真相显已，观幻化假，此假虽有而非真，然假不离真，故假中有真。若不亲证，终无真知。

见真者：谓真见道。此位观一切我法执空，即入圆成实性。后得智观幻事唯识，悟入依他。既悟二性，亦即悟入遍计执性。

三会释。于中有二：一判观位，二二门会释。今初：

如是上下，三处不同。《摄论》初文，暖顶二位，悟入所执。忍第一法，悟入依他。初地初心，入圆成实。

判位有三：此第判《摄论》初文也。悟入遍计所执自性者：修四寻思观，是暖顶二位。悟入依他起性者，暖顶之后，忍世第一，修如实智，始能悟入。悟入圆成初地初心者，即世第一位后刹那心，见道真心，证离言性，无有分别，是为初地初心。第二心念，后得智观，依他起故。

《摄论》第二文，暖顶寻思，悟入二性。四如实智，悟入圆成。

判《摄论》第二文也。暖顶二位，即可悟入遍计依他二性。忍世第一，四如实智，悟入圆成。

《成唯识》文，要入初地方悟三性。

判《成唯识论》文。知文可知。

二、二门会释。

虽有三文，义理唯二：一者实证，二者相似。

结前标后也。一实证三性，二相似三性。实证者，谓依此事实，亲身确切证验不谬，亦谓之得现量境也。相似者，谓所得境影象相似，非如实体。

《成唯识》中据实亲证，由无漏二智真俗前后，方可证得后二性故。

此下会释。先唯识论文。无漏二智者，谓根本智与后得智，是能观慧。真俗前后者，真俗谓境即是所观，前后者由根本智先亲照真如平等法性，实证圆成实性。后后得智观一切法，如幻如化，证依他起。后二性者，即依圆二性也。

证二性时，不见二取，即名证遍计所执无。

前明证依圆二性，此明证遍计所执自性也。证二性时，不见二取者：二取谓能所分别。二取分别是为言说，言说分别，不诠诸法自体性故。是故证二性时，真如正智平等平等，无有分别。无别分故，不见二取。二取即是遍计所执。既不见二取，即名为证入初性，遍计执无。

无法体无，智何所证？

问云：依他起性，如幻妙有。圆成实性，真空妙有，是谓有法。遍计所执如龟之毛，似兔之角，都无体相，是谓无法。有法有体，可言智证。无法体无，所证者谁？

心所变无，依他起摄。真如理无，圆成实摄。故计所执不说别证，但于二性不见二取，可名悟入遍计所执。

释云：计所执法心所变，事实本无，依他起摄。真如性上，我法理无，圆成实摄。遍计所执，迷此二性。今既悟入不见二取，即悟入遍计所执，不说别证。

然正体智达无证理，多说此智证计所执。虽见道前，亦已不见，未亲得二，不名证无。故于初地，方名证得。

释入初地方悟三性，正体者即是正智，体即真如，正证真如曰正体智。达无证理者，无谓二取无。通达诸法唯识所变，所计体无，名曰达无。理谓真理，本真如是，应求作证，名曰证理。此达无证理之正体智，即为证入初性之智。

见道之前，如实智观世第一位，虽亦观二取空，然此空相仍是识变，非智证得。以未得二智，不能证得后二性，证后二性即证初故。由此《成唯识》言入初地方证三性也。

《摄论》初文，悟圆成者，据实证得，与《唯识》同。悟前二性，据相似悟，长时多分，意解思惟前二性故。短时少分，虽亦相似，悟入圆成，非长时多分，亦非亲证，故据实说。

此下会释《摄论》初文。悟圆成实，据实证说，初地方证与《唯识》同。悟初二性据相似说，未见道前，资粮位中多闻熏习，至加行位，暖顶忍世第一，皆观二性，时分长远，相似观见，二取本空，意解思维前二性故。意解谓如是忍第一位菩萨，相似悟入自意解中，以为证得如是。后观前二性亦不见二取，属忍第一，不通暖顶故。时短少故。此忍第一位，虽分悟圆成实，时短且是相似，而非亲证，故不亲证。

《摄论》次文，悟入三性，总据相似意趣而说，创观名事不相属故，名悟入所执。次观唯有识量及假名等诸法，虽未证实，名悟依他。如实智位，虽实有相，而未证真，二取俱亡，与真智观相似，趣入意解，亦谓即是真如。故实智位，名入圆成，实未悟入。

此下会释《摄论》次文总据相似意趣而说。谓《摄论》次文悟入三性，同据相似而说，非如《唯识》同据实证，亦非前文悟圆成据实，故云总据相似意趣。创观名事不相属故者，名唯是名，事唯是事，各互为客，不相结属，不定计执，名悟初性。是暖顶位。次观唯有识量及假名等诸法者：如是菩萨，复观诸法唯识，因缘假有，虽未证悟，名观依他。如实智位者，四如实智，忍第一位也。此二位中，能观二取双亡。此与真见道智，观空相似，亦名悟入圆成实性。趣入意解者，谓此位菩萨自心意上亦觉如真如，颂云：现前立少物，谓即唯识性是也。

《摄论》据相似意解三性别明悟入，《唯识》据真实别证二性。通证所执。虽文有异，而不相违。余所有文，皆准此释。

此正相会也。《摄论》相似意解三性而明悟入，《唯识》依实证明证悟二性。于二性中，不见二取，即是悟入初性。此文虽异，各据一义，理不相违。余文准释，广会通也。

第八释　诸地依起门

自下大文，释诸地依起者，地即定地，亦名为心。依谓依身。诸地者上二界之十地也。以初欲界五趣杂居谓不定地。色界以上皆曰定地。谓唯识观者：依何种定起何种观慧。次诸依者：谓异熟身，谓属何界之执身，而修起唯识观慧。

大文有二：一辨依身，二明地起。初中又二：一明顿悟，二明渐悟。今初：

第八诸地依起者：此中有二：初辨依身，后明地起。

标二门。身显先明，地深后说。

依身者：若顿悟者，初起依于欲界身得，创发胜心，唯欲界故。《显扬》等说：极戚非恶趣，极欣非上二，唯欲界人天，佛出世现观。

此明初发心依身言。顿悟者，直往菩萨也，从凡夫位发心，直成佛道者。此初始发心求成佛菩萨，必是欲界有情，故云于欲界身得。引《显扬圣教论》证，由于苦故，发菩提心。云何非恶趣，极戚故，不发胜心。色无色界极欣乐，故不发胜心下之恶趣，上之二界，佛不出现。唯欲界中，人及欲界天中，佛得出世。并唯欲界能修现观，谓真实明白得真如现观。现观有六，此尤侧重真现观也。

初地以前，三界依身，一切容得。

初地以前，谓地前四十四贤位，以有业报身，故生于三界。所得报身，皆容起观。

许毗钵舍那菩萨生无色界，以无色心了一切故。非此何人得有是事！

辨生无色界也。无色界之有情既无物质之色身，云何依彼起唯识观？答：发大乘心，直往菩萨，虽由业故生于无色，能以无色定心观一切境。若非曾发大心之修观者，谁能有斯事耶？故许地前菩萨可以三界依身，修唯识观。

七地以前，得依欲色二界身起，菩萨不生无色界故。八地以上，唯定依于色界身起，托胜所依得菩提故。

此下明圣地上依身，谓直往菩萨，初地至七地可依欲色二界身修唯识观。依欲界者，广利有情。依色界谓依四禅，或五不还等身。得胜身故不生无色者：菩萨转业有自由力，不随业转。无色界中彼无利益，故不生也。

八地以上，至于成佛之顿悟菩萨，唯依色界身起唯识观，不依欲界者，常住定中无有散心，虽在定中能以神通利有情故。依色界者，依此胜身得菩提故。不依无色者，无利益故。

二明渐悟。于中有二：一明不经生。二明经生。今初：

其渐悟者，初二果人，初起必依欲界身得。

渐悟者：先修小乘行，后回修大乘。其回心之时，若初二果者，依欲界身得。初二果人谓四果中初须陀果，二斯陀含。

七地以前不经生者：亦通色界，依身而起。

言不经生者：云何经生？谓得初果，要于人天中经七返生死，二果要一往返，方得无生。已经此生死，回心向大者，名曰经生。得初二果，未经此生死即回心向大者名曰不经生。大乘渐悟七地以前之初二果，渐悟菩萨受分段生死故，如前可通依欲色二界身，以此中有不怖生死之辈，故不妨舍欲界身，别受色界身。但其怖生死者，亦可依欲界身，转为变易。

虽未入地亦不生无色，悲愿自在，随受生故。亦不因修，许转生故。

此释初二果不同顿悟之地前菩萨也。问此不经生者初二果人既未入地，云何不生无色界耶？谓圣地菩萨大愿自在，可得随意受生，今初二果人非愿自在，故不能生。云何不任业生无色界耶？谓生空无漏慧力胜，不复因循业力而转，故亦不生无色。因修者，任运也。

不同顿悟：见道已前，自己得无漏，彼业力多故。或亦许生：三界业缚，彼犹有故。非此生上厌下染故。

未入地之渐悟菩萨，即回小向大之二果圣人，此不生无色者：因已悟生空真如之生空无漏慧强故。彼业力多故者：明未入地顿悟菩萨生无色者，以未断我执，未得生空无漏，业力犹多故，故亦生无色界。然以具观慧故，即依彼界可起现观。

或亦许生者：谓许渐悟人亦生无色界。何以故？一者虽得生空慧，断三界惑，犹有三界修惑未尽，故云三界业缚彼犹有故。以有业故，任运生无色界。问：既生无色，如何受佛大菩提耶？即谓此生无色非厌下二界染，欣无色界之乐而生。由业暂生。业若了时，还生色界第四定，依胜身而修。

二明经生

若经生者，必不上生。发心及后，唯欲界故。

下明经生。初二果也。经生者，谓已经受过往反生死者，发心向大，修唯识观。以怖生死，故不转生上界，发心及后者：谓初发心，以至于成佛，皆依欲界本身展转，变易增胜，而得不别受身。

第三果人，不经生者，欲界发心后；通色界依身而起，不生无色，无利益故。

此明第三果也。第三果人名曰不还，谓于欲界得三果者，此身之后，生于色界，不还欲界受身。然未经过此上生者，曰不经生。初在欲界发大乘心，依欲界身，修唯识观之后，仍得转生依色界身，起唯识观。不生无色，如文可知。

若经生者，及第四果，欲界发心；初后唯依欲界身起。色界发心，亦唯依于色界身起。

此明第四果也。经生者，谓前三果。第四果者，谓无学阿罗汉。此若发心修大乘唯识观，若在欲界创发心者，从初至后，唯依欲界身起。若在色界创发心者，（住五不还天者）亦唯依于色界身起，色界发心者，即依色界身修唯识观。

初证顿悟。必欲界身，由断生执，慧厌深故，渐证初依。亦通色界：《显扬》等说唯欲界中，入现观者，据各初入非渐悟故。唯断法执，非深厌故。

此下结成顿悟菩萨证唯识性，初所依身，必为欲界。何以故？欲界生死重故。初心菩萨要由厌生死心深故，断生空烦恼之厌慧强故，依欲界起。渐悟菩萨，证唯识性，初所依身通色界起唯识现观，五不还天圣者亦回心故。若尔《显扬论》说岂不相违？彼论说言：唯欲界中得入现观，彼论此说，通据三乘，初入现观而说。其渐悟若在欲界回心，即依欲身。若在色界回心，即依色身。故彼论之说但据大乘中之顿悟者而言，非依渐悟。以大乘渐悟人已证生空，发大心后但求更证法空，而于生死烦恼不须更深心厌离故。

二明地起。

上明依身，下明地起。

结前起后也。

欲界自地，观通闻思，唯散非定，亦非无漏。此依正义，不取傍说。

上来明依何身修唯识观。下明依何定地修唯识观。此明依欲界修唯识观也。初修唯识观者:依欲界自地。自地者,即执得之五趣杂居地也。此位观慧,唯通闻思,不通修慧。唯散非定,亦非无漏。

色界观中,通闻修慧。无色界观,唯修无余。色界无思慧,无色又无闻,诸教同故。

明上二界地所起观慧。色界通闻慧者:如梵王等闻法。又定中亦可闻法故。即定中慧名曰修慧。然无思者,思是寻伺心故,初禅虽有,时极短少,以少从多,故不说有思慧。无色又无闻者,无色以无耳根故。

此唯加行善故,非生得摄。

别辨:谓此诸慧由加行用功得,非生来报得也。

然依《瑜伽》六十五说:若定若生,毗钵舍那菩萨未得自在,及得广慧声闻,若诸有学,若阿罗汉,以无色界心,了三界法及无漏法。故知无色亦有。此观菩萨,即是见道以前四十心位。地上不生,处处说故。广慧声闻者:随应说之,不愚于法故。除此二外,不说余人亦得。无色心通缘于一切。

若定若生者:若定谓得彼定者,若生者谓得彼定复生彼天者。《瑜伽论》意或得彼定,或又生彼天之未入地菩萨,及得广大智慧之声闻,(声闻中或居有学之前三果,或无学之阿罗汉。)如是圣者能即于彼无色天定,以无色心,缘了三界及无漏法。既尔,故知无色界中生来亦有此观慧菩萨也。然即资粮加行等位,非地上生,地上已得自在者不生无色故。广慧声闻不愚于法故者:释广慧声闻,缘三界法,及无漏法之所以也。

菩萨见道及金刚定唯第四定,后通诸地:色六,无色四,十地随应依起。此观断惑九，游观十随应别说。无漏闻思，随依无爽。上七未至，唯有欣厌。行相犹局，故不能作。

明地上地起也。见道者初地，金刚定者十地后心。此二皆依色界第四静虑以起唯识现观。言金刚者：喻也，此定所发智如金刚，能摧一切二障种现，而不为一切障所破。喻如金刚诸物中坚，能破一切，而不为他物所破也。

金刚定者：定相应慧，亦云金刚道，金刚智。后通诸地者：后谓见道之后，修习位中，通于诸地，随应起观。诸地者：色界六地：一初禅，有寻有伺，未至地。二无寻唯伺，初禅地。三无寻无伺，由初禅至二禅中间地。四二禅定。五三禅定。六四禅定。无色者：谓空无边定，识无边定，无所有处定，非想非非想定，足前成十。

此观断惑九者：谓依此诸地修唯识观，能断惑者唯有九地，除去非想非非想定，少有慧故。然游观者通于十地。

无漏闻思，随依无爽者：见道之后，所有闻思，纯是无漏，随所依诸地而起，无有爽碍。

上七未至者：谓未至定共有八种，初初禅未至定，可以依修。上七未至定，则不能依修。何以故？以唯有欣厌故，行相局故。

第九释　断诸障染门

自下大文第九，明断诸障染。前之三门明唯识境，即明障染之所依也。次之五门，明修诸观。由观行故，对治障染，显二空理，谓之能断治者。今正明所断之障染。于中有二：一标。二明地断。今初：

第九，断诸障染者：障有二种：一俱生。二分别。此复有二：一烦恼障，二所知障。

障谓障碍，染即杂染，二障即染。为二障品所间杂者，则曰杂染。烦恼障大涅槃，所知障大菩提。诸表非一，略有二种：一俱生，二分别。此复各二：一烦恼障，二所知障。此复又二：一现行，二种子。如表：

- 障
  - 俱生
    - 烦恼障
      - 现行
      - 种子
    - 所知障
      - 现行
      - 种子
  - 分别
    - 烦恼障
      - 现行
      - 种子
    - 所知障
      - 现行
      - 种子

二明地断。于中有二：一正明地断，二明障差别。初有四：一明分别烦恼障，二明俱生烦恼障，三明分别所知障，四明俱生所知障。

《成唯识论》第十卷云：分别烦恼障现行，资粮道中渐伏，加行道中能顿伏尽，种习俱初地断。

分别烦恼障现行者：谓由分别所起烦恼障之现行，换言之，即现在由邪说邪思维等妄想分别所起之邪见等心行也。此现行之分别烦恼障，在十信住行回向之资粮位渐伏。伏者，降伏制伏令不起也。然未能尽伏，至四加行道则能降伏尽净，令不现行。种习俱初地断者：种谓种子，亦曰功能，能生现行，如谷等种能生芽等。习云习气，亦犹痕迹。譬如菜缸，菜去气留，然无功能可生现行。此种与习，以隐细故，初地方断。

二、明俱生烦恼障

俱生烦恼障现行，地前渐伏。初地以上，能顿伏尽。

俱生烦恼障现行者：俱生谓与身俱从生来即有之烦恼，如贪慢等，非由邪说邪分别而起者是也。此现行俱生烦恼障，未见道前，四十位中渐渐修习，渐渐伏抑，令不现起。至见道位，能顿降伏，令永不起。

然故意力有时犹起，而不为失。

此明地上菩萨行菩萨道时所行之方便。所谓为度生故，虽现烦恼，不惟无失，且多功德。如瑜伽菩萨，所开性罪等，皆是菩萨故意所作，以烦恼为行利他之工具，非不知也。故云有时犹起，而不为失。

八地以上，永不现行。

八地菩萨，有大威德，任运度生，自在遍化；不假烦恼为其工具，而一切烦恼遂永不现行。

习地地除，种金刚断。

此明断俱生烦恼之习气种子也。俱生烦恼之习气，十地之中，地地皆渐除。故云习地地除，俱生烦恼之种子者：过于十地，至等觉位金刚道中，方可断除，故云种金刚断。

其身见等，及此俱生，四地永伏。法执无故。此所生起，五地不行，以害伴故。

别明从身见俱起之烦恼。梵语萨迦耶见，此云身见，亦云我我所见。此见为诸烦恼上首。等者等取与身见相应所起之烦恼。及此俱生者，谓与身见同起之贪心等。

四地永伏不生。何以故？身见等所依之法执无故。大乘菩萨见道之后，不重断我执，而重断法执。至第四地，以身见所依法执空故，人执亦空，人我须依法我起故。譬如蛇觉依绳觉起。是故身见，四地以上不复现行。

此所生起者：谓身见生起之烦恼，即身见起后随带而起之惑，独行贪，独行无明等。其所现行，五地不起。何以故？害彼伴故。

三、明分别所知障

所知障中，分别现行，亦资粮道中渐伏。加行道中能顿伏尽。种习初地断。

此明由分别而起之所知现行与种子，伏断位次，如分别烦恼障。

四、明俱生所知障有二：一总说，二别说。今初：

俱生现行：地前渐伏，乃至十地，方永伏尽。

俱生所知障之现行，地前渐伏，十地永伏，此总说也。

二、别说有二：一正解，二引证。今初：

若别说者：前之六识，八地伏尽。种习皆地地断。七识现行，金刚喻定，加行道伏。金刚喻定起时，种习俱断。

此下别说。谓前六识相应所知障中，俱生所起现行，八地以前渐次伏除，至第八地能永伏尽。其俱生种子习气者，地地断除。第七识相应所知障中之俱生所起现行，在金刚喻定胜加行道上，能永伏尽。换言之；即是十地圆满，入金刚喻定之加行位中也。至金刚定起时，异熟一空，种习俱断。附地断表：

- 地断表
  - 俱生所知障
    - 前 六 识
      - 现行…………地前渐伏八地永伏
      - 种子…………地地渐断金刚永断
      - 习气…………地地渐断解脱道永断
    - 第七八识
      - 现行…………地地或伏或起金刚之加行永伏
      - 种子…………金刚无间道断
      - 习气…………解脱道断
  - 俱生烦恼障
    - 前 六 识
      - 现行…………地前渐伏初地以上顿伏
      - 种子…………金刚无间道断
      - 习气…………地地渐断解脱道永断
    - 第七八识
      - 现行…………初地以上渐伏第七地永断
      - 种子…………金刚无间道顿断
      - 习气…………解脱道断

二、明障差别。有四：一《瑜伽》三住。二《深密》三随眠。三《宝性》四障。四列举余障。今初：

菩萨地说：烦恼所知障，皆有三住所断：一极喜住。一切恶趣诸烦恼品，及所知障在皮粗重，皆悉永断。能令一切中上烦恼，皆不现行。最初证得二空真智。

下明瑜伽三住配三劫。一、极喜住为初劫。二、无相住为二劫。三、成满住为三劫。此第一明极喜住也。极喜住者：即初欢喜地。得二空智证不退故，名之曰住。一切恶趣者：谓欲界中三涂恶趣。诸烦恼品及所知障者：根本烦恼及随烦恼等，一切杂染品法，名诸烦恼品。所知障者：谓所知非障，障于所知境者，曰所知障。恶趣于二障为最粗显，亦极深重者，故喻曰皮粗重。至极喜住，此皮粗重二障品法皆永断除。如诸匠人，锻炼钢铁，初炉初打，所去污质，似此皮粗重也。

能令一切中上烦恼，皆不现行者：上品烦恼不现行：谓极恶之烦恼，亦即资粮位中所伏烦恼。中品烦恼不现行：谓稍轻之烦恼，亦即加行位中所伏之烦恼也。

最初证得二空真智者：最初谓初始发心，求二空智，今始证得，名曰最初。二空者：谓生法二空。真智即二根本无分别智。证彼空智，曰二空真智。

二无功用无相住。一切能障无生法忍诸烦恼品及所知障。在肤粗重，皆悉永断。一切烦恼皆不现前，最初任运得无生忍。

此第二明无相住也。由初地起至第八地，是第二大劫。八地以前皆借功用，至第八地，由无相智慧证无相真如，于二空理不加功用，无相而住，得无生法忍。故障于无生法忍之烦恼所知二障皆永断除。犹如匠人二次炼铁，二炉二打，所去铁中细锈污质。故所断障喻在肤肉，曰肤粗重。

三最上成满菩萨住。一切烦恼习气随眠及所知障，在骨粗重，皆悉永断。入如来住。

此第三明成满住也。由第八地至如来位，无上菩提，大觉圆满，是经第三大劫矣。最上成满者：谓最极无上，至极成就圆满究竟之位也。言随眠者：谓即种子；此所断二障习气与种子，最极深细如骨中垢，至为难断。入如来住，始能断除。所谓“金刚道后异熟空”者。亦如匠人三炉烧炼，第三锻打，所去至细之锈质耳。

二、《深密经》三随眠

《解深密经》说，有三随眠，一害伴随眠：谓前五地诸不俱生烦恼，是俱生烦恼现行助伴。彼于尔时永无复有。

上引《深密》经明三随眠。此第一明害伴随眠。初正引经，下章主释。随逐现行，眠伏藏识，名曰随眠。言害伴随眠者：害谓断除身见所起助伴之烦恼，曰害伴随眠。

前五地诸不俱生烦恼者：第五地以前所有不与我我所见俱生之烦恼，即独头贪痴等，名曰不俱生烦恼。此不俱生之贪等烦恼，是彼与我我所见俱时而起诸烦恼之伴侣。此贪等入五地时永断。故曰彼于尔时，永无复有。是为害伴随眠。

此意说言：第六识俱身见等摄，说名俱生。所余烦恼，名非俱生。然体稍粗，因彼而起，由彼断故，此亦随无，故名害伴。

章主释也。第六识上相应烦恼与身见同时起者，名曰俱生。不同时起，名非俱生。此不与身见同起之烦恼，体稍粗重，故四地身见一断，其不与身见俱生之助伴烦恼，五地亦无有矣。

二羸劣随眠：谓第六七地微细现行，若修所伏不现行故。非俱生身见断此亦随灭，稍难断故。

此第二明羸劣随眠 。六七地上所断烦恼所知微细现行，如微细贪等，此由修慧力故，伏令不生。五地以前，俱生身见虽断，此未能灭，体微细故。

不违《楞伽》？俱生身见断故。贪即不生。

问难也？俱生身见，第四地已断，则五六地已无。云何此六七地中仍有耶？

彼约二乘断烦恼说，不依菩萨所知障无故烦恼不生说。

释也。此第一约断障答。《楞伽经》约二乘断障说：二乘直从烦恼障断，则如楞伽所说。菩萨修法空观，断所知障；所知障断，烦恼不生。故如此说，思之可知。

或依二随眠，究竟断位，彼经此论，亦不相违。

第二所断不同。若五地害伴侣，七地断羸劣；经以身断，余亦随断，但指粗相。论说断细。各依一义。经论不违。是故研究佛学，宜观一经一论前后文之大意，然后判一句一段之文义。不可固执一词，以当其意义也。

三微细随眠。谓于第八地已上，从此已去一切烦恼，不复现行，唯有所知障为依止故。

第三明微细随眠。初正明，次会释。此初正明也。入地以上，烦恼断尽，一切粗品，均已伏除。唯所知障为依止，亦曰无明。是为微细，非二乘所断故。

然由初地，已断夫粗重故，方可显得初二随眠位。复由第八地在肤粗重断故。显微细随眠位。若在骨粗重断者，我说永离一切随眠，住在佛地。

以三随眠会释三粗重障，如文可知。

三、《宝性论》四障

《宝性论》中或说四障：一、阐提不信障。二、外道著我障。三、声闻畏苦障。四、缘觉舍心障。

下明《宝性论》四障。此列举四障。阐提不信障：谓无善根种姓。外道着我者，谓执各有一神我灵魂等外道种姓。声闻缘觉二障者：谓定姓种姓，不发大心名畏苦。舍大慈悲心，名曰舍心。

十信第六心伏初障，信不退故。

别释断障，此明断初障也。言十信者：三贤之首，万行之本，凡欲从凡入圣，必以十信为先导；始自信心，终至愿心，为菩萨发趣菩提之最初方便也。言十信第六心者：即是十信之中，第六不退信心也。谓由四五慧定心，知道不远，进修不退，故名不退心。信既不退，善根增长，故伏阐提姓障。

十住第四住，伏第二障。分别我见，粗不生故。

此明断第二外道执我障也。十住者：谓以大觉位为本，由前十信，渐决觉悟而住。初发心住，至十灌顶住。言第四住，谓十住中第四生贵住也。经云："行与佛同，入如来种，名生贵住。"谓由前修行为法王子，不为外道理惑；故至此住能伏彼障也。分别我见粗不生者：一切执见，由我生我见，即是身见别名。

此二种子，入初地断。

前明伏者，伏其现行。今明断种。此二种子，极粗重故，入初地断。

第三所知障，五地断。乐于下乘涅槃之障，五地断故。缘觉舍心所知障，七地方断。六地犹观十二缘故。或初二烦恼种，见道断。后二烦恼种，金刚断。

此下明断后二障。声闻缘觉，已达生空，断烦恼障。不明诸法缘生性空，仍障所知。此声闻畏苦之所知障，五地方断。何以故？

五地以前，犹乐二乘涅槃故。真俗别观故。至第五地真俗双观，极为难胜，故断下心。

复次，缘觉舍心所知障者：舍慈悲心，入寂灭故。障化他故。七地菩萨，方断此障。何以故？六地犹观十二缘起，同独觉故。故至第七地，尽真如际，以求作证，是名远行。

或初二后二见道金刚断者，约依烦恼障明也。

四、《胜鬘》五住烦恼

《胜鬘经》说五住地烦恼：谓见一处住地，欲爱住地，色爱住地，有爱住地，无明住地。

此下第四明五住地。初列名也。见一处住地者：见惑也。欲爱住地者，修道中欲界惑也。色爱住地者，谓色界惑。有爱住地者，无色界惑。此三惑亦曰修惑。合前见惑名烦恼障。无明住地者，所知障也。

见一处住地，初地断。次三金刚断。无明住地，见修二道，如其次第，顿渐而断。若初四习，随同所知障，见修道中，顿渐而断。

明断住地位次也。初住见道断。次修道。三住金刚道断。无明所知障地地断。见修二道所断之惑，若分别起者顿断，若俱生起者渐断。其五住地中之初四住地种子习气同所知障，在见修道中亦顿渐断。

五、举类结成

或说六烦恼。或说七随眠。八缠。九结。十烦恼。十分别。十散动等。如断障章广说。此说唯识观断，不说余所除。

此中各烦恼等，可检法数，故不赘述。其断伏位次，如断障章中广说。此第九断诸障染者，唯说修唯识观所断障染，不说余观所断障等。

- 六烦恼
  - 贪
  - 嗔
  - 痴
  - 慢
  - 疑
  - 不正见
    - 身
    - 边
    - 邪
    - 见
    - 戒

（贪、邪——大烦恼）

- 七随眠
  - 欲爱
  - 嗔恚
  - 有爱
  - 慢随
  - 无明
  - 见随
  - 疑随

（以上七——随眠）

- 八缠
  - 惛
  - 嫉
  - 眠
  - 悭
  - 掉举
  - 无惭
  - 悔
  - 无愧

- 九结
  - 爱
  - 无明
  - 疑
  - 恚
  - 见
  - 嫉
  - 慢
  - 取
  - 悭

- 十分别
  - 根本分别…………阿赖耶
  - 缘相分别…………色法等
  - 显相分别…………眼识眼根等
  - 缘相变异分别…………老死流转时劫等
  - 他行分别…………闻法等
  - 不如理分别…………外道师徒
  - 显相变易分别…………显相上如上变异
  - 执着分别…………身见等
  - 见趣相应分别…………六十二见等
  - 如理分别…………佛法师徒

第十释　归摄二空门

自下大文第十摄归二空者：前来初三门明唯识境竟，次六门明唯识行竟，此第三明唯识果也。所言二空者非果也，以二空为门，由入此门故。果德周圆，显发无隐，故从二空明果。于中有四：一标，二正释二空，三释妨难。四结成。今初：

第十归摄二空者：

标举也。

二、正释二空。

诸论说二空：一生空，二法空。其唯识观通二空观。寻思实智，通生法空。为生所依，但说观法，意求种智，观法空故。为于二空生正解故。然且法观，必带生空。论诚说故。

言生空者：生即有生物之精神生命者也；此有生物之精神生命，若言无者，显与非生物别；若言有者，的无所指。佛法所明，唯识所现，离识之外，无有固定之生命体可得。夫生空者：非谓此生命绝无也，乃明此有生物之生命是因缘和合，假现作用而已。既曰因缘合成，则非另有一固体物以为生命，如一国家然，离人民领土外无所谓国家之自体，人生离四大五蕴外，亦无所谓别有人生。且此国家民土人生因缘生灭刹那变化，故曰生空。

言法空者：义亦如是。法谓轨持，即是诸法。空谓宇宙万有，其体因缘生灭，识所变现，离识之外，亦无少法可得。而且唯识之识，亦是因缘和合，如幻如化，是曰法空。此诸法境甚深广细，大心菩萨为一切有情利益故，乃遍观全宇宙之现象，(即诸法之现象)而达为空。由达空故，任意化导，诸事得成。

其唯识观通二空观者：人生宇宙，情及非情，皆识所变。故唯识观，通观二空，曰通二空观。

寻思实智者：谓即四寻思观与观所引四智，曰四如实智。通生法空者：此观及智，皆观生法，识之所变无有自性。故曰通生法空。

为生所依，但说观法者：生义狭故，体即是法。法义广故，非即是生。是故法为生所依，观法空时生亦必空。意求种智观法空故者：种智即一切种智，了一切法因缘生种种之智，名曰一切种智。发心菩萨，常观法空，以求种智而得解脱。何以故？离四大五蕴诸法无生可得，故观法空，即是生空。为于二空生正解故者：以观诸法不自他共，及无因生；唯识所现。以法空观，兼观生空，故由正悟，解二空正理，则能断除二执障：由除执障，必得二空果故。法观必带生空者：谓法空观中，必具生空。何以故？生起必依法故。如绳必依麻起。

三、释妨难。于中有二：一出难，二释难。今初：

何故翻悟说迷，生执必兼法执？返迷说悟，生空不带法空？若以解有浅深，悟生未必悟法；亦应迷有深浅，迷用不迷于体。

此正问难也。若观法空必带生空，何故翻悟说迷，生执必兼法执耶？若言悟生空，不必悟法空，何故返迷说悟，生空不带法空耶？若以解有浅深者；浅谓生空，深曰法空，以悟生空之浅，不能悟法空之深者；则迷亦应有浅深。迷浅之用，不必迷深之体。用谓生空，体曰法空。

二释难。有三：一正释，二引证，三辨释三观。今初：

今释：未有解体而迷用，所以生执必带法执。悟浅不达深，生空未必带法。

此正释难也。未有解体而迷于用者：未有悟法体空，而不悟生用之空者；如悟绳即是麻，则蛇觉自无矣。以用依体有，迷用必迷于体，故生执必兼法执，体不依用。悟浅未必悟深，故生空不带法空。

二、引证

《二十唯识》云：所执法无我，复依余教入。

法无我者，即法空智。所执法无我，即迷法空也。若欲悟此法空，必依余教入。余教即唯识教，此显十二处教，不明法空也。

三、辨释三观。

此唯识教入于法空：此说法空，必依唯识。非唯识观，唯是法空。独作生空，亦唯识故。

此明法空，定依唯识。而唯识观，不但通法空，亦通生空故。

但是法空观，必定是唯识。生空不定，二乘生空，非唯识观故。

此明生空，不定属唯识也。

唯识观宽，通生法观。法观义局，唯是唯识。生观义宽，通唯识非唯识观。唯识观局，有生空非由此唯识观。望生空观，顺前句分别，无唯识观非生空。但法空观必带生故。有生空观非唯识，谓二乘生空观。法空对唯识，亦复如是。有唯识非法空，谓唯生空唯识观，无是法观非唯识。此二俱句，其义可知。

此明生法二空，与唯识观之宽局也。如表可解：

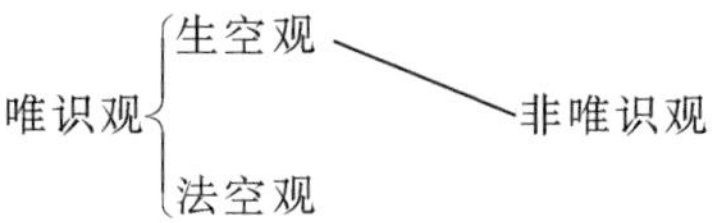

四、结成

总相而言，唯识通二空观。论但说法观为唯识观者，据决定故。复说诸空互相摄者，如空章说。

但法空为唯识者，就决定义说。其空空相摄，如空章中。今按义林之中，空章缺矣。

唯识讲要

附成唯识论科目表

太虚法师讲
大圆记

一　悬叙纲宗　略分六段说之

一　佛教机上之本论观

先观佛教二字，就一往谈，缘所现之身谓之佛。佛所说之法谓之教。次观佛，含人与法，其人为地上菩萨现者，即他受用身，为二乘及六道凡夫现者，即变化身；其法即法性身自受用身，及平等所流之声教，故佛是人佛，而教是法佛，佛与教皆是佛。次观教，含言与身，言者佛之所说，身者佛之所现，故教是言教，而佛是身教，教与佛皆是教，然言佛教，不过名之与相，佛是名诠觉者之相，教是名诠文义之相，合而言之，有无上正遍觉之五蕴和合假者流出之文字言说及所诠义理谓之佛教。

佛教由机之二说

龙军无性等说佛之圆圆果海，唯大定智悲，离形色文义相，但由佛果大悲愿力，其善根成熟之有情于自心上现起形色文义相，然不言众生教而名佛教者：以摄归佛之本愿力，故云佛教。

护法胜子等说教由有情机感佛无漏心上现文义相，宜闻法者托为本质，而现于自识上，然闻者于本质不能亲缘，但托为本质而缘其自识相分。

欧阳竟无居士，宗护法等立论，故于《瑜伽真实品叙略》云："托质圆音，教则唯一，闻者识上，乘则有三。"但此义亦不可执定，所以者何？若就龙军等说，佛果上本无能诠所诠之文义相，是无质可托，而护法等则佛心上文义由机感现，众生之机感不同，则所托之质，亦各不同，如小机感佛心上现小教，大机感佛心上现大教，是则所托教不可定一，闻者皆为一类顿机，不由小而入大，则所成乘，亦不能定三。

然《净名经》云："佛以一音演说法，众生随类各得解"者，是就佛之平等意乐而说，佛之本愿，如《法华经》言皆以一乘平等济渡众生，终不以二乘三乘相度，此则以乘摄于平等意愿，故教可说一，但因有情众生差别机感不同，而闻佛言教，各自成乘，此则以教摄归众生机感，故乘可说三。然有从初发心，或是顿教大乘，或不定性，闻法遂归大乘，斯又可说乘惟是一，以是义故，众生之机可一可三，而乘与教，亦可说三说一，但得所说合理，不必执定。

凡有情众生善根性欲之心理，即谓之机。然言众生之机，有一性无别者，有五性差别者，言一性者，谓一切众生皆有佛性也。言五性者，即一无性，二声闻性，三缘觉性，此名三无佛性，谓此三种性皆不能成佛也。四不定性，五如来性，此名二有佛性，谓此种性皆可成佛也。如来性是决定成佛，而凡言皆可成佛者，即就不定种性言也。

然此一性五性别者，盖以佛性二字，诠义不同，一佛之性，此性即真如体，谓佛性即遍法界之平等真如，不但有情，无情亦依为性，如古德云："翠竹黄花，皆有佛性。"禅宗或问如何是佛？曰干屎橛，又曰，有时以一茎草作丈六金身，有时以丈六金身作一茎草等，则遍法界皆是佛性。何有一众生而无之，以是故说众生一性，二佛即性。此又分二：一、谓心性，性者是自相义，如火热为自相，水湿为自相，地坚为自相，风动为自相，而心即以觉为其自相。（如《起信论》云本觉）故此佛性即指心之自相，此心自相不及于无情，故就此言佛性。虽可云一性，而仅限于有情众生，而《清凉疏》亦谓在无情曰法性，在有情曰佛性；二、即法空智种，谓无法空智之种子，不能起法空智之现行，不起法空智之现行，不能断所知障，不能断所知障，不能成佛。故以此为佛性，以此而衡一切有情，则无二空智种者，谓之无性。无法空智种者，谓之声闻性。或缘觉性，兼有二空智种者，谓之不定性。具法空智种者，谓之如来性。由是可说众生有五性差别，然论智种之具不具，复有二门，一现实如是门，谓依众生一刹那现行心，观过去之过去，或未来之未来，皆不离此一刹那心，若此现前一刹那心无如来性，则尽未来际亦不能成佛，如是就现前一念心上，具不具二空智种等，则可说决定有五性差别。二展转增上门，不论现前一念之心，或具不具，但由佛之平等意愿为增上缘，务使一切众生决定成佛。如《法华》言："唯有一乘法，佛种从缘起。"虽无现具佛种，而有佛之增上缘或菩萨等各各互为增上，亦得新起法空智种，依《唯识》之新熏种义，亦不相违，由是则五性可决定可不决定，应说有情非一非五性，了达此义，则于一性五性之说无惑，可进论由有情五性之机，感佛五乘之教，由佛五乘之教，应有情五性之机。

总括以上所谈，约有二端：一曰机感佛而教起，二曰佛施教以应机。就第一论贤首家判教，曾说教起因缘有十，今约言教起之要有三：一、佛本愿故，如契经偈云："毗卢遮那佛，愿力周沙界，一切国土中，恒转无上轮。”则本无教起之相。二、法如是故，如经云：“法性遍一切处。”又云：“一切法皆是佛法等。”则亦无法与非法之分别，故此二是普遍因，尚不足以言教起之因缘。三、机所感故，则因有机感佛，而佛亦因机施教，于是方有教起之可言，就第三论，亦可分二，初就佛施教说，则佛见一切众生皆有佛性，皆可成佛。如是则机是一性，故教亦唯一。次就机所感说，则机有五性，而教亦因之有五乘，如人天乘被无性机，乃至佛乘被如来机等。

本论虽菩萨造，亦宗本佛之圣教而来，则本论所被何机，亦即知由何机所感，今观本论多言五性，（由阿赖耶识中无漏种子具不具等）又论首即谈阿赖耶识，乃小乘所未建立。是为不共大乘，则知其所被机，为顿悟之菩萨性，为回小向大之不定性，不被无性人天及声闻缘觉等性。因是亦知此论由不定机及菩萨机而感来，但论中所谈，亦有小乘因之得悟者，故此论可云正被菩萨，兼被二乘。

二　佛教时上之本论观

依释迦如来一代时教之中，观察此论属于何时？故云佛教时上之本论观，在昔鸠摩罗什言一时教，至刘虬菩提流支等说五时，天台亦配五时。嘉祥说佛转三种法轮，贤首因之说三时，此皆支那判时教之所分，至在印度亦有二派：一清辩智光等。以空为究竟，故判教分三时，一、一切法有时教，即小乘。二、境空心有时教，即唯识。三、心境皆空时教，即三论等。二护法戒贤等宗《深密经》亦言三时，一有时教，即谈一切法有等小乘。二空时教，即遣有执之般若三论等。三非空非有时教，即唯识等。

本论宗六种经，二种未译，今所译来华者，即《华严》《楞伽》《深密》《密严》四种。但本宗判教，亦分顿渐，于顿唯中，于渐则分有空中三，《华严》属顿中，《深密》属渐中，故本论被顿机，即属顿中，被渐机，即属渐中。

三　佛教宗上之本论观

宗者，所尊所尚所主之旨也。就普通言，可略分十宗。如后：

十宗	一、人天戒善宗		人天来
	二、我法俱有宗		人天来
	三、法有我无宗		二乘
	四、法无去来宗		二乘
	五、现通假实宗		二乘
	六、俗妄真实宗		二乘
	七、一切但名宗		二乘
	八、真空般若宗	……三　论	大乘
	九、妙有唯识宗	……唯　识	大乘
	十、中道真如宗	……华严等	大乘

若就唯识言，则可分三：

一、一切法有宗……………………………人天小乘

二、一切法空宗…………………………三论

三、中道唯识宗…………………………华严唯识等

以华严等本唯识论所宗，故前之第九第十，皆可摄归此第三中。

四　佛教体上之本论观

依前来所讲，教即能诠之文，及所诠之义，故教以文义为相。盖凡有文必诠义，若无义即文亦无表现故。今观能诠文即本论三十颂等，至所诠之义甚广，实统括唯识境唯识行唯识果等。是故从所诠义上明体，则不啻从一切法上以明其体，故当从能诠文上以明

体，能诠不出名句文身。兹释名句文身之义如下：

文……诠一一声之屈曲者
名……诠一一法之自体者
句……诠二二法之差别者
身（聚也）二法以上乃至千万皆可曰身

今各经论，若从文观，即全是一一声之屈曲。从名观，尽是一一法之自体。从句观，亦是三法以上之差别所聚。故教即名句文身。《百法论》说名句文即不相应行之色心分位假法，以之诠教体，可分四门。

一、摄假从实门　《楞严经》云："此方真教体，清净在音闻。"故名句文身之教，从佛口宣，闻者领受，亦以声为体。然佛灭后，众生不能亲闻佛说，但从佛说之教著之经典者得闻，佛说属声尘，佛经属色尘，故从本教上说，则摄名句文身之假，归之声实，可云以声尘为体。若从末教上说，则摄假归实，当云以声色二尘为体，且佛说声教，亦限于此方，若他方世界，有以光明为教，香饭行化，乃至以睡梦而作佛事者，则六尘皆可为教体。即禅宗扬眉瞬目等，亦其一端，故又云："此方本教以声为体，末教以色声为体，他方世界以六尘为教体。"

二、摄境从心门　百法十一色法，皆心心所所变之相分，若以所摄归于能，则所缘之色境皆是能缘之心王心所。如镜中之像，总不出镜外。夫色声既是心王心所所变，即可归之心王心所，以是故摄境从心，则可云教非声色为体，以心为体。

三、摄相归性门　能变之心与所变之境皆是相，今此言相即色心；言性即真如。是以摄相归性，则可云教皆以真如为体，如《净名》云："一切法皆如"也。《楞严》云："五阴六入十二处十八界，皆如藏妙真如性。”

四、性用别收门　上来所谈假实色心相性等三对，重重皆可为教体，惟就所明不同，别别而收。如以假法观之，即一一假法皆可以为教体，以实法观之，则一一实法皆可以为教体，色心相性，亦复如是。

如前谈龙军云佛心上无文义，但由众生心上文义相生，故此属摄境归心门，护法云或宜闻者之善根力，感佛心上文义相生，托之变起自心上文义相，则属于性用别收门。

如前初门通小乘，后三门但大乘，又唯识以前三门合成第四。

五　佛教相上之本论观

一、文义相……藏　能诠之文及所诠之义为佛法藏。

二、因果相……乘　乘即依教理行果而信解修证之义也。

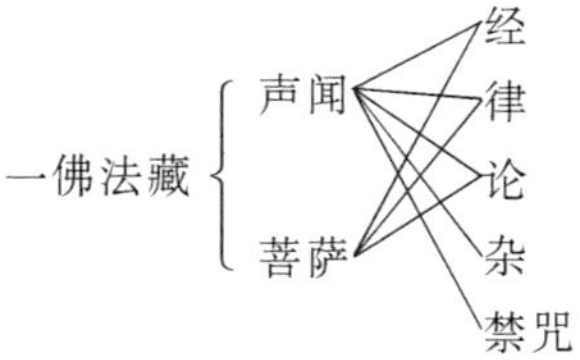

此论就一佛法藏，亦可属一佛法藏，就二藏论属菩萨藏，就六藏论属菩萨藏之论藏。

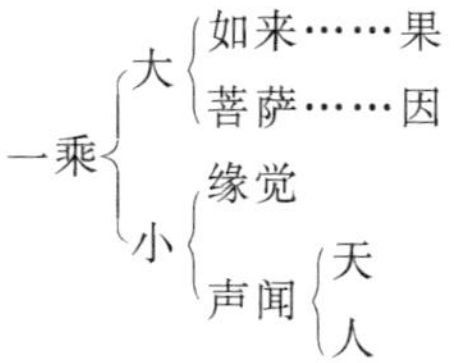

此论就一乘论即为一乘，就二乘乃至六乘论，即大乘之菩萨乘。

六　佛教史上之本论观

一、印度佛教史与本论

（甲）大势　印度佛教，从中国中唐以后大衰，而新起有婆罗门教最盛行，斯即印度近代之吠檀多教。大概占十分之七，次则耶稣回回二教，而原有之佛教几息。至今日南印度所余之佛教，不过小乘一部分，是故若论印度之佛教史，但从释迦以迄中唐，则有可言，中唐以后，无足称道矣。

若究本论之关系，则以印度自释迦灭后，盛行小乘，至七百年顷，龙树提婆依般若造中百论等。始倡大乘空义，以破小乘执一切法有，初未立宗，后清辩阐扬，乃称空宗。惟众生习气，易落遍邪，习久遂更执空，于是后龙树二百年顷，无著菩萨兴世。始依《瑜伽》《深密》而明法相，以破恶取空者，无著之弟名世亲，初从一切有部出家，盛宏小乘，作五百部小乘论。往往讥毁大乘，无著忧之！乃以方便诱令回心。初为说《释大乘论》，授之作释。至最后将近入灭。乃广摄大乘妙义，作此《唯识三十颂》。但在此颂之前作二十颂，亦自作释，及作此颂，未及作释，即已入灭。于其同时有亲胜火辩二师，为作释论，后又有八师相继作释，故此颂之释论，向称十大论师。

唯识之学，发端于弥勒。而集大成于护法。然护法之学，不行于印度。由胜军论师传至玄奘。独盛行于中国，此一奇也。

十大论师，可分三类，一亲胜火辩，与天亲同时。二德慧安慧净月难陀，胜军祖述难陀。德慧是安慧之师。三护法胜友胜子智月，次三师皆护法弟子。玄奘与其弟子窥基译论。楺十大论师之释为一本。而以护法立义最圆，是故虽列诸说，独折衷于护法。而论首亦题曰护法等菩萨造。

（乙）造颂者……天亲

（丙）释论者……十论师

二、中华佛教史与本论

（甲）大势　自从汉明帝佛教入中国，所译经论不过梵本小部或大部中之一二品而已。魏晋译者渐盛，至鸠摩罗什出大乘经论颇多。刘宋时译楞伽及华严菩提留支译地论等，渐行唯识义。但地论言第九识。后考九识即八识之净分，陈真谛译关于唯识经论更进，至唐玄奘乃集其成。然近人谓真谛宗安慧为旧义，玄奘宗护法为新义，二家学说，微有异同也。

（乙）译论者……玄奘。

（丙）解传者……窥基……慧沼……智周等。

三、各国佛教史与本论　自阿育王以后，佛教宏传各国，今观蒙古佛教自西藏输入，显有中观瑜伽等密有诸部，故蒙藏佛教仅本颂有关系。南洋如锡兰缅甸暹罗等但行小乘，亦与本论无涉。高丽佛教自中国传入，比日本犹早，中国所有经论，彼国皆有，但未宏扬，在彼国成宗者，现有华严之渐宗，与法眼之顿宗，故与本论亦不相关。至日本佛教，于中国原有各宗派皆有之，而未甚宏传，惟中国自唐后，禅宗盛行，唯识绝迹。又经三武灭佛及他种摧残，则关于唯识之典籍皆遗失，日本独能保存。今日若窥基泰贤圆测慧沼智周道邑等著作，多自彼国取回，由此一端言之，故此论与日本佛教之关系，较为重要。

四、今后佛化之与本论　在印度经过有精密思想之外道，及一切有部之小乘，又经过言一切法空阐明中道之大乘空宗，乘此思想之系统，始立唯识论义。而中国从两汉六朝以下多行儒道。儒尚人事，稍高深则所谓六合之外，存而不论；六合之内，论而不议。道家多空洞玄虚之言，其思想皆与此论相远，独有一二杰出者如玄基等宏扬，故不久寝息。

惟中国思想统系、向者遍近禅宗，故禅宗特盛。近来颇有变更，因泰西科学东渐，曾破宗教哲学。近又由科学建设哲学，其思想渐精密，与唯识学相邻接，可以唯识引导其思潮入于正轨。故从今以后，唯识学将大兴，堪由中国以传布西洋各国。然以时势观之，能传布西洋者当更有三宗：一、三论宗，此即从唯识所明因缘生法以观其空，唯识既传，则三论必兴。二、净土宗，彼国奉行耶教，上帝天国，亦与弥陀净土相似。三、密宗，彼土由物质之反应，近来渐多鬼神学灵学催眠术等，皆与密宗相近，易于通化也。　　上悬叙纲宗竟

二　科释文义　一科释论题 二科释论文

一科释论题又四：一、唯识，二、唯识论，三、成唯识，四、成唯识论。

一、唯识　识为能唯，故唯即识，持业释也。一切法为所唯，识以了别为义，是能明了分别诸法者故。唯以简持为义，简识外无，持识内有。又简持一切法不出于了别之外，被简持在了知内者即一切法，故云一切法为所唯者，即一切法不出识之外也。今问何谓一切法，法即轨持义，凡有法无法皆法，有法中，有为无为有漏无漏皆然。是法出过数量，不可思议，惟佛与佛，乃能究尽。然以方便略计其数，则《瑜伽》有六百六十五法。天亲约之作《百法论》，今列百法观之。

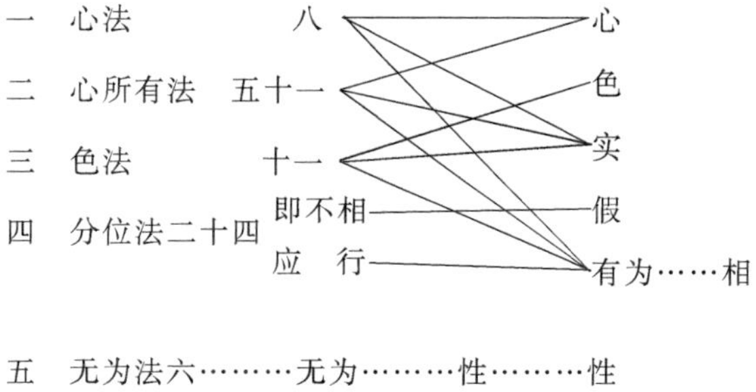

如上百法共分五位，复可分为性相假实色心三对，总名一切法。

问何谓识？即心法之八识心王，一切有情众生皆有之。有情又名含识，故有情可云有识，含识亦可云含情。问何故百法唯识？此间所唯一切法何故为能唯之识今可答云，八识心王识自性故，通常云本身五十一心所，定相应故，谓随心法而有，即识之仆从，系属于识。十一色法，心王心所二所变故，虽从俗言，识在内，色在外，识精神的，色物质的，若知皆心王心所所变相分，即心王等如镜，色如镜中所现之影，影不出镜外，故知色亦不在识外。二十四心不相应行法，是心心所色三者之分位故，如异生性为心所法上之分位，命根为识之业种上分位，名句文等色法中声上之分位，时方等通心心所色三者之分位，又如一棹有色与触，集现为方圆长短等分位，即方分位假，计其成立年代，即时分位假，六种无为，前四位之实性故，前四有为，皆法之相，后六无为，为法之性，性即实体实相，由上五重言之，总不离识，所以言一切法唯识。问能否唯余法？若以圆融言之，如天台云随拈一法，皆为法界，华严云，一即一切，一切即一，则无法不可唯，虽言唯心所唯色唯无明唯真如皆可，以无明尽即真如，故亦可云唯无明也。问何故说唯识？今观百法，心所随识，分位是假，而色法中有根与境，实无为法即真如性。若说唯境，境本迷情所著，妄想戏论，逐以流转，唯之即成顺世外道，佛法意令有情还灭，故不可说唯境。若说唯根，此根言非有形之眼耳等，有形之根依处亦属于境，净色根非肉眼能见，以能发识，此知是有。佛为普通众生说法，须依皆能现知者说，故不可说唯根。然则说无为法可乎？此真如无为等，必净除一切妄想戏论，方能亲证，是佛境界。诸凡夫虽闻说真如，不过意识缘此真如一名，起为相似之独影境，不能实证。佛为凡夫说法，故不可说唯真如，由以上诸义，为度生方便言，则根境真如等皆不可唯。独此识法，无论贤愚，起心即自知有，知有可依施教。又从此识起贪瞋痴造善恶业，生死流转三界之境，欲令观心还灭，故虽一切可唯而不唯，独说唯识。

上来所说唯以简为义，即简择料简等，识以了为义，即了知了达了别等。又简有二义，以简除而兼简持。

(甲)简除……离识之实我实法定非有。

(乙)简持……即识之有为无为许非无。

了亦有二义。以能了而摄所了。

(甲)能了者……诸心心所。

(乙)所了者……诸色法不相应行法及无为法。

以是义故，言唯识者，非离一切法而求心，但了一切法之即心也。

二、唯识论　此有二：一、唯识之论，论指书；二、唯识即论，论指道理学说。如言唯境论唯根论等，即以唯识之事或理为论。

三、成唯识　此亦有二：一、以教成教，上教字指十论师之释论，即能成。下教字指三十颂，即所成。二、以教成理，教指能成，即三十颂及释论。理指所成，即唯识之境行果等。由此唯识教之成，或唯识理之成，皆名唯识之成，依主释也。

四、成唯识论　论能发挥义理，开演言教，即指此部之名句文身而言。由前言以教成教，以教成理，今更可云以理成教，以明论义。

(甲)以理成教论　唯识理是佛菩萨之自证，为利他故立论。如天亲悟理成颂，十论师悟理成释论，由唯识理所成之论，依主释也。

(乙)以教成理论　如云此论三分成立唯识等，则教为能成，而唯识之理为所成，故云成唯识论。即成之唯识论，依士释也。

（丙）以教成教论　以本颂为本教，释论为末教，是成唯识即论，持业释也。　　上科释论题竟

二科释论文分三

一、宗前敬叙分

二、依教广成分

三、结愿回施分

宗前敬叙即起首一颂及长行，亦释为二，一归敬福田，二叙释论意。初归敬福田者。稽首二字是能敬。唯识性满分清净者是所敬。此言性有二义，一类性之性，二体性之性，依类性可分为四。

（甲）唯识之虚妄性　此是应简除之遍计执性。

（乙）唯识之真实性　此是应简持之唯识相性或唯识之实性。

（丙）唯识之世俗性　此是应转净之依他起性。

（丁）唯识之胜义性　此是所证胜义胜义一真法界。

依体性言，此性对相而言，举性即简除前百法中之假实色心之相，而但敬二空所显至极究竟真如实性。

若通以三性为性，则唯识即性，若专以真如为性，名唯识之性。但从相以显性，是性即摄相，故名唯识相之性。又言性即简相，因性是无为无漏，所应归敬，相之有为有漏是应简除，相之有为无漏亦非最胜，异生迷由此成有漏唯识相故，诸佛由悟此成无漏唯识相故，故此特言敬礼唯识之性，即皈敬诸佛所证清净所得清净之唯识胜义性也。

清净者亦分二：一、清净即者，指清净无漏功德之聚即者。二、清净之者，清净专指能清净之正智者，指无漏五阴假者。满清净即清净圆满者，指佛。分清净即分证清净者，指菩萨。清净与杂

染相翻，清纯无杂，洁净无染，依满清净者而示唯识之教。依分清净者从教而显理。故虽敬佛菩萨，即是敬彼所流出之法。因此敬礼，可略分三：

（甲）唯敬法而非人　法由佛菩萨流出，故敬佛菩萨，即是敬法。

（乙）唯敬人而非法　依唯识性而满清净分清净者，即以人摄法。

（丙）皈敬三宝　唯识性即法宝，满清净者佛宝，分清净者僧宝，但此依唯识分清净者，是为大乘僧宝。

以常时致敬在对人之能而敬，非对法之所而敬，故此敬礼，应取后二种。

我即随世俗指五阴和合假者，乃释论师自谓。彼说即天亲本颂，利乐者谓于无漏功德之法有所境益，是名利益。于有漏烦恼之法能速远离，是名安乐。众生梵语摩呼婆奢，谓五阴和合假生者，有情梵语萨埵，即是与无情分界者，在凡夫之迷情，则为情爱情性，在佛果之悟情，即为大智大悲。菩萨造论不外二事：一令法久住，即颂第三句，二饶益有情，即颂第四句也。

释造论意三说，一安慧等，二火辩等，三护法等。

初安慧说三重，一为于二空有迷谬者生正解故，二生解为断重障故，下四名自释三断障为得胜果故。下四句自释

迷谬之料简	一迷……全不知（凡夫）	以此故知斯论
	二谬……有知而遍（二乘）	所被之机亦摄
	三迷谬……外道	凡外二乘等

所知即所了知，能了知是心，所了知是境，境非是障，但由法执覆蔽所知之境，遂成为障。故古德云："所知不是障，被障障所知。"

重障者指二障之过失重，或就品类之多，指其最重者，如我执为烦恼障之重者，法执为所知障之重者。

生空正解………断烦恼障中我执重障。

法空正解…………断所知障中法执重障。

由我执为本……烦恼障具足而生。

由法执为本……所知障具足而生。

然烦恼障中不但我执，所知障中亦有法爱法恚及定障等，不止法执也。

胜果料简
- 凡夫外道……非胜非果
- 二乘…………果而非胜
- 菩萨…………胜而非果
- 佛……………亦胜亦果

真解脱料简
- 凡外…………非真非解脱
- 二乘…………解脱非真
- 菩萨…………真非解脱
- 佛……………亦真亦解脱

大菩提料简
- 凡外…………非大非菩提
- 二乘…………菩提非大
- 菩萨…………大非菩提
- 佛……………亦大亦菩提

依述记例，言译论中有初不说有义，中后说有义者，则以初说为正，有初中后皆言有义者，则有二意。一意诸说平等平等，二意前略后广，则后说为正，其初中后皆不说有义，如今释造论意三说，则可同前皆说有义者例，但今就释造论意三说，亦可以下之四法观之。

一、依行位观

(甲)除谬生解……
- 资粮位
- 加行位

护法在遮异执得如实解故属资粮位

（乙）生解断障……{通达位 修习位　火辩令达二空证唯识理故属通达位

（丙）断障得果……究竟位　安慧言生解断障得二胜果说最完全

由前观之，安慧之说，最圆最高，次火辩，次护法，故其次序由高而下。

二、依目的观

（甲）安慧之教意，在得二胜果，文可倒读。如云欲得二胜果在断二重障欲断二障在生正解等

（乙）火辩教意，在证唯识理。

（丙）护法教意，在破执立理。

此但就造论所欲达之目的言，从远而近，其次序亦安慧为先。

三、依致用观

（甲）安慧专在得果，而于得果之行与解，不细分别。只求得果，则随用何法，固无一定。故安慧之立义虽高，未免疏漏。

（乙）火辩在证唯识理，务令直起智观，而于一切言教义理之建立，亦不求精细。

（丙）惟护法在以正教正思维，遣除由邪教邪思维所起之谬执，所谓以言道言，令生胜解。解生乃能断障证果。

由如上说，安慧使人发心趋果。火辩使人作意求证。惟护法能立善用名言明确指定之道理，使人就正理得正解，由解起行趋果，势如破竹。故其致用较二家尤为切要。此则从赊而切，当以护法居后。

四、依判教观

判教多以天台贤首为准，天台时此论尚未译来，故未判入。贤首五教则判入始教内，然今就安慧等释论师观之，则可为如下之所

判。

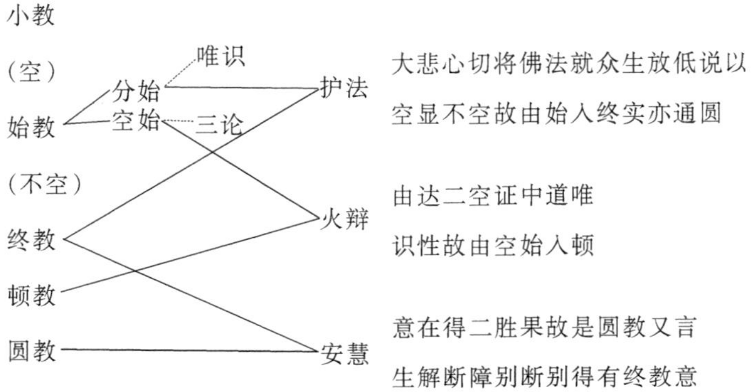

二、依教广成分

依教广成共三十颂,可略分为三:

(甲)依教解唯识境——二十五颂

(乙)依境修唯识行——四颂

(丙)依行证唯识果——一颂

此论宗华严,华严广谈行果而略于境,此论广谈境而略行果。故境有二十五颂,次行四颂,次果一颂。盖广境者广华严之所略,略行果者,亦略华严之所广也。又从第一段说,亦可分二:

(甲)彰唯识相　二十四颂

(乙)示唯识性　一颂(第二十五颂)

境是就众生因位说明法之实相实性,但能从相上讲明,则即相之性自显。故此论谈相有二十四颂,谈性则只一颂,以其广谈于相,故亦名法相宗。然三论宗亦广谈境,惟彼略相而广谈性,故三论又名法性宗。就辩唯识相亦可分二:

(甲)略彰论旨辩唯识相　六句颂及长行一颂文二长行

(乙)广释妨难明唯识相　余二十二颂半及长行

就六句颂分二：

（甲）答所执难标论宗

（乙）彰能变体辩识相

前由三家述造论意，已标唯识，故此专就唯识设为问难。问意是疑必有实我实法，故世间及诸圣教说有我法，答意不必要有实我实法，而世间圣教即可说有我法。何以故？由假说故，假说有二：一、无体随情假，（世间）二、有体强说假。（圣教）以真理随妄情，则说有我法，故曰情有。以真理夺妄情，则我法本无，故曰理无，又假说我，则随妄情有种种我相。假说法，则随妄情有种种法相。世间随自妄情假说既然，圣教随他妄情假说亦复如是。转谓变而现起，此中亦有伏难，谓必有实我法方有假说，答谓不必实有，但依彼识所变，识有三分，一自证分，非指识之本体，但指识当体之了知，在当体上有能了知所了知二相，其能名见分，所名相分，二分皆依自证所变。

此能变唯三　此有二义，一指上所变之种种我法相，二即指能变，对所变说能变故。　所变我法，能变即识，不离识之见相分，即我法相。唯亦二义。一非识不能变，即唯识能变。一是唯三，不多不少之义。

异熟三义　一种子起现行，必有变异，异方能起，一切因缘生法皆通，故曰变异而熟。二因在前，果在后，不在一时，故曰异时而熟。三因中善恶，果则无记，故曰异类而熟。何云果则无记。若对各类有性言。善有善报，恶有恶报，则果固有善恶，惟对自己之报体言，则此阿赖耶识，无恶无善，亦容善容恶，故云无覆无记。亦即告子所云性无善无不善也，盖第八阿赖耶识为果报主，其能招感之业是善恶，而所招感之报体则无记。

下说长行

法谓轨持　轨谓轨范，可生物解。持谓任持，不舍自相，如言黑板，使人起黑觉，不起白觉，是轨范义。然所以能使人生解，以其自性是白，不失白之自性，故一说白。即使人生白解，黑亦然。若失其自性，不能生人之黑白解，此任持义。然黑白等是有法，无法亦可生人之解，如言龟毛兔角，虽无毛角，亦便使生无毛角想，是故法为识上变似之相，不可执为实有。

我种种相谓有情命者等　有异熟报体谓之有情。一期生活，连续不断，谓之命。有业感报，谓之命根。业尽命根断，则报亦坏。又有情即《金刚经》所云："人相，命者即寿者相。"

五观略释

（甲）遣虚存实　虚即我法，实即依圆。

（乙）舍滥留纯　滥即相分，滥同外境，纯即内之见分自证。

（丙）摄末归本　末谓心心所之见相，本即心心所之自证。

（丁）隐劣显胜　劣谓心所，胜即心王。

（戊）遣相证性　相谓心王等唯识相，性即真如。

众缘所现起之心心所法，皆自证之识体，从体分开其用，则有能了所了，能所二分，皆依自证而说。因能取所取之习惯，从识体上起似见分相分。安慧依摄末归本门，只许有自证分。故说见相是遍计无，如龟毛兔角。护法窥基等依遣虚存实门，许见相亦依他有，故言见相别种。

似我似法，非现前分别变起，乃无始以来与身俱生之我法分别习气变起。因彼习气从无始来积集相识，恒现起我法二执故。故识起时自然变起似我法之相见，不离于识。此不离识之我法相。（似即似能执之妄情，亦即我见法见，属见分，我法属相分。）即内识起我法二执。执为离识似外境现，如梦牛马，实牛马体是无，而梦时此相似牛马之不离心相则有。

离识外之实我法境，是无质独影境，但从见分一方生起，属遍计执，唯分别变。内摄于识之相见分是依他起，亦因缘变。

论云境依内识而假立故，即俗第一重。云识是假境所依事故，即俗谛二通真谛一。

执一切有情我体是遍，则业果相杂，外救如诸灯光，虽处无别，而各灯光照，彼此不杂。然此不得而喻，盖能属之灯不遍，故光可各属，不相杂乱。外计能属之我体既互相遍，则所属之业果不能各属，应相杂乱。经言一切众生皆有佛性，皆依如来藏而流转生死等，与凡外所执之我是常是一，有无差别，其各思之思之，又重思之。

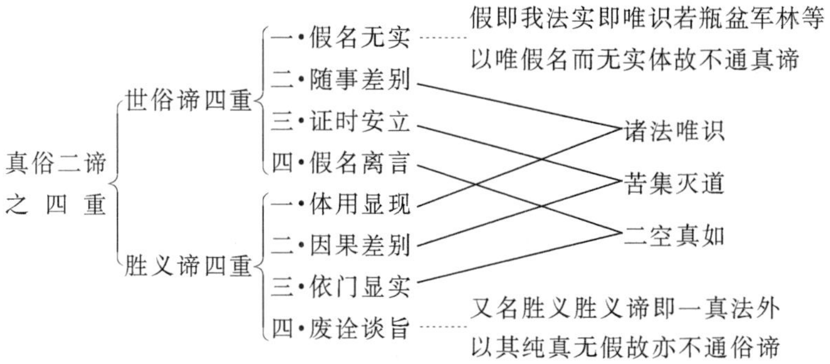

凡见分与自证分，皆是无相，缘不能著。故七托八之见分为本质而缘，实不能缘得其真见分也。假如八识是灯光病目是七识，而病目之缘灯光，但见五色华轮，不见灯光实相，七缘八见亦复如是。

七缘八，不亲著，托为本质而缘，名真带质境。（即论云起自心相）六缘八，通真似带质，何以故？其缘五取蕴中之色蕴时，以心缘境，是似带质，缘余四蕴时，以心缘心，即真带质。至执为实我，则完全成为计所执之无质独影境也。如病目见灯五色之华，犹托灯光为本质，故名带质。及昧其为灯而执为实五色华，则全非事实而但为想像，故名独影。

第六意识依邪教言语文字所诠之五蕴相，托为本质，起自心相，尚是有质独影，以五蕴之事不无故。至依邪教所说我名托为本质起自心相，则为无质独影，以实无“我”之为物故。

第七执我，自心（第七）外之本质（第八见）定有。第六执我，若俱生所执，本质定有。分别所执，或离蕴执，本质是无。或即蕴执，本质是有。凡有我执之见分，必有我相之相分，故曰自心内蕴，一切皆有。又凡有见必有相。故影像相分之内蕴，决定是有。惟执为离心之外有实我法，则决定非有。如心上可有之想像龟毛兔角。若执为实有龟毛兔角之为物，则毕竟无。

附成唯识论科目表

佛学院院长太虚法师讲
门人会觉编

(一)总表

- 全论系统
  - 宗前敬叙分
    - 偈颂……第一卷首颂
    - 长行……第一卷初文
  - 依教广成分
    - 解唯识境
      - 略彰论旨明唯识相……第一卷初页反面
      - 广释妨难辨唯识相
        - 广三能变
          - 解初能变……第二卷八页
          - 解次能变……第四卷七页反面
          - 解三能变……第五卷十页反面
        - 正辨识变……第七卷十二页
        - 通释妨难
          - 释理违……第七卷十六页反面
          - 释教违
            - 初三颂释无境……第八卷十六页
            - 次三颂释识性……第九卷初页
    - 明唯识位
      - 结前生后五位……第九卷二页反面
      - 举颂正辨五位……第九卷三页
  - 释结施愿分……第十卷末

(二)细科

科目	(卷第一)	缀文
偈颂 — 一归敬福田		稽首……清净者
偈颂 — 二斜释论意		我今……诸有情
长行 — 一安慧释造论意		今造……得大菩提
长行 — 二火辨释造论意		又为……如实知故
长行 — 三护法释造论意		复有……故作斯论(宗前敬斜分竟)

略彰论旨明唯识相 ——一寄问征起 ——若唯……说有我法
　　　　　　　　　└二举颂答释 二

一 举颂答——一答所执难标论宗——由假……依识所变
　　　　　└二彰能变体辨识相 ——此能……了别境识

二 释颂文 二

一 释难标宗 二

一 正解颂文——一解释三句—论曰……实有外境
　　　　　└二分别诸门——一说假有无门——愚夫……故说为假
　　　　　　　　　　　├二遮执增减门 —外境……境减二执
　　　　　　　　　　　└三判谛真俗门—境依……亦胜义有

二 广破执难 二

一 正破外执三

一 总问答 —— 云何……不可得故

二 别问答二

一 问答破我 ——一问——如何一句
　　　　　└二 答二

一 破计我 二

一 别叙两三破——一初三计正破外——一出计——诸所……作事业故
　　　　　　　│　　　　　　　└二破执—— 初且……非常一故
　　　　　　　└二次三计兼破小——一出计 ——又所……非即非离
　　　　　　　　　　　　　　　└二破执—— 初即……实我不成

二 总叙诸执破四

一 有思虑无思虑破——又诸……理俱不成

二有作用无作用破——又诸……二俱不成

三 我见不应为颠倒破——又诸……沉沦生死

四 我见不亲缘实我破——又诸……种种计度

二 总解执二

一 正解执 二

- 一 别解二执
  - 一标数举名——然诸……二者分别
  - 二随执分解
    - 一解俱生执
      - 一释名义——俱生……名俱生
      - 二出种类——此复……为实我
      - 三明伏断——此二……能除灭
    - 二解分别执
      - 一释名义——分别……识中有
      - 二出种类——此亦……为实我
      - 三明伏断——此二……能除灭
- 二 总解二执
  - 一缘蕴执我——如是……妄执为我
  - 二蕴我分别——然诸……决定非有
  - 三我见缘起——故契……五取蕴起

- 二释妨难
  - 一释忆诵难
    - 一问难——实我……等事
    - 二答释
      - 一反质答破——所执……应非常故
      - 二正义解释——然诸……非于我宗
  - 二释业果难二
    - 一问难——若无……果耶
    - 二答释
      - 一反质答破——所执……应是无常
      - 二正义解释——然诸……于理无违
  - 三释缚脱难
    - 一问难——我若……涅槃
    - 二答释
      - 一反质答破——所执……常为自害
      - 二正义解释——然有……求趣涅槃
      - 三结成唯识——由此……妄执为我

二问答破法二

一破计法二

- 一总问答
  - 一总问——如何一句
  - 二总答——外道……有故

二 广别彼二

一 问答别破二

一别破外道——一外道别问——外道……非有
　　　　　　└二论主别答二

别破十三外道 六

一破数论——一出计——且数……现量所得
　　　　└二破执——一总破所成二十三谛—彼执……现量得耶
　　　　　　　　├二合破所成能所诸法—又大……为例亦尔
　　　　　　　　├三别破本事三法能成—又三……三合成一
　　　　　　　　└四重合破能所成诸谛三

┌一合破能成——又三……体即相故
├二别破所成——又大……便为大失
└三结破——故彼……计度为有

二破胜论三

一 叙计——胜论……所得

二正破——一总破——彼执非理
　　　├二反质——所以者何
　　　└三别破三

┌一总合破——一破常诸句——一难生果—诸句……如所生果
│　　　　│　　　　　└二难不生—若不……如兔角等
│　　　　└二破无常句——一难有碍—诸无……非实有性
│　　　　　　　　　　└二难无碍—若无……有实自性
├二破实德二
│　┌一总对破实德——一以实例德——又彼……坚湿暖动
│　│　　　　　　　└二以德例实——即彼……准此应责
│　└二总结非坚等——故知……实地水火
└三复合破三

┌一总破诸句——一约碍常破实句——又彼……应是无常
│　　　　　├二约根取破诸句——诸句……地水火风

- 三约非实破余八——又彼……如石女儿
- 四约非有破余八——非有……如空花等

二别破有等
- 一别破大有——彼所……唯妄计度
- 二别破同异——又彼……唯假施设
- 三别破和合——又待……亦非实有

三总破六句
- 一约所缘破——然彼……如龟毛等
- 二约能缘破——又缘……如实智等

三结非——故胜……妄所施设(破胜论竟)

三破自在
- 一出计——有执……诸法
- 二破执——一破本计……彼执……生一切法
- 二破转计——待欲……因常有故

四破余七——余执……皆同此破

五破声论
- 一出计
  - 一出明论计——有余……诸法
  - 二出声论计——有执……诠表
- 二破执
  - 一破明论——彼俱……如所余声
  - 二破声论——余声……待众缘故

六破极微
- 一出计——有外……而体实有
- 二破执三
  - 一破能生四大——彼亦……极微常住
  - 二破所生粗色
    - 一合破胜世——又所……便违自执
    - 二专破胜论——若谓……处无别故
    - 三重破胜世——若谓……前后相违
  - 三合破能所生——又果……虚妄计度(别破十三外道竟)

二别破九十六术
- 一总举——然诸……四种
- 二别破四
  - 一计一破数论等
    - 一出计——一执……如数论等
    - 二破执
      - 一法与大有——彼执…诸法差别
      - 二法与同异——又若…青黄等异
  - 二计异破胜论等
    - 一出计——二执……如胜论等

└二破执─┬─一破大有── 彼执……现见有物
　　　　└─二破同异── 又若……非眼等境

─三计双亦破无惭等─┬─一出计── 三执……如无惭等
　　　　　　　　　└─二破执── 四执……理定不成

└四计双非破耶命等─┬─一出计── 四执……如邪命等
　　　　　　　　　└─二破执── 彼执……勿谬许之

二别破小乘─┬─一略问答── 余乘……理非有故
　　　　　└─二广征破三

一破色三

一叙执── 且所……非极微成

二牒破三

一 破有对三

一破能成极微有对不成 三

一总非── 彼有……有故

二别破─┬─一碍无碍破── 谓诸……成瓶衣等
　　　　└─二分无分破─┬─一破有方分── 又诸……便非实有
　　　　　　　　　　　└─二破无方分五

┌一应无光影难── 若无……定有方分
├二见触无差难── 又若……必有方分
├三应有方分难── 又诸……共和集义
├四微聚不异难── 或相……定有方分
└五应无障隔难── 执有……障碍有对

三结非── 是故……实有不成

二破所成根境有对不成─┬─一问── 五识一句
　　　　　　　　　　　└─二答三

┌一申正义──虽非……为所依缘
├二破内根─┬─一出根体──然眼……非外所造
│　　　　　├─二明识变──外有……内识变现

- 三释根名——发眼……生眼等识
- 三破外尘三
  - 一标识变——此眼……似自识者
  - 二正破执
    - 一破正量——汝执……所缘缘故
    - 二破经部——眼等……生五识故
    - 三破古萨——非诸……非五识境
    - 四破新萨
      - 一叙执——有执…为此所缘
      - 二难破——彼执…真实极微
  - 三显实义
    - 一显识变——由此……带彼相故
    - 二显顿变——然识……合成一物
    - 三显假变——为执……是色边际

- 三结有对不成——由此……非极微成
- 二破无对
  - 一例破——余无……定非实有
  - 二牒破——诸有……真实色法
- 三破双亦
  - 一问——表无表一句
  - 二破二

一破计二

- 一正破表色二
  - 一破身表
    - 一破外计
      - 一总破——此非……以何为性
      - 二别破三
        - 一萨婆——若言……不可得故
        - 二正量——若言……应非灭故
        - 三日出——若言……类触应知
      - 三结非——故身表一句
    - 二申正义——然心……假名身表
  - 二破语表
    - 一破外表——语表……前已破故
    - 二述正义——然因……于理无违
- 二例破无表
  - 一正例破——表既……宁实
  - 二申正义
    - 一总明假立——然依……亦无违
    - 二别明假立二

- 一依思种立——谓此……增长位立
- 二依现思立——或依……故是假有

二 答难
- 一难——世尊……岂不违经
- 二答
  - 一总答——不拨……非色
  - 二别答
    - 一出体——能动……说名意业
    - 二释名——起身……说名业道

三 总结非有——由此……变似色生(破色竟)

二 破不相应二

一 总举总破
- 一总非却诘——不相……所以者何
- 二立量分斥
  - 一难有体相——得非……分位假立
  - 二合难体用——此定……许蕴摄故
  - 三别难实用——或心……非实有体

二 别征别破 三

一 破萨婆多等计六

一 破得非得 二
- 一破邪执
  - 一别征破
    - 一别征——且彼……有实体用
    - 二答定——契经……显得非得
  - 二别破斥
    - 一显非经意—经不…为证不成
    - 二引教设难二
      - 一例得七宝难——亦说……而执实得
      - 二离现非有难——若谓……善种等故
  - 三征计别破
    - 一征——又得一句
    - 二破二
      - 一破能起因计——若言……得便无用
      - 二破不失因计——若得……俱为无用
  - 四总结非有——得实……亦无
- 二申正义——然依……未成就故

二 破众同分 三
- 征计
  - 一正征——复如何一句
  - 二出计——契经……乃至广说

- 二破执
  - 一难非经意——此经……为证不成
  - 二据理正破
    - 一内外相同难——若同……应有同分
    - 二能所无差难——又于……此云何然
    - 三宿因非实难——若谓……有实同分
- 三申正义——然依……假立同分

三 破命根 三

- 一征计
  - 一正征——复如何一句
  - 二出计——契经……说名为寿
- 二破执
  - 一显非经意——此经……为证不成
  - 二直破本计——又先……非实命根
  - 三进破转计
    - 一说三法计——若尔……如四正断
    - 二无心位计——住无……识不离身
    - 三名相违计——既尔……有实命根
- 三申正义——然依……假立命根

四 破二无心定 三

- 一征计
  - 一正征——复如……有实自性
  - 二出计——若无……令不现起
- 二破执
  - 一厌色齐心难——若无……此云何然
  - 二设遮非实难——又遮……假亦能遮
- 三申正义
  - 一明定果
    - 一明二定——谓修……定亦名善
    - 二明定果——无想……得异熟名
  - 二结非实——故此……实有

（卷第二） 五 破有为相 四

- 一 征计
  - 一正征——复如……有宝自性
  - 二出计——契经……乃至广说
- 二 释经——此经……为证不成
- 三 破执
  - 一六喍无差破——非第……即色心故
  - 二能所不异破——非能……异地等政
  - 三有无应齐破——若有……应异所相
  - 四四相齐兴破
    - 一例体应俱难—又生…兴作用
    - 二例用应违难—若相…何俱有

三新宗背古难—又住…应俱

五应皆本有破——一为体有本难—能相…别性故

二同非本有难—更待…非本有

三生等无能难—又执生等一句

六无为体同破——所相……不可得故

七有为乖角破二

一难——一定世有无难——又去……非宝有性

二生灭有无难——生名……应非现在

三灭生相翻难——灭若……非有

四达同顺异难——又灭……何容异世

二结——故彼……非理

四 申正义二

一述正说——一说立相意——然有……假立四相

二说相相状——本无……无时名灭

三约世辨相——前三……故在过去

四释外人难——如何……而表有异

五刹那一期——此依……转变名异

二结假立——是故一句

六 破名句文四

一 征计——一正征——复如……名句文身

二出计——契经……名句文身

二 显经——此经……为证不成

三 正破——一如色非诠——若名……非宝能诠

二名等无用——谓声……何用名等

三色声无差——一牒救——若谓……异声宝有

二破救——所见……别有宝体

四例声生诠——一牒救——若谓……非能诠者

二破救四

一随他不诠——此应……别生名等

二正义诠同——又谁一句

三例生非诠——声谓……名句文身

四例生能诠——若唯……唯语能诠

五问结机调——何理……天爱非余

四 申正义——一显假差别——然依……名句文身

二显三用殊——名诠……为二所依

三明不即离——此三……亦各有异

└─四会通相违——且依……假立三故

（破萨婆多等计竟）

二 破大众部等计──┬─一出计──有执……行蕴所摄
　　　　　　　　　└─二破执──彼亦……非不相应

三 例破余计——执别……皆应遮止（破不相应竟）

三 破无为 三

一 破外计 三

一总非──┬─一总非无实——诸无……理不可得
　　　　├─二显法定无——且定……无为定有
　　　　└─三立量遮破——然诸——实无为性

二别破──┬─一破萨──┬─一审问——又虚……为多
　　　　│　　　　　└─二定破──┬─一定一破四
　　　　│　　　　　　　　　　　│　├─一破虚空一——若体……无应不遍
　　　　│　　　　　　　　　　　│　├─二破择灭一——一部……余品择灭
　　　　│　　　　　　　　　　　│　├─三破非择一——一法……得非择灭
　　　　│　　　　　　　　　　　│　└─四结定一过——执破……尔故
　　　　│　　　　　　　　　　　└─二定多破——若体……非偏容遍
　　　　└─二例余——余部……准前应破

三 总破——又诸……异心等有

二显正理──┬─一总标——然契……略有二种
　　　　　└─二别显二

┌─一依识变假说──┬─一示所依——一依……设有
│　　　　　　　　├─二正出体——谓曾……无为相现
│　　　　　　　　└─三释名义——此所……假说为常
└─二依法性施设──┬─一示所依——二依……设有
　　　　　　　　　├─二正出体——谓空……非一异等
　　　　　　　　　└─三广释名二
　　　　　　　　　　　┌─通释诸名——是法……名受想灭
　　　　　　　　　　　└─二别释真别——此五……名曰真如

三 总结非——故诸……实有（问答别破竟）

- 二外小合破
  - 一破遍计妄——外道……如缘此觉
  - 二显依他假——诸心……亦是法执

（破计法竟）

- 二 解法执
  - 一牒执列名——然诸……二者分别
  - 二随列分释
    - 一释俱生法执
      - 一释名——俱生……故名俱生
      - 二出体——此复……执为实法
      - 三明断——此二……方能除灭
    - 二释分别法执
      - 一释名——分别……意识中有
      - 二出体——此亦……执为实法
      - 三明断——此二……即能除灭
  - 三结成唯识
    - 一正结成——如是……决定非有
    - 二引经证——故世……如幻事等

- 三 总征结
  - 一牒前非——如是……皆非实有
  - 二重征别
    - 一破外色——故心……实有体故
    - 二破他聚——现在……他聚摄故
    - 三破同聚——同聚……余非所取
  - 三总结成
    - 一正结成——由此……似外境生
    - 二引经证——是故……似彼而转

（上来正破外执竟）

二 重释余难 二

- 一 释外道难
  - 一叙难
    - 一申难意——有作……假亦应无
    - 二申理喻——谓假……应知亦然
    - 三结成难——我法……似外境转
  - 二破斥
    - 一破真事——彼难……前已破故
    - 二破似共
      - 一总非——依类……俱不成故
      - 二别破
        - 一破依类——依类……不依类成
        - 二破依实——依实……不依成实

- 二 释共教难
  - 一总非——又假……亦不应理
  - 二别显
    - 一显不依真——真谓……不依真事
    - 二显但依似——由此……假必依真

└三结依——┬一结依识——是故……说假似言
　　　　　└二引经证——由此……说我法名

（释难标宗竟）

二 彰能变体 二

一 别解三句——┬一别解初句——识所……类别为三
　　　　　　　└二合解次二——一谓……合为一种

二 别解能变——┬一牒列数——此三……变有二种
　　　　　　　├二依标解——┬一标解因能变——一因……熏令生长
　　　　　　　│　　　　　　└二标解果能变——二果……果异因故
　　　　　　　└三结料简——此中……非谓一切

（略彰论旨明唯识相竟）

解初能变——┬一结前生后——虽已……其相云何
　　　　　　└二依问颂答——┬一正举颂——颂曰……罗汉位舍
　　　　　　　　　　　　　　└二释颂文 二

一 八段十义释此颂文 二

一 以八段别解本识五所 八

一 解颂初二句 二

一 略合解 二

一 三相——┬一自相——┬一显藏义——论曰……自内我故
　　　　　│　　　　　├二即颂名——此即……为自相故
　　　　　│　　　　　└三释妨难——此识……是故偏说
　　　　　├二果相——┬一显名义——此是……说名异熟
　　　　　│　　　　　├二简他宗——离此……不可得故
　　　　　│　　　　　├三即颂名——此即……所有果相
　　　　　│　　　　　└四释妨难——此识……故偏说之
　　　　　└三因相——┬一显名义——此能……名一切种
　　　　　　　　　　　├二简他宗——离此……不可得故
　　　　　　　　　　　├三即颂名——此即……所有因相
　　　　　　　　　　　└四释妨难——此识……是故偏说

二 总结——初能……如是三相

二 广分别 三

一 发问——一切……名为种子

二 广释 二

一 分别种子 十

一 出体门——谓本……差别

二 一异门——此与……理应尔故

三 假实门——虽非……真胜义谛

四 真俗门——然诸……不同真如

五 四分门——种子……此为境故

六三性门
- 一判种子
  - 一有漏
    - 一随所依无记——诸有……无记性摄
    - 二随所现三性——因果……亦名善等
  - 二无漏——诸无……唯名为善
- 二释妨难——若尔……所摄异熟

七 新本门三

一 唯本有
- 一标宗——此中……不从熏生
- 二释难——由熏……增长
- 三引证
  - 一证俱本有——如契……不由熏生
  - 二无漏本有——又瑜……不从熏生
  - 三有漏例同——有漏……不别熏生
- 四立理——如是……不乱

二 唯新熏
- 一立宗——有义一句
- 二释难——所熏……华熏故生
- 三引证
  - 一证俱新熏——如契……或有或无
  - 二有漏新熏——又名……必借熏生
  - 三无漏新熏——无漏……种子性故
- 四解违——有情……非已有体

三 二俱门
- 一立证——有义……习所成种
- 二破斥
  - 一难本有
    - 一引经证成难 五

- 一总彰难意——若唯……为因缘性
- 二证成前理——如契……常为因性
- 三引论释颂——此颂……不可得故
- 四难无因义——若诸……有因缘义
- 五重破伏难——非熏……为因缘故

二结违诸教难——又诸……理教相违

二难新生
- 一正难新生——若唯……不善等种
- 二破分别论
  - 一叙计——分别……无因生
  - 二破计——而心……相同故
  - 三解经——然契……名本净
- 三自申正义——由此……类此应知
- 四释诸妨难
  - 一释有熏——诸圣……心种
  - 二释障别——依障……非理
- 五曲文总结——然诸……理教相违

三总结——由此……始起二类

八 六义门
- 一总标六义——然种一句
- 二随六别释
  - 一刹那灭——一刹……能生用故
  - 二果俱有——二果……与果俱有
  - 三恒随转——三恒……自类相生
  - 四性决定——四性……有因缘义
  - 五待众缘——五待……非恒顿生
  - 六引自果——六引……互为因缘
- 三总结料简——唯本……非实种子

九 生引门——此种……即名引因

十 内外门——内种……所生果故

二 辨熏习相
- 一略问答——依何……故名熏习
- 二广分别 三

一 所熏义
- 一牒征——何等一句
- 二分释
  - 一坚住性——一坚……故非所熏
  - 二无记性——二无……非新受熏

- 三可熏性——三可……故非所熏
- 四和合性——四与……故非所熏
- 三结指——唯异……非心所等

二 能熏义
- 一牒征——何等一句
- 二分释
  - 一有生灭——一有……故非能熏
  - 二有胜用——二有……故非能熏
  - 三有增减——三有……应有胜劣
  - 四和合转——四与……故非能熏
- 三结指——唯七……可是能熏

三 熏习义
- 一解熏习——如是……故名熏习
- 二明法体——能熏……理不倾动
- 三显因果——能熏……应知假说

三 总结——是谓一句(解颂初二句竟)

二 合解次二门
- 一问——此识……云何
- 二答
  - 一举颂答——不可……处了
  - 二别解释 二

一 解所缘行相
- 一略解
  - 一略解行相之了——了谓……为行相故
  - 二略解行相之执受处——处谓……而得起故
- 二广解 二

一 广行相
- 一出正义——此中……见分所摄
- 二明四分
  - 一立二分
    - 一正立——然有……说名见分
    - 二破结——若心……必有二相
    - 三引证——如契……自然而转
  - 二立三分
    - 一释难——执有……相各别故
    - 二明是——达无……有差别故
    - 三结证——然心……三体无别
  - 三立四分
    - 一正立——又心……必现量故
    - 二分判——此四……唯识理成
    - 三引证——是故……种种差别
    - 四释经——此颂……是见分故
  - 四解一分
    - 一义摄——如是……体无别故

二引证——如入……故说唯心

三指例——如是……亦摄心所

三总结成——故识……识之见分

广所缘三

一外处——一总解释——所言……各遍似一

二别决择——一问——谁异熟一句（有三义）

二答——有义……而亦现有

三判——此说……所见异故

二执受——一解种子——诸种……不违唯识

二解根身——一正解——有根……受用他义

二会异——此中……犹见相续

三料简——一显前未尽——前来……击发起故

二总束前义——一分齐——略说……所现实色

二废立——一问——何故一句

二答——有漏……及有漏种

三界别——在欲……此色为境

二解不可知言——一正解释——不可……名不可知

二释妨难——云何……当知亦尔（合解次二门竟）

（上来十门八段初二段合解前五门竟）

三心所相应门——一问——此识与一句（卷第三）

二答——一举颂——常与……相应

二广释三

一释常相应——阿赖……心所摄故

二别解五所——一别解五体业——一解触——一总解—触谓……所依为业

二别解——一广前—谓根……引发胜故

二破他—然触……非即三和

二作意——一总解—作意……引心为业

二别解—谓此……不异定故

三受——一总解—受谓……非二欲故

二别解—有作……不共余故
四想—想谓……种种名言
五思—思谓……令造善等
二总释五相应—一释五俱—此五……后当广释
二释相应—此触……故名相应

四 五受唯舍门 二
一释唯舍俱——一正解释——一第一释——此识……舍受相应
二第二释——又此……非此相应
三第三释——又由……舍受相应
二答外难——若尔……善恶俱舍
二 简余所俱——一难——何如一句
二答——一总答——互相一句
二别答——一简别境——谓欲……别境相应
二简善染——此识……亦不相应
三简不定——恶作……定非异熟
五 四性无覆门——一问——法有……何法摄耶
二答——一总答——此识……性故
二别答——异熟……无覆无记
三释名——覆谓……故名无记
六 心所例心门——一但例无覆无记——触等……必同性故
二例异熟等五门——又触……亦如是言
三通例一切种等——有义……无简别故
四明例随所应说 二
一破计——一破例种——彼说……俱时生故
二破转救——一出转救——谁言……无能烧用
二破转救——彼救……而相例故
三出颂义——由此……有重言失
四破咸例——又彼……触等相应
二结成——由此……非谓一切
七 因果法喻门——一问——阿赖耶一句

- 二答 三

- 一解本颂
  - 一解法——非断……熏成种故
  - 二解喻——恒言……恒相随转
  - 三总结——如是……恒转如流
- 二破外执
  - 一破本有部等
    - 一初重难答——过去……方成非断
    - 二次重难答——因现……似彼相现
    - 三劝顺修学——如是……应顺修学
  - 二破上座部等
    - 一出计——有余……舍此信余
    - 二破计——彼有……理必不成
  - 三破经部等——经部……能持种故
- 三总结劝——由此……缘起正理

- 八何位方舍门
  - 一问——此识……当究竟舍
  - 二答
    - 一略举颂——阿罗汉一句
    - 二广解答
      - 一略释——谓诸……说之为舍
      - 二广释二

- 一解罗汉
  - 一第一师
    - 一释——此中……分段生故
    - 二问——云何一句
    - 三答——决择……及如来故
    - 四征——若尔……阿赖耶识
    - 五释——彼说……不违此义
  - 二第二师
    - 一明不退——又不……不退菩萨
    - 二显名舍——然此……名阿罗汉
  - 三第三师
    - 一正释初地——有义……名阿罗汉
    - 二破救征会——彼说……例此菩萨
    - 三难申正义——彼六……无余涅槃
- 二明位舍
  - 一列异名——然第……镜智相应
  - 二正明舍——阿赖……随义应说（以八段别解本识王所竟）

- 二约二位聪明本识王所
  - 一标二位——然第八一句
  - 二释二位
    - 一有漏位——一有……执受外境
    - 二无漏位——二无……一切法故

- 二 五教十理证有本识
  - 一问——云何……有别自体
  - 二答
    - 一总答——圣教一句
    - 二别答二
  - 三结

一 引经证有此识 二

一引不共大乘教 二

一 以四颂三经证此识有 二

一别引经 三

- 一阿毗达磨
  - 一引初颂
    - 一引经颂—谓有…涅槃证得
    - 二解经颂
      - 一第一师
        - 一出颂意—此第…示之
        - 二别解释二
          - 一略解—颂中…作依持用
          - 二广解
            - 一初二句—界是…为因缘用
            - 二次二句—由此…作依持月
      - 二第二师—又此…理不成故
      - 三第三师—或复…如次应知
    - 三总结指—今此…皆不得有
  - 二引次颂
    - 一引颂—即彼…者我开示
    - 二解释
      - 一解前三句—由此…名阿赖耶
      - 二解后一句—已入…故亦为说
    - 三总结指—非诸…是义
- 二 解深密经
  - 一引经颂——解深……别执为我
  - 二解经颂——以能……不为开演
  - 三总结指——唯第八一句
- 三 入楞伽经
  - 一引经颂——入楞……前作用转
  - 二出颂指——眼等……第八识性

二 例指广——此等……此第八识(四颂三经证此识有竟)

- 二 以比量成大乘是佛说
  - 一立量以成—诸大…圣教量摄
  - 二引颂为证
    - 一标名—又圣…真是佛说
    - 二引颂 (有七段)
      - 一长行——先…真是佛说

└二偈颂—如庄…治异文故

二引共教┬一总—余部…有别自性
　　　　└二别┬一大众部—谓大…有如是义
　　　　　　　├二上座部—上座…为有三因
　　　　　　　├三化地部—化地…穷生死蕴
　　　　　　　└四一切有┬一叙经—说一…喜阿赖耶
　　　　　　　　　　　　├二释义┬一正释—谓阿…真爱著处
　　　　　　　　　　　　│　　　│（有七段）
　　　　　　　　　　　　│　　　└二简别—不应…真爱著处
　　　　　　　　　　　　└三总结—由是…阿赖耶识(引经证有此识竟)

二 据理证有此识三

一 结前生后——已引……正理

二 正申识有十

一 以持种心证 三

一引经出事——谓契……不应有故

二据理显义┬一破经部┬一破五蕴持种┬一前六——谓诸……执自然生
　　　　　│　　　　│　　　　　　├二色等——色不……内种依止
　　　　　│　　　　│　　　　　　└三心所——转识……理应别有
　　　　　│　　　　├二破识类持种┬一叙计——有说……第八识性
　　　　　│　　　　│　　　　　　│（五段）
　　　　　│　　　　│　　　　　　└二正破——彼言……识类受熏
　　　　　│　　　　└三破二俱持种——又六……必俱时故
　　　　　├二破大众┬一出计——执为六识一句
　　　　　│　　　　└二破执——由前……能持种义
　　　　　├三破上座┬一叙宗——有执……为证不成
　　　　　│　　　　├二申难——彼执……为后种故
　　　　　│　　　　└三破救——亦不……前已说故
　　　　　├四破有部┬一叙宗——有说……势用强故
　　　　　│　　　　└二正破——彼说……皆不得成
　　　　　└五破大空┬一叙宗——有执……及一切法
　　　　　　　　　　└二正破——彼特……染净因果

三 正此非余——彼心一句

二 以异熟心证有三

一引经以事——又契……不应有故

二 据理显义——一破斥异计——谓眼……非真异熟
二申归正义——定应……恒立有情
三别明身受——又在……有此身受
四立异熟心——非佛……佛有情故

三 结此非余——由是……此第八识

三 以趣生体证有三

一 引经出事——又契……不应有故

二 据理显义——一申具义——谓要……正实趣生
二遮余非——非异……正实趣生
三明此是——一归本识——唯异……正实趣生
二非余法——此心……正实趣生
三简佛位——由是……已永断故

三 结此非余——正实……此第八识

四 以能执受证有三

一 引经出事——又契……不应有故

二 据理显义——一显所彰能——谓五……能执受心
二明此能唯——一明唯此——唯异……无如是义
二简余滥——此言……故作是说
三破异计非——谓诸……如虚空等

三 结此非余——故应……此第八识

五 以寿暖识证有三

一 引经出事——又契……不应有故

二 据理显义——一明转识——谓诸……持寿暖识
二归本识——唯异……持寿暖识
三难异执——一难——经说……岂符正理
二质——虽说……独有间转
三解——此于……能持彼寿

三 结此非余——由此……此第八识

六 以生死心证有 三

- 一 引经出事——又契……不应有故
- 二 据理显义
  - 一破六识非——谓生……如余时故
  - 二显第八是——真异……不违正理
  - 三破大乘偏
    - 一叙宗——有说……意识亦无
    - 二正破——若尔……无由起故
    - 三救义——若谓……能现在前
    - 四破救——彼初……亦应现起
    - 五更救——若由……现前
    - 六复难——此即……别说
  - 四破余部执——有余……不如是故
  - 五难死渐舍
    - 一出事——又将……彼事不成
    - 二非余——转识……由彼渐生
    - 三是此——唯异……不相离故
    - 四遮非——冷触……而不执受
- 三 结此非余——故知一句

七 以识名色证有 三

- 一 引经出事——又契……不应有故
- 二 据理显义
  - 一叙经——谓彼……不相舍离
  - 二申难——眼等……说谁为识
  - 三破救——亦不……无五识故
  - 四立量——又诸……名色为缘
- 三 结此非余——故彼一句

八 以依食住证有 三

- 一 引经出事——又契……不应有故
- 二 据理显义
  - 一自陈宗
    - 一总标——谓契经一句
    - 二别列
      - 一段食——一者……色无用故
      - 二触食——二者……资养胜故
      - 三思食——三者……希望胜故

└四识食——四者……执持胜故

└三结判——由是……随识有无

二破他义┬一总破诸部——眼等……非遍非恒
├二破萨婆多——诸有……非实有故
├三破上座部——有执……后当广破
└四破经量部——又彼……无实体故

三结识食——由此……皆依食住

四释妨难——唯依……示现而说

三 结此非余——既异……此第八识

九 以灭定心证有┬一引经出事——又契……不应有故
└二据理显义 四

一 总申正义——谓眼……识不离身

二 别破诸部┬一破萨婆多—若谓…无重生故
├二破经部本—又若…实不离身
└三破经部末┬一总破有心—若谓…入此定故
└二别破心所┬一总破—又若…为有为无
（七破救）
└二别破┬一破心所—若有…灭受想定
└二破无心所三

┌一破有令无难—若无…名无心定
└二纵有别生征—又此…心亦应无

三 结归正意——如是……执持识故

四 无想例然——无想……应知

十 以心染净证有 三

一 引经出事——又契……不应有故

二据理显义┬一总解—谓染……持彼种故
└二别解┬一别破染┬一总举—然杂……种类别故
│└二别破┬一明烦恼—若无……皆应起故
│└二明业果—若无……后亦不成
└二别破净┬一总举—诸清……断果别故

└二别破┬一明出道—若无……三乘道果
　　　└二明断果—若无……永不生故

三 总有此识——许有……染净种故

三 总结理证——证此……略述纲要(据理证有此识竟)

五 五教十理证有本识中三结——别有……应深信受(解初能变竟)

解次能变┬一结前生后——如是……其相云何
　　　　└二依颂答辩┬一出颂答——颂曰……世道无有
　　　　　　　　　　└二释答辩

一 以八段十门分释 八

一 初二句释名┬一释颂——论曰……胜余识故
　　　　　　└二问答——此名……故但名意

二 次半句释依┬一略┬一总解依彼转一言——依彼……所依
　　　　　　│　　└二别解依彼转三字——彼谓……取所缘故
　　　　　　└二广三

一 泛出所依┬一总举——诸心……总有三种
　　　　　├二别释——一因……必不起故
　　　　　└三结定——唯心……非所余法

二 别叙异计 三

一 种子依┬一第一说——初种……不俱有故
　　　　└二第二说┬一破前——有义……互为因故
　　　　　　　　　├二立理——然种……定非前后
　　　　　　　　　├三会违——设有……随转理门
　　　　　　　　　└四结正——如是……种为所依

二 俱有依 四

一 第一说 三

一 解五依 二

┌一立宗——初俱……即种子故
└二引证┬一二十唯识——二十……即五识种
　　　　└二所缘缘颂——观所……递为因故

二 七八依——第七……自力胜故

三 第六依——第六……而得起故

二 第二说 二

一 破前 三

一 总非——有义一句

二 别非 三

一非前五 ┬ 一正非┬ 一正出九非┬ 一诸界杂乱难 — 若五……处处说故
├ 二二种俱非难 — 又五……内处所摄
├ 三四缘相违难 — 又若……增上缘摄
├ 四根识系异难 — 又鼻……为难亦然
├ 五根通三性难 — 又五……非唯无记
├ 六根无执受难 — 又五……非有执受
├ 七五七不齐难 — 又五……为同法故
├ 八三依缺一难 — 又喻……依但应二
└ 九诸根唯种难 — 又诸……圣教相违

二假救重非┬一假救——有避……善顺瑜伽
└二重非┬一堕前非—彼有…非色根故
└二出后难—又若…非为善救

三总结前非—又诸……深违教理

一二会违——然伽……即识业种

二 非第六——又缘……势力等故

三 非第七┬一立理——又第……第八识摄
└二引证——如瑜……意识得转

三 结非——由此一句

二 结正——是故……无俱有依

三 第三说┬一立理——有义……有不定失
├二结正——是故……亦依能熏
└三指前——余如前说

四第四说 ┬一斥前 —有义一句
├二申义 ┬一解依所依别┬一解二别—未了…彼非主故
└二解违文—然有…随宜假说

- 二解俱依多少
  - 一解识俱
    - 一前五—由此…近相顺故
    - 二第六—第六…近相顺故
    - 三第七—第七…转识得生
    - 四第八—阿赖…而无所依
  - 二解心所—心所…相应之心
- 三结正—若作…理教

三 开导依 三

- 一 第一说
  - 一辨五识——后开……为开导依
  - 二辨第六——第六……为开导依
  - 三辨七八——第七……为开导依

二 第二说二

一破前 三

一 总非——有义一句

- 二别破
  - 一前五
    - 一总纵——且前……可如所说
    - 二别夺
      - 一夺未自在—若自……宁不相续
      - 二夺率尔心
        - 一立理——等流……多念相续
        - 二引证——故瑜……应知亦尔
        - 三重成——彼意……恒相续生
      - 三夺非盛境
        - 一标宗——若增……戏忘天等
        - 二引证——故瑜……名为意根
        - 三理成——若五……等无间缘
    - 三结成——既不……有相续义
  - 二第六——五识……彼云何尔
  - 三末那——平等……为开导依
  - 四赖耶——圆镜……为开导依

三 结非——由此……究理

二 申正——应说……由前说故

三 第三说 三

一 非前——有义一句

二 申义—┬一出体义—开导……非心所等
├二破前非—┬一诸识不俱难—若此……心不并生
│└二色心无异难—┬一难无异—又一……唯心心所
│└二释相违—然摄……等无间缘
├三申正义—是故……应随识说
└四释违难—┬一诸心相应难—虽心……不应为例
├二心所成依难—然诸……无主义故
├三各应为缘难—若心……皆四缘生
├四后起由他难—无心……为开导依
└五诸教相违难—然圣……亦不相违

三 总结——故自……教理（别叙异计竟）

三 结归正论——傍论……易了知故（次半句释依竟）

三 次半句所缘——┬一结前生后——如是……云何
└二随颂别释 四

一 举颂答——谓即一句

二 更别解——┬一总解——彼谓……缘藏识故
└二别解——┬一第一家——有义……无违教失
├二第二家——有义……不违圣教
├三第三家——有义……不违圣教
└四第四家——┬一斥前非——有义……一味转故
├二申正义——应知……义说二言
└三总结成——若作……不俱起故

三 显缘相——未转……遍不遍故

四 释妨难——如何……此亦何咎

四 第四句性相——颂言……无我相故

五 合解六七段——┬一问……此意一句
└二答 二

一 解因相应 三

一 解染俱——释颂文——┬一解总句四烦恼俱——且与……烦恼相应
├二解别句列四烦恼——其四……无相应义

- 三解烦恼四常俱义——此四……故名烦恼
- 辨废立
  - 一废立——彼有……烦恼唯四
  - 二释妨——见慢……义无乖返

- 二释余俱
  - 一问—此意一句
  - 二答
    - 一举颂答—不尔…俱故
    - 二广分别
      - 一释四俱余
        - 一释唯九所相应—有义…恒相应故
        - 二释无余所相应—此意…故非彼俱
      - 二释触等余
        - 一释余—有义…显随烦恼
        - 二别诤 四

- 一第一家
  - 一出遍染随
    - 一标宗——此中……染心相应
    - 二引证——如集……恒共相应
    - 三立理——若离……说为痴分
    - 四会违——虽余……非互相违
  - 二解此识俱
    - 一显有——然此……故开为二
    - 二辨无——何缘……义如前说
- 二第二家
  - 一出遍染随
    - 一标宗——有义……染心相应
    - 二引证——瑜伽……皆相应故
    - 三立理——忘念……皆能遍起
    - 四会违——论说……义如前说
  - 二解此识俱
    - 一显有——然此……心惛忱故
    - 二辨无——无悼……如上应知
- 三第三家
  - 一出遍染随
    - 一标宗——有义……染心相应
    - 二引证——瑜伽……三界系故
    - 三立理——若无……如疑人杌
    - 四会违——余处……义如前说
  - 二解此识俱
    - 一显有——此意……准前理释
    - 二辨无——无余……应知
- 四第四家
  - 一总非——有义一句
  - 二申理
    - 一出遍染随二
      - 一难前
        - 一难第三家——且疑……欲胜解相

二难第二家——烦恼……非染污位
三难第一家——若染……烦恼现前
二显正——故染……由前说故
二解此识俱——一显有——然此……并别境慧
二辨无——无余……不违教理

三 解受俱二 （卷第五）

一问——此染……相应

二答——一唯喜俱——有义……生喜受故
二唯受俱——有义……善业果故
三唯舍俱——有义……唯有舍受

二 解果相应——未转……平等转故

八 第八门性摄二

一 染——一问——末那一句
二答——一举颂答——有覆一句
二别解释——此意……亦无记摄

二 净——若已……善性

七 第九门界系二

一 染——一问——末那一句
二答——一举颂答——随彼……所系
二释颂答——一总辨——谓生……非他地故
二别显——若起……名彼所系

二 净——若已……所系

八 第十门起灭——一问——此染……或暂断耶

二答二

——举颂答——一举颂——阿罗……世道无有
二释颂——一总释——阿罗……故说无有
二别释——一释灭定圣道不行——谓染……乃至未灭
二释阿罗汉无有义三

一出无所由——然此……非非所断
二明何位断——极微……永不复起

三会罗汉名——二乘……不别说之

二广诤答——一第一家——此中……杂染依故

二第二家——一难前——一总难——有义一句

二别难——一难违教——出世……有故

二难违理五

一俱有难——无染……定二俱转

二通染净难——显扬……此云何然

三智相应难——又诸……余识性故

四执相应难——又如……法无我故

五六俱有难——又诸……六亦应尔

二结正——是故……此亦应尔（八段十门分释竟）

二 以三位差别总束 三

一 标数——此意一句

二 列名——一补……性智相应

三 别释——一别解释——一解人我见相位——初通……伽罗我见

二解法我见相位——次通……起法我见

三解平等智相位——后通……平等性智

二广料简——一广前初位—补特……此亦应然

二广前二位——总广前一切唯法执—二乘……执已断故

二次更重诤八地以上—八地……亦应在故

三料简法执染不染义—法执……皆入此摄

三 引教理证此识有 三

一 问——云何……有别自体

二 答——一总答教理——圣教一句

二别答教理二

一 依显经以教证有——一不共经——谓薄……故不重成

二共许经——解脱……故不繁述

二 依隐经以理证有三

一 结前生后——已引……正理

二 依标正释 六

- 一 以不共无明证有
  - 一引经出事—谓契……彼应非有
  - 二以理征释
    - 一破小立有—谓诸……便无此失
    - 二释不共义
      - 一问—染意……何名不共
      - 二答二
        - 一正解释
          - 一第一师—有义……不共何失
          - 二第二师
            - 一破前—有义……恒相应故
            - 二立理—应说……许亦无失
          - 三第三师
            - 一立义—有义……此识有故
            - 二问答
              - 一第一问答—若尔……故名不共
              - 二第二问答—既尔……且说无明
        - 二显差别
          - 一彰别—不共……此识非有
          - 二引证—故瑜……见所断故
          - 三会异—恒行……此彼俱有
- 二 以意识二缘证有
  - 一引经立理—又契……彼意非有
  - 二别破诸部
    - 一破萨婆多—谓如……彼依宁有
    - 二破上座部—不可……二分别故
    - 三破经量部—亦不……决定俱时
    - 四总立量破—由此……随一摄故
- 三 以意名不成证有
  - 一引经立理—又契……彼应非有
  - 二别破他部—谓若……宁说为意
  - 三结成正义—故知……假立意名
- 四 以无心定证有
  - 一引经出事—又契……彼应无别
  - 二据理正破—谓彼……彼因亦无
  - 三结成别有—是故一句
- 五 以无想有情证有
  - 一引经立理—又契……彼应无染
  - 二广破诸部
    - 一总破诸部—谓彼……同所诃厌
    - 二破一切有—初后……能得亦无
    - 三破大众部—不相……遮破
    - 四破经量部—藏识……已辩非理
  - 三结成别有—故应……同诃厌彼

- 六 以三性我执证有
  - 一引经立理—又契…彼不应有
  - 二据理显义
    - 一显自我执
      - 一立宗—谓异…不能亡相
      - 二引证—故瑜…相缚解脱
      - 三解释—言相…缚终不脱
    - 二破他宗计
      - 一破一切有等—又善…成无漏故
      - 二破大众部等—又不…已极成故
      - 三破经量师等—亦不…得成有漏
    - 三结已有漏—然诸…于理无违
  - 三结成别有—由此…此第七识　（依标正释竟）

三 指广结劝——证有……应随信学

三 会——然有……实有八种　（解次能变竟）

- 解三能变
  - 一结前生后——如是……其相云何
  - 二举颂正答三

- 一能变差别性相三性
  - 一举颂——颂曰……不善俱非
  - 二释颂三

- 一 释六名
  - 一解第一句—论曰……识相
  - 二解第二名
    - 一释六因—此识……异故
    - 二随别解
      - 一别解
        - 一随根立
          - 一通解六—谓名……属助如根
          - 二别解意—虽六……心意非例
        - 二随境立—或名……无相滥失
      - 二料简—此后……无此能故
    - 三显不说—然六……义便当说

- 二 释性相
  - 一释颂——次言……名为识故
  - 二会经——如契……如前已说

- 三 释三性
  - 一寄问起—此六一句
  - 二依问答
    - 一举颂—谓善……性摄
    - 二别释
      - 一正释颂文
        - 一解三性名义—俱非……故名无记
        - 二显诸识所俱—此六……无记性摄

二诤申同异 二

一第一家
- 一标宗—有义……不俱
- 二立理—同外……故定不俱
- 三释难—瑜伽……无相违过

二第二家
- 一标宗—有义……容俱
- 二立理—率尔……容俱起故
- 三释难—五识……于此唐捐
- 四引证—故瑜……善等性同
- 五解违—诸处……三性容俱

三显果位善—得自……戏论种故

二 心所相应及三受俱
- 一问起——六识一句
- 二答释 二

一 正明心所及三受俱
- 一举颂——颂曰……三受相应
- 二解释 二

一 解初三句心所
- 一总解—论曰……谓遍行等
- 二别解
  - 一解心所二字
    - 一解名义—恒依…立我所名
    - 二解行相
      - 一总举—心于…作模填彩
      - 二引证—如瑜…德失等相
    - 三总结示—诸心…兼取别相
  - 二解遍行等义
    - 一总标—虽诸…种类差别
    - 二列位—谓遍…不定有四
    - 三结数—如是…十一
    - 四释名—一切…皆不定故
    - 五会文—然瑜…谓一切性
    - 六总结—由此一句

二 解次一句受俱二

一 解因位
- 一解本颂——此六……不苦乐受
- 二别分别三

- 一 增减分别
  - 一二二门——如是……无漏起故
  - 二两三门——或各……为三
  - 三二四门——或总……各容有四
  - 四一五门
    - 一列五名——或总……喜舍
    - 二释开合——三中……平等转故
    - 三辨处位
      - 一明悦受——诸适……无分别故
      - 二明迫受二

- 一明五识俱——诸逼……为苦
- 二明意识俱
  - 一第一家——意识……况余轻者
  - 二第二家五

- 一标宗——有义……无分别故
- 二引证——瑜伽……傍生亦尔
- 三立理
  - 一申难——余三……现行舍故
  - 二反诘——岂不……不成
  - 三更征
    - 一乘前征——宁知……无异因故
    - 二别生征——又若……舍相应故
    - 三举例征——如极……无有忧根
  - 四结成——故余……喜乐
- 四会违——余处……十一根故
- 五总结——由此……亦苦根摄

- 二 例摄余门——此等……故不繁述
- 三 辨三受俱
  - 一第一家——有义……无相违过
  - 二第二家——有义……三受容俱

- 二 解果位——得自……忧苦事故 （正明心所及三受俱竟）

- 二 重解相应六位心所
  - 一总标说——前所……别相
  - 二别解释二

- 一 以五颂别显心所五

- 一 初一颂辨二位
  - 一问起——且初……云何
  - 二答释
    - 一举颂——颂曰……缘事不同
    - 二释颂二

- 一初明遍行位
  - 一解颂初句—论曰…如前广说
  - 二释遍行义
    - 一问—此遍…应知
    - 二答
      - 一总答—由教一句
      - 二别答
        - 一举教答—此中…诚证非一
        - 二举理答—理谓…故必有思
    - 三结—由此…义至当说

二次明别境位二

一 五门分别 五

一 总释别境——次别……次初说故

二 别解五所 五

- 一 欲心所
  - 一解体业——云何……勤依为业
  - 二广前文
    - 一第一师——有义……亦无欲起
    - 二第二师——有义……亦无欲起
    - 三第三师——有义……欲非遍行
  - 三破异执
    - 一出计——有说……为诸法本
    - 二难破——彼说……皆由爱生
    - 三解经——故说……一切善事
    - 四结成——故论一句
- 二 胜解所
  - 一出体业——云何……引转为业
  - 二广前文——谓邪……非遍行摄
  - 三破异执
    - 一出计——有说……皆有胜解
    - 二破异——彼说……有无穷失
- 三 三念心所
  - 一出体业——云何……定依为业
  - 二广前文——谓数……遍行所摄
  - 三破异执
    - 一出计——有说……忆念因故
    - 二破异——彼说……忆念因故
- 四 定心所
  - 一出体业——云何……智依为业
  - 二广前文——谓观……故非遍行
  - 三破异执——有说……非即心故

五 慧心所——一出体业——云何……断疑为业
　　　　　　二广前文——谓观……非遍行摄
　　　　　　三破异执——有说……如信贪等

三 明五俱起——一第一俱——有义……必有余四
　　　　　　　二第二俱起 四

一出义证——有义……非定俱故
二别分别——一唯一起——应说……驰散推求
　　　　　　二俱二起——或时……合有十二
　　　　　　三俱三起——或时……合有十三
　　　　　　四俱四起——或时……合有五四
　　　　　　五俱五起——或时……具起五种
三总结数——如是……三十一句
四显不起——或有……此类非一

四 八识分别——一七八识——第七……已如前说
　　　　　　　二第六识——第六……皆不遮故
　　　　　　　三前五识——一因位——一第一家——有义……无简择故
　　　　　　　　　　　　　二第二家二
　　　　　　　　　　　　　　一总有—有义……此五
　　　　　　　　　　　　　　二别显——一欲—虽无……乐境义故
　　　　　　　　　　　　　　　　　　　二胜解—于境……印境义故
　　　　　　　　　　　　　　　　　　　三念——虽无……念境类故
　　　　　　　　　　　　　　　　　　　四定——虽不……故容有定
　　　　　　　　　　　　　　　　　　　五慧——虽于……有慧无失
　　　　　　　　　　　　　二果位——未自……作事智故

五 五受分别——一寄问起—此别一句
　　　　　　　二依问答——一第一家—有义……五识无故
　　　　　　　　　　　　　二第二家—有义……五受相应 （五门分别竟）

二 例摄余门——此五……如理应思

二 次一颂辨善位——一结前生后——已说……其相云何 （卷第六）
　　　　　　　　　二随问申答——一举颂答——颂曰……舍及不害

└二释颂答三

一 解善得名——论曰……定有十一

二 出俱善体 八

- 一 别解信心
  - 一申正义
    - 一释体业
      - 一总——云何……乐善为业
      - 二别——然信……世出世善
    - 二定体性
      - 一问——忍谓……自相是何
      - 二答——岂不一句
      - 三难——此犹……为难亦然
      - 四通——此性……故净为相
  - 二破异执——有说……心净是信
- 二 合解惭愧
  - 一别解
    - 一惭——云何……息诸恶行
    - 二愧——云何……息诸恶业
  - 二总解
    - 一会旧文——羞耻……假说为体
    - 二难古说——若执……十遍善心
    - 三释外问——崇重……前所设难
    - 四解自他——然圣……名自他故
- 三 合解三根
  - 一总解—无贪…近对治故
  - 二别解
    - 一解无贪瞋—云何…俱遍善心
    - 二解无痴心
      - 一出体业—云何…作善为业
      - 二广分别
        - 一第一家—有义…复别说
        - 二第二家—有义…应别有
- 四 别解正勤
  - 一略解——勤谓……满善为业
  - 二广解
    - 一释前义——勇表……唯善性摄
    - 二辨差别——此相……胜进别故
- 五 别解轻安——安谓……转安适故
- 六 别解不放逸
  - 一略解——不放……善事为业
  - 二广解
    - 一辨废立——谓即……故非此依
    - 二别问答——岂不……定无别体
- 七 别解行舍
  - 一略解——云何……静住为业
  - 二广解
    - 一广体业——谓即……寂静而住

└二辨废立——此无……即心等故

八 别解不害──┬一略解——云何……悲愍为业
　　　　　　└二广解──┬一解正义——谓即……彼二胜故
　　　　　　　　　　　└二破异计——有说……是无瞋故

三 诸门分别十

一 义摄所余──┬一总明义摄——及显……故不别立
　　　　　　├二别明义摄——欣谓……即是正念
　　　　　　└三寄辨不定——悔眠……无别翻对

二 问答废立——何缘……善中不说

三 征责多少——染净……不应齐责

四 分别假实——此十……相用别故

五 明善俱起──┬一第一师──┬一标宗——有义……余七不定
　　　　　　│　　　　　├二立理——推寻……有不害故
　　　　　　│　　　　　└三引证——论说……有不害故
　　　　　　└二第二师──┬一破前——有义……有不害故
　　　　　　　　　　　　├二释难——论说……定非应理
　　　　　　　　　　　　├三显理——应说……余位无故
　　　　　　　　　　　　├四引证——决择……增轻安故
　　　　　　　　　　　　└五解疑——有义……地皆有故

六 明八识俱──┬一后三识——此十……唯阙轻安
　　　　　　└二前五识——有义……有轻安故

七 明五受俱——此善……无调畅故

八 明别境俱——此与……不相违故

九 性界学断——十一……非见所断

十 例摄余门——余门……应思　（辨善位竟）

三 次半颂解烦恼──┬一结前生后——如是……其相云何
　　　　　　　　└二依问陈答──┬一举颂——颂曰……慢疑恶见
　　　　　　　　　　　　　　　└二释颂三

一 辨得名——论曰……得烦恼名

二 出体业──┬一释贪——云何……取蕴生故

├二释瞋——云何……不善性故
├三释痴——云何……杂染法故
├四释慢┬一出体业——云何……受诸苦故
│　　　└二辨差别——此慢……起亦无失
├五释疑┬一出体业——云何……善不生故
│　　　└二逐难辨——有义……非慧为体
└六释恶见┬一总明——云何……多受苦故
　　　　　└二别显┬一标数——此见……有五
　　　　　　　　　├二列释┬一身见——一萨……分别起摄
　　　　　　　　　│　　　├二边见——二边……分别趣摄
　　　　　　　　　│　　　├三邪见——三邪……皆邪见摄
　　　　　　　　　│　　　├四见取——四见……所依为业
　　　　　　　　　│　　　└五戒取——五戒……所依为业
　　　　　　　　　└三料简——然有……非二取摄

三 辨诸门 十二

一 分别俱生┬一正分别——如是……方得生故
　　　　　　└二异解释——边执……或分别起

二 同类俱起┬一问——此十……相应
　　　　　　└二答┬一贪俱起——贪与……相应无失
　　　　　　　　　├二瞋俱起——瞋与……或无或有
　　　　　　　　　├三慢俱起——慢于……一分亦尔
　　　　　　　　　├四疑俱起——疑不……定不俱起
　　　　　　　　　├五见俱起——五见……有多慧故
　　　　　　　　　└六痴俱起——痴与……必由痴故

三 八识俱起——此十……起慢等故

八 俱受相应┬一问——此十……相应
　　　　　　└二答┬一实义┬一贪瞋痴——贪瞋……喜乐俱故
　　　　　　　　　│　　　├二慢————有义……能发彼故
　　　　　　　　　│　　　├三疑及恶见—疑后……忧相应故
　　　　　　　　　│　　　└四身边见——有义……此依实义
　　　　　　　　　│

└二粗相——随粗……如理应知

五 别境相应——此与……不异慧故

六 三性分别——此十……不障善故

七 界系分别——一问——此十……系耶
　　　　　　　二答——一总——瞋唯……三界
　　　　　　　　　　　二别——一下无上惑——生在……皆容现前
　　　　　　　　　　　　　　　二上有下惑——生在……或随转门
　　　　　　　　　　　　　　　三下缘上惑——下地……身见起故
　　　　　　　　　　　　　　　四上缘下惑——上地……或别缘说

八 三学分别——此十……彼唯善故

七 三断分别——一问—此十…断耶
　　　　　　　二答——一总分别—非非…细难断故
　　　　　　　　　　　二别解释——一标别—见所…有总有别
　　　　　　　　　　　　　　　　　二释总别——一释总—总谓…怖畏处故
　　　　　　　　　　　　　　　　　　　　　　　二释别——一粗相—别谓…粗相如是
　　　　　　　　　　　　　　　　　　　　　　　　　　　　二细说—委细…故修所断

十 缘事有无——一有无质——虽诸……无事烦恼
　　　　　　　二有无漏——彼亲……无漏烦恼

十一 缘境事名——缘自……所起境名

十二 例摄余门——余门……应思 （解烦恼竟）

四 二颂明随烦恼——一结前生后——已说……其相云何
　　　　　　　　　二依问陈答——一举颂——颂曰……乱不正知
　　　　　　　　　　　　　　　　二释颂 二

一 正释颂——一释得名——论曰……名随烦恼
　　　　　　二束三位——此二……大随烦恼
　　　　　　三出体业——一辨十小——一忿——云何……忿相用故
　　　　　　　　　　　　　　　　　　二恨——云何……恨相用故
　　　　　　　　　　　　　　　　　　三覆——云何……唯是贪分
　　　　　　　　　　　　　　　　　　四恼——云何……恼相用故
　　　　　　　　　　　　　　　　　　五嫉——云何……嫉相用故

六悭——云何……悭相用故
七诳——云何……诳相用故
八谄——云何……谄相用故
九害——云何……准善应说
十骄——云何……骄相用故

二辨二中二
一别解——一惭——云何……诸恶行故
二愧——云何……诸恶行故
二总解——不耻……非即彼性

三辨八大——一掉举——云何……非此别相
二昏沉——云何……而非迷暗
三不信——云何……非此自性
四懈怠——云何……无信不信
五放逸——云何……如不放逸
六失念——云何……遍染心故
七散乱——云何……俱遍染心
八不正知—云何……遍染心故

四释并及——与并……随烦恼故
五辨通局——随烦……烦恼摄故
六辨废立——唯说……如理应知

二 辨诸门十二
一假实门——如是……如前应知
二俱分门——二十……势力起故
三同起门——一正释——此二……皆容俱起
二料简——有处……违唯善故
四 识俱门—— 此唯……五识容有
五 受俱门—— 由斯……亦如实义
六 别俱门—— 如是……相应无失
七 本俱门—— 中二……贪痴分故
八 三性门—— 小七……亦通无记

- 九 界摄门
  - 一界有摄——小七……余通三界
  - 二上下起——生在……及谤灭故
  - 三上下缘——中二……非所恃故
- 十 三学门——二十……彼唯净故
- 十一 三断门
  - 一后中大
    - 一见修断——后十……相应起故
    - 二迷总别——见所……皆通四部
    - 三迷亲疏——迷谛……如烦恼说
  - 二前十小
    - 一见修断——前十……生忿等故
    - 二迷总别——见所……皆通四部
    - 三迷亲疏——此中……生嫉等故
- 十二 准余门——然忿……准上应知 （解随烦恼竟）

五 半颂释不定位
- 一结前生后——已说……其相云何 （卷第七）
- 二依问陈答
  - 一举颂——颂曰……伺二各二
  - 二释颂 二

一 正释
- 一释得名——论曰……立不定名
- 二释体业
  - 一悔眠
    - 一别解
      - 一悔——悔谓……是我恶作
      - 二眠——眠谓……心相应故
    - 二总解——有义……名世俗有
  - 二寻伺
    - 一别解——寻谓……细转为性
    - 二总解——此二……不可得故
- 三解二二
  - 一初义——二各……二类差别
  - 二次义——有义……缠及随眠
  - 三后义——有义……深为有用

二 别辨 二

一 十二门
- 一假实门—四中……世俗有故
- 二同起门—四中……互相应义
- 三识俱门
  - 一七八识—四皆……前说
  - 二前六识
    - 一悔眠—悔眠……法故
    - 二寻伺
      - 一第一师—有义……谓五识故
      - 二第二师—有义……定无寻伺

├四受俱门—— 有义……意苦俱故
├五别俱门—— 四皆……不相违故
├六善俱门—— 悔眠……轻安俱故
├七本俱门—— 悔但……不相违故
├八随俱门—— 悔与……皆起彼故
├九三性门—— 此四……名等义故
├十界摄门—— 恶作……所更事故
├十一三学门—— 悔非……皆无学故
└十二三断门 ┬— 一悔眠 ┬— 一总解二 —— 悔眠……救解脱故
　　　　　　│　　　　└— 二别解眠 —— 若已……非所断摄
　　　　　　└— 二寻伺 ┬— 一总解 —— 寻伺……非所断摄
　　　　　　　　　　　└— 二别解 —— 有义……有分别故

（以五颂别显心所竟）

二 准例指——余门……应思

二 总料简心所与心 ┬— 一问起— 如是……分位差别
├二反诘— 设尔一句
├三征难— 二俱……圣教相违
└四正释— 应说……真俗妙理（心所相应及三受俱竟）

三 依止俱转及起灭位 ┬— 一结前生后 —— 已说……分位
└二依问陈答 ┬— 一举颂答 —— 颂曰……眠与闷绝
　　　　　　└二释颂答二

一正解释二颂文 ┬ 一解所依止识—论曰…为共亲依
├二解俱不俱相—五识…广说如经
└三解起灭分位 ┬ 一意常现起 ┬ 一第一师—由五…令总不行
　　　　　　　│　　　　　　└二第二师—又五…此随缘现
　　　　　　　└二生无想等 三

一 颂答——五位……想等

二 二别解 三

一 无想 ┬— 一显得名—— 无想……名无想天
├二辨无心 ┬— 一第一师—— 故六……无心地故

二第二师——有义……非谓全无
三第三师——有义……转识暂起
三明生处——彼天……异熟处故
四出报因——即能……异熟果故

二 二定—一总解—及无…故名无心
　二别解—一无想定—一正释名义—无想……故亦名定
　　　　　　　　　二三品差别—修习……后方殒没
　　　　　　　　　三明界系性—此定……由前说故
　　　　　　　　　四四业分别—四业……现受
　　　　　　　　　五界起分别—有义……至究竟故
　　　　　　　　　六明有漏摄—此由……非圣所起
　　　　二灭尽定—一正释名义—灭尽……名灭彼定
　　　　　　　　　二三品修别—修习……毕竟不退
　　　　　　　　　三依有顶修—此定……亦得现前
　　　　　　　　　四三学分别—虽属……似涅槃故
　　　　　　　　　五别人中起—此定……不断灭故
　　　　　　　　　六明断惑起—一明见惑—要断……所引发故
　　　　　　　　　　　　　　　二明修惑二

一二乘—一异说—一第一师——有义……皆得后起
　　　　　　　　二第二师——有义……皆得后起
　　　二问答——若伏……却断下失
二菩萨——若诸……灭尽定故

三 眠闷——无心……触处少分　（别解竟）

三 三料简—一问死生——除斯……显五无杂
　　　　　二入无余——此显……入无馀依
　　　　　三解谁具——此五……无睡闷故　（正解释二颂文竟）

二 总料简三能变—一诸识俱转——是故……识俱转义
　　　　　　　　二问答分别—一第一——若一……唯有一故
　　　　　　　　　　　　　　二第二——一身……缘久灭故
　　　　　　　　　　　　　　三第三——如何……种种相故

- 四第四——何故……五识不尔
- 五第五——多识……互不相应
- 三一异分别——八识……所相无故 （广三能变竟）

正辨识变——
- 一结前生后——已广……唯有识耶
- 二依问陈答——
  - 一举颂——颂曰……一切唯识
  - 二释颂二

一 正释颂文——论曰……契会中道

二 问答广辨——
- 一唯识所因辨——
  - 一问征—由何……成此教理
  - 二答释——
    - 一教答—如契……诚证非一
    - 二理答—极成……诚证非一
  - 三结成—故于……净分依他
- 二世事乖宗辨—若唯……应释此疑
- 三圣教相违辨—何缘……亦非有故
- 四唯识成空辨—此唯……说前二颂
- 五色识非心辨—若诸……无余亦无
- 六现量为宗辨—色等……实是外色
- 七梦觉相违辨—若觉……色境唯识
- 八外取他心辨—外色……色等亦尔
- 九异地非唯辨—既有……实有色等
- 一总结劝应信—若如……一切唯识 （正辨识变竟）

释理违二

一第一颂—
- 一问起—若唯…种种分别
- 二答释—
  - 一颂答—颂曰…彼分别生
  - 二释颂—
    - 一略释—
      - 一解有漏—
        - 一别解四句—论曰…故言彼彼
        - 二总解颂意—此颂…方起分别
      - 二例无漏—诸净…为缘生故
    - 二广辨—
      - 一问—所说…生相
      - 二答二

一 广前三句二

- 一 正解四缘
  - 一总——缘且一句
  - 二别四
    - 一 因缘
      - 一出体——一因……是因缘性
      - 二料简——第八……不亲生故
      - 三释妨——有义……为因缘故
    - 二 等无间缘
      - 一出体——二等……令彼定生
      - 二料简——多同……无间缘故
      - 三辨相
        - 一第八——即依……发大心故
        - 二第七——第七……不生彼故
        - 三第六——第六……唯色界故
        - 四前五——眼耳……明昧异故
    - 三 所缘缘
      - 一出体——三所……所虑所托
      - 二辨异——此体……亦得生故
      - 三约识
        - 一第八——第八……有无不定
        - 二第七——第七……无外质故
        - 三第六——第六……有无不定
        - 四前五——前五……无外质故
    - 四 增上缘
      - 一出体——四增……差别相故
      - 二辨用——此顺……四事别故
      - 三显胜
        - 一总标——然增……唯二十二
        - 二出体——应知……非后三根
        - 三指例——二十……如论应知

二 傍论依处三 （卷第八）

- 一 问起——如是……十五处立
- 二 正释二
  - 一 依十五处立十因
    - 一正明依立十因
      - 一所说因——一依……是语依处
      - 二观待因——二领……彼观待因
      - 三牵引因——三习……远自果故
      - 四生起因——四有……近自果故
      - 五摄受因——五无……辨无漏故

- 六引发因——十一……无为法故
- 七定异因——十二……自乘果故
- 八同事因——十三……一事业故
- 九相违因——十四……生等事故
- 十不相违因–十五……生等事故

二附辨二因相摄
- 一总标——如是……二方便
- 二别解二

- 一第一师
  - 一引菩萨地文
    - 一引文——菩萨……方便因摄
    - 二正释——此说……方便因摄
    - 三立理——非此……因缘种故
  - 二引寻伺地文
    - 一引文——有寻……余方便摄
    - 二正释——此文……有因缘故
    - 三立理——非唯……非因缘故
- 二第二师
  - 一解菩萨地文
    - 一解文——或菩……即彼余八
    - 二释难——虽二……显故偏说
  - 二解寻伺地文
    - 一解文——有寻……即彼余九
    - 二释难——虽生……准上应知

二解四缘依处得果
- 一明四缘依处
  - 一问起——所说……十因二因
  - 二答辨二
    - 一十因相摄
      - 一引文——论说……立增上
      - 二正解——此中……略不说之
    - 二二因相摄——论曰……进退如前
- 二明得果多少
  - 一问起——所说……依何处得
  - 二答辨二
    - 一出体业——果有……余所得果
    - 二解得果
      - 一依处得
        - 一初解——瑜伽……太宽太狭
        - 二次解——或习……故此偏说
      - 二因缘得——如是……一切容得

三总结——傍论……正论（广前三句竟）

二广第四句——一正辨生——一正辨——一辨生现——一辨种生—本识…应知亦尔

二辨现生 二

一染 ┬ 一总 一现起…无因缘故
     └ 二别 一谓有…互为缘故
二净一净八…能缘用故

二辨生种一既现…亦但增上

二总结一依斯…何固执为

二辨分别一虽分…具广分别 （第一颂竟）

二 第二颂 ┬ 一寄问发起 ——虽有……生死相续
          └ 二依问陈答 ┬ 一举颂答 ——颂曰……生余异熟
                       └ 二释颂答 四

一 初解 二

一 别解颂文 ┬ 一别解第一句 ┬ 一解诸业—— 论曰……异熟果故
            │   ├ 二解习气 ——此虽……故名习气
            │   └ 三总解释 ——如是……胜增上缘
            ├ 二别解第二句 ——相见……故颂先说
            ├ 三合解三四句 ——前异……业异熟果
            └ 四合解四句颂 ——虽二……方得相续

二 总结颂意—— 此颂……为彼性故

二 次解 ┬ 一总标 ——复次……总有三种
        │   （有三段）
        ├ 二别释 ——一名……是增上缘
        └ 三例指 ——此颂……义如前释

三 三解 二

一 以论文解惑业苦——复次……义如前释

二 以有支解惑业苦三

一 总摄 ——此惑……如论广释

二 广明四

一 能所引生 ┬ 一总标一 然十……为四
            └ 二别解 ┬ 一能引支 ┬ 一出体释名一 一能…五果种故
                     │   └ 二别重料简一 此中…皆非行支

二所引支—一出体释名—二所…所引发故
　二别重料简—一料简—此中…总别亦然
　　二释妨—集论…必不俱故
三能生支—一出体释名—三能…后有果故
　二会通诸论—有处…识等种故
四所生支—一出体释名—四所…近所生故
　二别重料简—谓从…乃名为死

二 废立释妨——一老病——老非……衰朽行故
　二名色——名色……上二界有
　三爱支——爱非……非彼全无
　四生引——何缘……说识等五
　五发润——何缘……说是爱增
　六无明——诸缘……犹未起故
　七受爱——从上……于理无违

三 定世破邪——此十……便致无穷

四 诸门分别—一前十一门—此中…于理无违
　二第十二门—一第一师—有义…见修所断
　　二第二师—一总标—有义…全断者故
　　　二申难—若无…见所断发
　　　三显正—一结三生—由此…助者不定
　　　　二泛释断—又染…如应当知
　三后共五门—十乐…为生厌故

三 结显——由惑……生死相续

四 四解三

一 释生死相续—一总解颂文—复次……故唯有识
　二别解二死—一总举—因谓……生死有二
　　二别解—一分段——一分……故名分段
　　　二变易五
　　　　一出体—二不……细异熟果
　　　　二释名—由悲……故不违理

三问答——一第一问答——若所……润生用故
二第二问答——何用……无上菩提
三第三问答——彼复……有大助力
四对辨——若所……非彼境故
五解结——由此……随助因说
三正解颂文——颂中……非异熟故
二 解净法相续——前中……相续无穷
三 总结归唯识——由此……内识 （释理违竟）
初三颂释无境——一总问起——若唯……所以者何
二释颂答——一正举颂——颂曰……不见此彼
二广释颂三
一 正释颂文三
一 辨三性二
一初颂半辨前二——一略解遍计所执——一第一师—论曰…不可得故
二第二师—或初…不可得故
二广解遍计依他——一广第一句——一第一师— 初能…为所缘故
二第二师—有义…故言彼彼
二广第二句—次所…非所遍计
三广后四句二
一问起——遍计……复有何别
二解答——一合解前三句——一第一师——有义……遍计所执
二第二师——有义……而得起故
二别解一缘生——颂言…依他起摄
二 次半颂辨后二——一解圆成实——二空……说初非后
二解依他等——此即……离无性故
二 辨一异——由前……相待有故
三 辨证见——非不……有而非真 （正释颂文竟）
二 总解颂意——此中……不离心等
三 分别诸门二

一 十一门——一无为——虚空……圆成实摄
　　　　　　二真如——如是……圆成实摄
　　　　　　三六法——三性……缘生理故
　　　　　　四五事——一名等五事——三性……广说应知
　　　　　　　　　　　二诠等五事——又圣……为自性故
　　　　　　五四法——又圣……唯属第三
　　　　　　六四谛——三性……如理应知
　　　　　　七三法——一三脱——三解……如次应知
　　　　　　　　　　　二三忍——缘此……是彼境故
　　　　　　八二谛——此三……圆成实性
　　　　　　九智境——如是……唯圣智境
　　　　　　十假实——此三……而施设故
　　　　　　十一对辨—此三……真义别故

二 总例指——如是……略示纲要 （初三颂释无境竟）

次三颂释识性——一问起——若有……皆无自性 （卷第九）
　　　　　　　二颂答——一举三颂顺明识性——颂曰……唯识实性
　　　　　　　　　　　　二释三颂顺明识性三

一 解三无性——一第一颂总答意——论曰……总说无性
　　　　　　　二第二颂三无性——云何……故此不说

二 解唯识性——此性……故说实性

三 总释颂意——三颂……都无自性 （通释妨难竟） （上来解唯识境竟）

结前生后五位——一结上三问——如是……如何悟入
　　　　　　　二随问三答——谓具……渐次悟入
　　　　　　　三广别问答——一能入人——何谓……悟入唯识
　　　　　　　　　　　　　　二所入位——何谓……正等菩提
　　　　　　　　　　　　　　三入方便——云何……唯识相性

举颂正辨五位五

一 资粮位——一问起——初资……云何
　　　　　　二颂答三

一 正举颂答——颂曰……未能伏灭

二 别释颂文——一略解——一上二句—论曰…顺解脱分
　　　　　　　　　　　　二下二句—此位…烦恼障种

└二广解 ┬一出体名等 ┬一烦恼障—烦恼…名烦恼障
　　　　│　　　　　└二所知障 ┬一出体—所知…爱恚慢等
　　　　│　　　　　　　　　　├二释名—覆所…名所知障
　　　　│　　　　　　　　　　├三八识分别—此所…皆容引起
　　　　│　　　　　　　　　　├四三性分别—此障…亦是有覆
　　　　│　　　　　　　　　　└五释诸妨难—若所…慢无明等
　　　　├二见修分别—如是…修所断摄
　　　　├三约人分别—二乘…俱断
　　　　├四断伏分别—永断…通有漏道
　　　　└五结归颂文—菩萨…未能伏灭

三 正辨修位 ┬一辨位— 此位……解行地摄
　　　　　 └二修行 ┬一问— 所修……云何
　　　　　　　　　 └二答 ┬一资粮— 略有……所修胜行
　　　　　　　　　　　　　└二练磨— 此位…修诸胜行（资粮位竟）

二 加行位 ┬一问起—— 次加……云何
　　　　　└二颂答 ┬一举颂—— 颂曰——实住唯识
　　　　　　　　　└二释颂十

一 显位所因—— 论曰……伏除二取

二 释位总名—— 谓暖……无加行义

三 出所修法—— 暖等……故合思察

四 释四境名 ┬ 一别释 ┬一暖地—— 依明……故亦名暖
　　　　　　│　　　　├二顶地—— 依明……故复名顶
　　　　　　│　　　　├三忍地—— 依印……故亦名忍
　　　　　　│　　　　└四世第一地——依无……世第一法
　　　　　　└二总释—— 如是……双印空相

五 摄义释颂 ——皆带……触无所得

六 断二缚位 ——此加……全未能灭

七 明所观境 ——此位……唯观安立

八 辨所依处 ——菩萨……入见道故

九 依界趣身 ——唯依……非殊胜故

十 解行地摄—— 此位……真胜义故　（加行位竟）

- 三 通达位
  - 一问起——次通……云何
  - 二颂答
    - 一举颂——颂曰……二取相故
    - 二释颂
      - 一略解本颂——论曰……戏论现故
      - 二广解本颂四

- 一 广正智
  - 一二分俱无——有义……能取相故
  - 二二分俱有——有义……定有见分
  - 三相无见有——有义……有见无相
- 二 释位名——加行……亦名见道
- 三 辨真相二
  - 一 辨真相差别
    - 一总标——然此……有二
    - 二别解
      - 一真见道——一真……有堪能故
      - 二相见道二

- 一解相见道
  - 一总标—二相……有二
  - 二别解
    - 一观非安立—一观……不别缘故
    - 二观安立谛
      - 一总标—二缘……有二
      - 二别解
        - 一观能所取—一者…名相见道
        - 二观现不现—二者…名相见道
      - 三布教——若依……名相见道
  - 三结释
    - 一会违—诸相…起安立故
    - 二不说—分别……故颂偏说
    - 三智摄—前真…后得智摄
- 二 解后得智——诸后……二分俱有

- 二 六现观相摄
  - 一问起——此二……相摄云何
  - 二列举——六现……究竟位智
  - 三相摄——此真……故不相摄
- 四 显功德——菩萨……利乐一切 （通达位竟）

- 四 修习位
  - 一问起——次修……云何
  - 二颂答
    - 一举颂——颂曰……证得转依
    - 二释颂二

- 一 略释颂文
  - 一上三句
    - 一第一句——论曰……名不思识
    - 二第二句——是出……无分别智
    - 三第三句——数修……故说为舍
  - 二第四句
    - 一第一释——此能……二转依果
    - 二第二释——或依……名法身故
- 二 广释颂义
  - 一重问——云何……转依
  - 二总答——谓十……由斯证得
  - 三广解二

一 广因 四

- 一 广十地
  - 一别解十名——言十……满法身故
  - 二出地体性——如是……以为自性
  - 三总释地义——与所……故名为地
- 二 广十行
  - 一总举—十胜…密多
  - 二别解
    - 一诸门广辨
      - 一列举—施有…熟有情智
      - 二出体—此十…功德为性
      - 三明相—此十…四句分别
      - 四定数—此但…广说应知
      - 五次第—十次…次第如是
      - 六释名—释总…处说
      - 七修门—此十…广说其相
      - 八摄门—此十…应作四句
      - 九开合—此实…缘世俗故
      - 十果门—此十…或二合说
      - 十一三学
        - 一出名体
          - 一戒—十与…如余处说
          - 二定—定学…如余处说
          - 三慧—慧学…俱已舍故
        - 二正摄度—若有…慧摄后五
      - 十二现种-此十…俱唯无漏
      - 十三分位-此十…故未究竟
    - 二指不繁文—此十…略示纲要
    - 三十地修度—十于…地地修一

└四十摄诸门—虽十…彼岸

三 广十障二

一 明远障十

一 异生障——一出体——十重……异生性故
　　　　　├二约人——二乘……名得圣性
　　　　　├三障道——二真……无俱成失
　　　　　├四断道——无间……择灭无为
　　　　　├五趣愚——虽见……例此应释
　　　　　└六断障——虽初……方顿断故

二 邪行障——二邪……不了业愚
三 暗钝障——三暗……闻思慧者
四 现行障——四微……亦永不行
五 涅槃障——五于……乐涅槃者
六 粗相障——六粗……住无相观
七 细相障——七细……起有胜行
八 加行障——八无……不违彼故
九 不欲障——九利……第九障摄
十 自在障——一本地障——十于……所含藏者
　　　　　└二佛地障——此地……大菩提故

二 摄二障——一明断伏位——此十……是故偏说 （卷第十）
　　　　├二明断顿渐——断二……有众多故
　　　　└三乘道差别——二乘……皆容具有

四 广十如——一总举——十真一句
　　　　├二别解——一遍……皆自在故
　　　　├三释妨——虽真……假立十种
　　　　└四废立——虽初……后后建立 （广因竟）

二 广果—一牒前发端—如是……便能证得
　　└二正明所证—一约位辨证—一总举—转依……六种
　　　　　　　　　　　　├二别解—一正约位—一损…利乐无尽
　　　　　　　　　　　　　　　　└二傍约人—五下…名广大转

三料简—此中……得故

二正解转依三

一 解转依——一总举——转依……四种

二别解四

一 能转道——一总举——一能……有二

二别解——一能伏道——一能……渐顿伏彼

二能断道——一正明——二能……未成办故

二料简——有义……俱能正断

二 所转依——一总举——二所……有二

二别解——一持种依——一持……故此不说

二迷悟依——二迷……故此不说

二 所转舍——一总举——三所……有二

二别解——一所断舍——一所……遍计所执

二所弃舍——二所……非彼依故

四 所转得—一总举—四所…有二

三别解—一所显得—一总显—一所…清净法界

二别解—涅槃…故名涅槃

三料简—一总判—一切…可言具四

二佛果—如何…可言具四

三小果—若声…与佛有异

四无住—一真如摄—诸所…俱不住故

二择灭摄—若所…择灭所摄

五障果—既所…通障二果

六简取—如是…名所显得

二所生得—一总显—二所…相应心品

二别解八

—一别列——云何……所应做事

—二相应——如是……功德皆尽

—三转得——此转……皆得四智

—四转位——一第八——大圆……令不失故

│　　　├二第七——平等……尽未来际
│　　　├三第六——妙观……皆容现起
│　　　└四前五——成所……作意起故
├五种现——此四……胜后佛故
├六境智——┬一第八——大圆……准此应知
│　　　　├二第七——平等……于理无违
│　　　　├三第六——妙观……二智所摄
│　　　　└四前五——成所……后得智摄
├七智用——此四……差别多种
└八结判——此四……名所转得

二 简本颂——虽转……转依言故

三 辨正位——此修……因位摄故 （修习位竟）

五 究竟位——┬一问起——后究……云何
　　　　　└二颂答——┬一举颂——颂曰……牟尼名法
　　　　　　　　　　└二释颂二

一 正解颂文三

一 出位体┬一正解初句┬一总判一论曰……究竟位相
　　　　│　　　　　├二出体一此谓……无漏界摄
　　　　│　　　　　└三别释一诸漏……利乐事故
　　　　├二问答分别┬一初问答一清净……道谛所摄
　　　　│　　　　　└二次问答┬一问一集论……五外界等
　　　　│　　　　　　　　　　└二答┬一初答一有义……理不相违
　　　　│　　　　　　　　　　　　　├二次答一有义……不应为难
　　　　│　　　　　　　　　　　　　└三后答一有义……非佛所成
　　　　└三结成正义一故佛……而纯无漏

二 解四德——┬一不思解——此转……喻所喻故
　　　　　├二善——此又……无漏善摄
　　　　　├三常——此又……无断无尽
　　　　　└四安乐一此又……俱名安乐

三 简二乘——二乘……皆此摄故

二 诸门分别
- 一三身别相门—如是……诸利乐事
- 二法摄三身门—以五……故不说有
- 三三身功德门—如是……化相功德
- 四三身二利门—又自……为他现故
- 五身土分别门—又自……亦无定限
- 六所化同异门—自性……一切生故
- 七唯识所变门
  - 一身土能所变—此诸…五十二等
  - 二唯识见相别—然相…定相应故（明唯识位竟）

（上来依教广成分竟）

释结施愿分——此论……成无上觉